Erik ALLGÖWER

Le Tigre et le lama

Roman himalayen traduit de l'anglais
par Claude B. Levenson

Éditions
Philippe Picquier

Mas de Vert
B.P. 20150
13631 Arles cedex

www.editions-picquier.fr

Conception graphique : Piquier & Protière

En couverture : © Olivier Föllmi

ISBN : 978-2-87730-243-2
ISSN : 1251-6007

L'invite au voyage

Et si ce voyage vers une vallée mystérieuse, himalayenne comme il se doit, était une interprétation, occidentale et moderne, d'une ancienne parabole tibétaine – celle de l'éléphant, du singe, du lapin et de l'oiseau ? Les voies du Seigneur sont décidément impénétrables, constate le prêtre parti à la poursuite d'une chimère – mais la Lettre de Soie de l'Impératrice Ming en est-elle vraiment une ? Et si le secret du lama solitaire était l'un de ces joyaux de la Grande Tradition que des grimoires indéchiffrés transmettent imperturbablement au fil des siècles jusqu'au jour où surgit celui qui, les yeux ouverts, est à même de dévoiler leur éclatant message ?

Petite guerre des services secrets indiens et chinois, tibétologues distingués contre jésuites retors, faux diplomates et vrais espions, gardiens de yacks contre chasseurs d'ours, chasse au trésor sous l'œil perçant de tigres aux aguets – dans l'ombre protectrice des monastères-forteresses, qui sont ces messagers venus d'outre-nulle part ?

Amateurs de pistes enchevêtrées, lancés aux trousses de chercheurs d'autant mieux égarés qu'ils ignorent le but de leur quête, attention au clin d'œil de l'insolite saupoudré d'un zeste d'humour : sur un chemin balisé de guingois vers d'improbables horizons, il suffit de s'en remettre pour la navigation aux dieux des montagnes et des vents. Mâtiné d'une saveur d'aventure, le plaisir de la lecture est au détour des pages, la réflexion s'y réfracte au miroir de l'imagination pour mieux s'embraser, et, au-delà des mots, il y a comme un rêve qui n'en finit pas de déployer ses chatoyantes arabesques.

Claude B. LEVENSON

pour Carole,
Ariane et Marc

à Dasho Lam Penjor,
pour mémoire

Rumeurs

Rome

« Plutôt inconfortables, ces fauteuils », se dit *padre* Fulvio, tandis qu'il s'installait à la vieille table de lecture. Les responsables des Archives secrètes du Vatican avaient fait montre de la pire mauvaise volonté à lui obtenir les autorisations nécessaires à l'étude de documents anciens. Heureusement que son supérieur partageait son intérêt pour ces vieux papiers. De fait, le général de la Compagnie de Jésus avait manifesté un intérêt véritable pour la fantastique histoire ramenée par le jeune prêtre à Rome.

Il avait fallu toute l'influence de la Compagnie de Jésus pour permettre à un simple padre d'entrer dans ce lieu hautement névralgique où sont gardés les secrets les plus lourds des temps. Seule l'autorité suprême de l'Eglise, souvent le pape en personne, pouvait fournir la permission de recherche. L'aspect inconnu et masqué de l'histoire se trouve ici empilé dans la plus étonnante concentration de mystère du monde.

Voilà trois mois qu'il était rentré de Lhassa. Trois mois qu'il s'efforçait patiemment d'étayer plus substantiellement l'extravagante rumeur que lui avait rapportée le moine tibétain.

Le regard de Fulvio erra vers la haute fenêtre de la pièce austère que le soleil crépusculaire réchauffait à peine. L'air était pesant, saturé de l'odeur des vieux documents. Il frissonna en scrutant les étagères de vénérables livres anciens : deux mille ans de combats acharnés, l'Inquisition, la Renaissance, les découvertes scientifiques d'hommes comme Léonard de Vinci, les monographies de l'exode papal à Avignon, les rapports des théologiens chargés de réfuter les thèses de Luther, les erreurs des rois et des maîtres de l'Eglise. Tous ces événements vivaient leur vie d'ombre sous ces voûtes. Leur publication, des siècles plus tard, pouvait encore susciter désordres et disputes dans le monde d'aujourd'hui. Fulvio se leva lentement, traversa la pièce carrelée de marbre blanc et noir, puis s'arrêta devant le bureau du bibliothécaire :

— Merci de votre aide. Ces documents sont réellement intéressants. Je reviendrai demain.

— Excusez-moi, padre, je crains que vous n'ayez oublié de me rendre la thèse sur le document chinois.

— Désolé, j'ai dû la mélanger par mégarde à mes propres papiers. La voilà.

« Rien à faire pour tromper leur vigilance », songeat-il en tendant les feuillets au bibliothécaire.

— Sauriez-vous par hasard si le texte original de la missive de l'impératrice Ming est disponible quelque part ? Il doit avoir été rédigé vers 1650, disons 1655 pour être précis.

— Je ne saurais vous le dire. Mais je peux toujours demander et vous répondre demain.

— J'apprécierai vivement votre aide. C'est juste par curiosité. Donc, à demain.

— Bonne fin d'après-midi, répondit d'un ton neutre le jeune homme.

— Il voulait la Lettre de Soie de l'impératrice Ming ? interrogea le cardinal Enzio, une expression inquiète sur le visage. Comment se fait-il qu'il soit au courant de son existence ?

— Elle est mentionnée dans le rapport du missionnaire qui a travaillé en Chine, monseigneur. Celui qui a traduit le *Yi-king*, murmura le jeune homme.

— Alors comment se fait-il que ce missionnaire, le Dr Evans Wentz je crois, ait eu vent de cette lettre, puisqu'il s'agit d'une missive secrète ? poursuivit à haute voix le cardinal, je croyais tout cela secret. La cour impériale chinoise était certes un lieu d'intrigues, mais c'est tout de même curieux que cette missive éveille à nouveau l'intérêt.

— Pourquoi donc ? s'écria le jeune prêtre.

— La curiosité peut être dangereuse, jeune homme, sourit le cardinal. Mais vous êtes un serviteur fidèle de l'Eglise, si bien que je puis vous dire que la missive est soigneusement cachée au plus profond des Archives. Elle est au-delà des Miscellania. En fait, elle est dans le coffre-fort.

— Dans le coffre-fort, dites-vous, monseigneur ?! répéta le jeune prêtre terrifié.

— Parfaitement, dans le coffre-fort, à côté des révélations de Notre-Dame de Fatima, accessible uniquement à Sa Sainteté, répondit tranquillement le cardinal qui congédia le jeune bibliothécaire d'un signe de la main.

Avant même que la porte ne soit fermée, le cardinal Enzio attrapa son téléphone et forma un numéro jamais confié au papier et pourtant jamais oublié. « Ne soyez pas préoccupé ! déclara une voix profonde quand il termina son rapport. Les choses sont comme elles doivent être. Je m'en occuperai moi-même. Bonne nuit ! »

— Je brûle, annonça padre Fulvio à son ami padre Emilio, secrétaire du général des Jésuites, devant des *scaloppini al limone*. Mamma Antonella avait fait un miracle derrière son gros fourneau à bois de la vieille auberge des Pins. Après la chaleur de la ville, Fulvio goûtait la relative fraîcheur du soir dans les collines. Il sirota lentement le frascati à la robe rouge sombre, le vin des collines d'Albani.

— J'ai maintenant des références vérifiées au sujet de cette mystérieuse missive de l'impératrice Ming dont je vous avais parlé. Du moins, je le pense, dit-il

— Mon cher Fulvio – le secrétaire posa jovialement une main molle sur le bras de padre Fulvio, son regard sombre étincelant moqueusement à l'abri de la monture dorée de ses lunettes –, n'est-ce pas là un vœu pieux ? Cette lettre peut fort bien être le document le plus secret jalousement gardé dans l'endroit le plus inaccessible des Archives secrètes. Cela fait des siècles que nous avons connaissance de son existence. Cependant, son contenu ne nous a jamais été révélé, ajouta-t-il, songeur. N'oubliez pas que tout le commerce entre la Chine et l'Europe était à l'époque contrôlé par nos chers frères portugais de la Compagnie, car ils étaient les seuls étrangers autorisés à bâtir des entrepôts et à ouvrir des comptoirs dans les ports chinois. Ce sont eux qui contrôlaient les bateaux marchands, et c'est à eux que l'impératrice confia la lettre, avec instruction de la transmettre à Rome. Selon nos calculs, le voyage dura cinq mois pour arriver à Rome. Elle était si lourdement cachetée dans ce qui semblait être sept couches de soie qu'aucun « incident naturel » ne devait permettre à nos frères d'y couler le regard pour deviner ne serait-ce qu'un seul mot de son contenu. Ils en avaient bien entendu été informés oralement par la cour impériale. Il est dit que le pape a été très agité des semaines durant après l'avoir lue.

— Quelle était la version officielle de son contenu ? coupa le jeune prêtre, en se tortillant nerveusement sur sa chaise.

— On nous a dit que la famille régnante des Ming était mortellement effrayée d'être renversée par la famille Mandchoue rivale. Les Mandchous avaient été formidablement galvanisés par la force de leur chef Nurhachu et étaient prêts à usurper le pouvoir. En échange de la permission de christianiser la Chine, l'impératrice Ming espérait recevoir de Rome des fusils pour ses troupes. La raison était plausible pour les jésuites portugais. Ils étaient très au courant des luttes intestines à la cour impériale, en ayant eux-mêmes provoqué quelques-unes. La perspective de christianiser un pays aussi vaste les poussa à transmettre le document sans délai. Comme je vous l'ai dit, aucun « incident naturel » ne permit de révéler le contenu durant la traversée. Quand le pape brisa les sept sceaux et lut la missive en présence de nos frères portugais, des soupçons naquirent en eux à mesure que le pape blêmissait. Il demeura sans voix de longues minutes. L'audience s'acheva sans que le pape ne profère un mot. Plus tard, on expliqua sa réaction par la perspective de christianiser la Chine. Mais pourquoi nos frères ne furent-ils pas autorisés à lire cette lettre ? C'était traiter rudement les Portugais, d'autant que dans cette partie du monde l'œuvre missionnaire était confiée à la Compagnie de Jésus. La réaction du pape a été soigneusement consignée par écrit dans nos archives par Giovanni Paolo Oliva de Gênes. Il était notre général à cette époque. Cet affront n'a jamais été oublié par nos dirigeants au fil des siècles, car cette lettre est demeurée l'un des rares documents que notre ordre n'a jamais été autorisé à consulter...

— Mais cela prouve que je ne rêve pas le moins du monde, objecta le jeune homme.

— Doucement, sourit le secrétaire, d'abord n'oublions pas nos *scaloppini*, ils sont délicieusement tendres. *Madre* Antonella ne nous pardonnera jamais si nous ne les mangeons pas. Et n'oubliez pas que pour l'instant, nous n'avons affaire qu'à des rumeurs et des spéculations.

— D'accord, mais ces rumeurs semblent suffisamment sérieuses à notre ordre pour qu'il en garde le souvenir vivant depuis des siècles, répliqua padre Fulvio en regardant son assiette. Je suis presque sûr qu'il y a des raisons autres à cet intérêt durable que cette vieille histoire de pape muet.

Pas la moindre émotion ne transparaissait sur le visage du secrétaire, tandis qu'il examinait le jeune homme. Les yeux bleus de Fulvio accueillirent tranquillement ce regard. Ses lèvres pleines sous un nez romain puissant ébauchaient un léger sourire, attendant que le vieil homme baissât sa garde. Cependant padre Emilio ne se rendait pas, du moins pas encore. Fulvio pouvait sans doute être utile. Il était l'un des leurs. Mais des années de manœuvres précautionneuses dans l'histoire officieuse du Saint-Siège lui avaient appris à ne jamais s'exposer, ni lui, ni l'Eglise. Regardant son compagnon, il répondit :

— Vous êtes jeune, très versé dans les affaires cléricales et philosophiques. Votre récit de ce qui vous est arrivé au Tibet est plausible. Néanmoins, aucune preuve ne nous a été fournie quant aux allégations de ce moine tibétain qui vous a contacté à Lhassa. Maintenant que vous avez fait vos recherches ici à Rome, je serais très intéressé d'entendre vos conclusions.

Fulvio comprit que le vieux prêtre ne lâcherait pas aisément ses informations. Il joua le jeu :

— Vous savez que ces cinq dernières années, j'ai étudié de vieux textes tibétains. Ils ont un point commun : tous traitent de révélations. Par exemple, *Le Livre des Morts*, le *Bardo Thödol* ramené par le Dr Evans Wentz en 1927, suscita un vif intérêt. Néanmoins, personne ne l'a estimé à sa juste valeur. Il a été considéré comme un texte religieux purement ésotérique, sans conséquence évidente pour la vie de tous les jours. Jung a été le premier à comprendre son importance pour la psychiatrie occidentale. Il a également signalé les barrières culturelles de l'Occident qui nous empêchent d'en saisir la vérité profonde.

La manière dont ce livre décrit le passage de la vie à la mort a longtemps été considérée comme purement symbolique. Pourtant, de récentes recherches médicales effectuées aux Etats-Unis indiquent que des gens ramenés à la vie d'un stade proche de la mort passent par des expériences similaires à celles décrites dans le *Bardo Thödol* : ils disent que d'abord, ils ressentent la sensation de sortir de leur corps. Ensuite, ils traversent une espèce de tunnel sombre et se retrouvent en présence de personnes qu'ils avaient connues dans leur vie, décédées avant eux. Finalement, ils vivent l'impression d'être absorbés par une lumière extrêmement puissante. Ces mêmes phénomènes sont précisément consignés en détail dans *Le Livre tibétain des Morts*. Il décrit même les autres étapes menant finalement à une nouvelle naissance.

Pourrait-il y avoir au-delà de ces écrits une sagesse de dimension bien supérieure ? Se pourrait-il qu'à l'origine, ces enseignements fussent clairs et pleinement compréhensibles aux maîtres et à leurs disciples ? Se pourrait-il qu'au fil du temps, cette compréhension se fût estompée pour ne laisser que la coquille mystique à transmettre de génération en génération ?

Peut-être n'êtes-vous pas convaincu et ne le serez-vous jamais. Mais de nombreux scientifiques hautement respectés prêtent une oreille attentive aux enseignements de l'Orient. Ainsi, dans la physique moderne des particules, il est universellement accepté qu'au niveau infiniment petit de la matière, de l'énergie et du temps, des particules peuvent être créées à partir de rien et retourner au néant. En physique, la théorie quantique autorise de telles spéculations. En quoi ces lois seraient-elles différentes des révélations merveilleuses des *Sûtras* de la *Prajnaparamita* ? Dans le Sûtra du Cœur, il est dit que la Forme est Vide, et le Vide est Forme.

Fatigué par ce long discours, le jeune prêtre s'inclina en arrière et but une longue gorgée de vin. Il se préparait aux assauts moqueurs auxquels il s'attendait de la part du secrétaire. Pendant un long moment de silence, le vieux prêtre se contenta de contempler la vallée autour d'eux. Ce fut mère Antonella qui se chargea de les ramener à la réalité :

— Ils sont tous pareils, ces saints bonshommes ! Ils arrivent et demandent la meilleure nourriture et les meilleurs vins. Ils disent que le bien-être de ma pauvre âme en dépend. Je fais de mon mieux, désolée, mon père ! Et ils causent, ils causent, et mes bons petits plats refroidissent et se dessèchent dans les assiettes, *che miseria* !

— Mille excuses, chère signora ! sourit le secrétaire, comme toujours vous voulez nous achever avec ces montagnes de petits plats succulents. Je finirai par croire qu'il y a par derrière quelque complot ourdi par le chef local du parti communiste !

— Laissez-le donc tomber, le vieux bouc ne gaspillera jamais de la nourriture pour les ennemis du peuple ! Il l'aime trop lui-même !

— Dans ce cas, présentez donc nos excuses à votre respecté mari de l'avoir soupçonné de pareils agissements. Pourquoi ne pas faire la paix avec mère Antonella et lui demander de nous servir un *semifreddo* avec une petite Strega ?

Un large sourire aux lèvres, la patronne se dirigea vers la cuisine.

— Encore à servir ces prêtres ! bougonna son mari tandis qu'elle sortait des assiettes.

— La ferme, idiot ! Tu ne devrais pas dire ça de ces saints hommes. Ils font sans doute davantage pour notre bien-être que tes petits camarades qui ne mettent jamais les pieds chez nous et préfèrent traîner chez Luciano toute la nuit à y reluquer son ânesse de fille aux longues oreilles derrière le comptoir !

— Ça va, ça va, je blaguais ! rétorqua-t-il.

Quand elle revint vers la table, les deux prêtres étaient à nouveau plongés dans leur conversation.

— ... Je ne dis pas que vos idées sont fausses. Vous devez cependant réaliser que pour l'instant, vous ne nous avez apporté aucun fait précis. Comment pouvez-vous vous attendre à ce que notre ordre entreprenne une quelconque action sur des bases aussi fragiles ? objecta le père Emilio.

« Donc, c'est ça, songea le jeune homme. Ils ne veulent prendre aucun risque. Ils craignent de perdre la face. Et pourtant, ils semblent vraiment intéressés, même titillés par ce que je leur ai dit. »

— Puisque vous semblez tellement hésiter, dit-il, je peux être plus précis quant à l'information que m'a donnée le lama tibétain. Dans un texte ancien, il est dit que le quatorzième dalaï-lama serait le dernier de la lignée. A ce moment-là – disent-ils, le *dharma*, ou la connaissance, partira vers l'Occident. Ce sera un temps de grands bouleversements, et très probablement un temps très critique pour l'humanité. Comme vous le savez, l'actuel dalaï-lama est le quatorzième ! Il a dû quitter son pays en 1959 après la répression de la révolte de son peuple contre l'occupation chinoise. Le successeur d'un dalaï-lama est choisi selon un rituel très complexe, difficile à réaliser dans les conditions de l'exil. Comment a-t-il pu être prévu il y a des siècles que cela se passerait sous le règne du quatorzième dalaï-lama ?

— Cette information se trouvait-elle, selon votre source tibétaine, dans la lettre de l'impératrice Ming ? coupa abruptement le secrétaire.

— Il n'a pas été aussi précis quant au message. Je ne pense pas qu'il s'agisse là de l'information principale de cette lettre, dans la mesure où cette prédiction est de notoriété publique parmi les Tibétains. Il faisait allusion à un secret beaucoup plus fondamental, qui concerne l'humanité dans son ensemble. Vous savez, c'est difficile d'être sûr et certain avec ces gens s'ils ne peuvent ou ne veulent pas vous dire la vérité. De toute manière, le moine tibétain a esquivé toute question précise. Il m'en a simplement dit assez pour me mettre sur la trace de ce document.

Voilà, c'est toute mon histoire. Curieuse coïncidence, tout de même, qu'un simple moine dans un monastère déserté dans un coin perdu du Tibet connaisse l'existence d'un vieux message se trouvant dans les caves des Archives secrètes à Rome.

— Donc, vous pensez que toutes les indications fournies par votre ami tibétain se réfèrent à cet unique document dont vous parlez ? s'étonna le vieil homme.

— Ce doit être cela, puisque j'ai vérifié et recoupé ses informations. J'ai suivi bien des fausses pistes. Mais hier, je suis tombé sur quelques faits assez surprenants en lisant l'ouvrage de ce missionnaire, le Dr Evans Wentz.

Cet homme avait une connaissance incroyable de l'histoire chinoise. Dans ses recherches, il a trouvé des allusions à la missive secrète de l'impératrice Ming au pape. Il a fait une analyse approfondie de toutes les rumeurs la concernant. Bien qu'il n'en ait tiré aucune conclusion définitive, sa thèse est étonnamment proche du message que m'a transmis le lama tibétain. J'ai le sentiment d'être maintenant très près de la solution.

Lentement, le secrétaire releva la tête et regarda le jeune prêtre droit dans les yeux :

— C'est aussi la conclusion de notre respecté général. Il m'a chargé de vous transmettre le message suivant. Ce que vous avez rapporté peut avoir des conséquences que lui-même ne saurait évaluer. Vos recherches peuvent mettre en branle une roue qui pourrait fort bien tous nous anéantir. Il n'est responsable que devant un seul homme, et cet homme a été informé de vos recherches. Il vous ordonne de vous en tenir là et de prendre vos nouvelles fonctions d'enseignant à notre école missionnaire au Rwanda. Vous devez quitter Rome demain soir.

Du coup, padre Fulvio ne trouva plus aucun goût au *semifreddo*. C'était comme si du sable descendait dans sa gorge sèche.

— Amen, murmura-t-il faiblement.

Inde du Sud

« Encore la pluie ! Quelle sale période de l'année que la mousson d'hiver ! » songea-t-il en fermant la fenêtre sous les rafales de vent. Il tourna le dos à l'obscurité de la nuit et s'installa près de la cheminée. Il prit une autre rasade du vieux cognac que son ami Henri de Vieusac, ancien ambassadeur de France en Inde, lui avait offert.

« Sept mois déjà, sacré Henri, à ta santé ! soliloqua tout haut Archibald Wiscott en se versant encore un verre. Vive la France et l'incroyable histoire que vous m'avez racontée ! »

Cette histoire d'Henri – courtoisie d'une vieille amitié et quelques petits verres de trop – rimait-elle à quelque chose ? En tout cas, ses implications allaient bien au-delà de l'imagination. D'un autre côté cependant, c'est précisément ce qu'il appréciait dans cette affaire :

« Hors du commun. Et Dieu sait qu'un brin d'excitation ne fait pas de mal dans cette morne existence. Cela rajeunit. »

Comme souvent ces dernières années, ses pensées vagabondaient au temps où Ootacammud, Ooti la bien-aimée, était encore la capitale sans couronne de l'Inde du Sud, l'endroit où tout ce qui comptait de notables aisés des milieux coloniaux se retrouvait durant les mois chauds de la saison sèche. Quelle belle vie, sans souci, était-ce là !

Amoureux de l'histoire et des traditions indiennes, Archibald Wiscott savait bien entendu que la suprématie anglaise ne pouvait durer. Trop souvent, ses amis indiens l'avaient mis en garde contre les courants souterrains d'un nationalisme croissant. Le manque de clairvoyance du pouvoir colonial avait favorisé les mouvements réclamant l'indépendance de la Couronne britannique. Ce ne fut pas une surprise pour Archibald Wiscott quand, dans le sillage de la Seconde Guerre mondiale, la nation indienne devint membre à part entière du concert des nations. Son amour pour le pays l'avait poussé à rester, quand quiconque pouvant se dire britannique du plus loin que ce fût s'en était allé. C'est alors qu'avait débuté sa carrière, plutôt solitaire, de planteur de thé.

«Diable, s'arracha-t-il de lui-même à ses rêves nostalgiques, je ne voudrais pour rien au monde vivre à nouveau dans la pluvieuse et froide Angleterre.»

Il quitta son fauteuil d'osier et jeta un coup d'œil à la pluie battant la fenêtre au-dessus de la sombre vallée. Le visiteur qu'il attendait n'était pas encore en vue.

A moins de dix yards de là, quelqu'un d'autre surveillait la petite route menant à la plantation d'« Old Whisky », comme les gens du lieu appelaient affectueusement Archibald Wiscott. Dans sa cachette du parking, Ajit Singh écrasa nerveusement son mégot d'un coup de talon.

C'était sa première mission importante sur le terrain en tant qu'officier des services de renseignements des Forces armées de l'Inde. C'était aussi un peu une affaire personnelle, car son beau-frère, domestique chez Wiscott, avait rapporté les conversations entre le planteur de thé et l'ancien ambassadeur. Si cette histoire tournait en eau de boudin, lui et sa famille perdraient à tout jamais la face. Il avait été fasciné par les possibilités qui pouvaient s'offrir à lui s'il était le premier à informer Delhi. Ajit Singh était passé par-dessus son supérieur à Bagdogra en informant directement le QG des discussions entre Wiscott et l'ambassadeur de France. Delhi avait immédiatement réagi. Ordre lui avait été donné de faire des offres de service à Wiscott en tant que gratte-papier à la plantation. A Delhi, on espérait qu'en étant près du planteur, il pourrait en apprendre davantage sur le mystérieux document dont avait parlé Henri de Vieusac.

« Si seulement le neveu anglais de Wiscott arrivait, que je puisse surprendre quelque chose de leur entretien ! Sinon, je suis bon pour brosser les godasses de mon chef pour le restant de mes jours. »

« Maudit âne ! » grommelait Timothy Wiscott entre ses dents serrées tandis qu'il tressautait à chaque cahot de la vieille jeep Mahindra louée à Bangalore, où il était arrivé par le vol de l'après-midi d'Indian Airlines.

Il était de méchante humeur tout en négociant chaque virage de l'infernale route de montagne conduisant à la plantation de thé de son grand-oncle. Quel oncle ! Depuis trente ans, personne de la famille n'avait eu la moindre nouvelle de lui. Et maintenant, tout d'un coup, il demandait de l'aide pour une affaire plutôt nébuleuse. Il se rappelait clairement sa surprise lorsque l'autre grand-oncle, Rudyard Wiscott, l'avait appelé au téléphone il y a deux semaines.

— Hello, Timothy ! lui avait lancé l'oncle. Terriblement désolé de te déranger dans ton travail acharné. Je sais que vous autres, les jeunes, vous êtes extrêmement occupés à mettre de l'ordre dans le fouillis que nous vous avons laissé.

«Quoi de neuf, Kipling ?» s'était alors demandé Timothy, qui avait gaiement répondu :

— Terriblement heureux de prendre quelque bon conseil historique auprès de vous !

— Hum ! Ravi de réaliser que votre jeune génération est aussi pointue que d'habitude. Il y a longtemps que nous ne nous sommes pas vus. Je songeais qu'il serait agréable de vous avoir pour prendre un pot à Brandon House. Que diriez-vous de samedi prochain ?

— C'est fort aimable à vous. Je serai ravi de venir. Vers quelle heure ?

— Disons cinq heures ?

— Parfait, j'attends le plaisir de vous revoir.

— Très bien. Salut, Timothy.

Un virage glissant, en épingle à cheveux, ramena Timothy à la réalité indienne. Il devait faire attention s'il voulait arriver sain et sauf chez l'oncle Archibald. Et pourtant, il ne parvenait pas vraiment à détacher ses pensées de la rencontre avec l'oncle Rudyard à *Brandon House*.

Brandon House, Sussex

Content, Timothy Wiscott prêtait l'oreille au doux ronronnement de sa Triumph huit cylindres, un modèle rare acquis il y avait quelques années, quand une bonne voiture améliorait encore la prestance de son propriétaire. La petite route de campagne suivait les méandres des vallées couvertes de forêts et de pâturages. Des arbres centenaires bordaient le chemin, projetant des ombres et laissant filtrer la lumière d'un pâle soleil d'automne sur le capot de l'automobile, en une rapide succession d'éclairs dorés et noirs. Les petits villages défilaient, sans guère laisser de trace dans la mémoire de Timothy qui ne cessait de s'interroger à propos de l'invitation de l'oncle Rudyard. Ce n'était guère dans les habitudes du vieux renard que de l'inviter ainsi, à brûle-pourpoint, sans donner la moindre explication.

Kipling, comme il l'appelait au fond de lui-même, évitait le reste du clan. Timothy était probablement le seul membre de la famille avec qui il gardait un contact régulier. C'était grâce aux relations de l'oncle Rudyard qu'il avait pu entrer au service diplomatique du Foreign Office. Timothy aimait à se penser comme un jeune et brillant fonctionnaire gouvernemental, promis à un avenir prometteur au ministère. Des diplômes en économie et en histoire chinoise, ajoutés à ses antécédents familiaux, étaient de bons atouts.

Il sortit de ses pensées quand, au bout d'une montée en pente douce, il repéra le croisement menant à la propriété de l'oncle. La maison du gardien était difficile à distinguer de la route. D'épais rideaux de lierre la dissimulaient sur le fond vert de la forêt bordant la petite route conduisant à *Brandon House*.

Ralentissant à peine, Timothy prit la route tortueuse menant au manoir de son oncle. Dépassant les luxueuses écuries sur sa gauche, il entama la dernière courbe à bonne vitesse pour déboucher sur la cour centrale. Il appuya à fond sur le frein alors qu'il était sur le point d'emboutir une Bentley cachée par les arbres alignés le long de la route jusqu'à la cour.

« Au nom du ciel, pas cette voiture ! Que diable le secrétaire au Foreign Office ferait-il ici ? Comment se fait-il que mon oncle m'invite en même temps que mon patron ? »

Timothy rangea sa voiture à bonne distance de celle du ministre, tandis que la carrure imposante de Rudyard Wiscott s'apprêtant à l'accueillir s'inscrivait sur le seuil. Ils se serrèrent la main.

— Bienvenue, Timothy, dit chaleureusement le vieux gentleman. Ravi de voir que tes qualités de chauffeur t'ont évité de toucher le train arrière d'un amiral respecté de la Marine de Sa Majesté, ajouta-t-il malicieusement. Entre donc ! Notre invité est impatient de rencontrer un jeune sujet brillant de son équipe et de voir quel bon engin nous sommes en train de pousser dans sa galère. J'ajouterai juste que... étant de quelques années plus jeune... peut-être te suggérerais-je de garder un profil bas, si tu vois ce que je veux dire.

— Pas tout à fait, devrais-je dire, cher oncle, répliqua Timothy d'un ton peu amène. Vos informations concernant l'invitation de cet après-midi étaient quelque peu incomplètes, je suppose.

— Ne t'en fais pas ! Je ferai la conversation. J'expliquerai tout à Son Excellence et à toi-même. Allez, viens ! Passons à la bibliothèque !

Une fois de plus, c'était donc le réseau des vieux copains en action. Timothy ne put réprimer un sentiment d'envie. Inviter un membre du cabinet chez lui ne semblait pas poser le moindre problème à son oncle.

Dans la pénombre du hall d'entrée, Timothy jeta un coup d'œil au grand miroir au pied de l'escalier de chêne menant au premier étage. Le reflet d'un jeune homme élancé, élégamment vêtu d'un costume gris foncé, aux yeux verts derrière des lunettes à monture dorée et au menton volontaire caché par une barbe blonde soigneusement taillée, lui rendit sa bonne humeur. Tandis que les deux hommes émergeaient dans la lumière du premier étage, Timothy arrêta un instant son regard sur les vénérables toiles suspendues entre les larges fenêtres. Génération après génération, de graves ancêtres scrutaient leurs descendants.

« Une chaîne ininterrompue de pouvoir », réalisa soudain Timothy, dans laquelle il pourrait ou non s'insérer un jour. Les milieux qu'il fréquentait étaient probablement les mêmes que ceux de son oncle, à l'âge près. Des cercles dans des cercles, où les années rapprochaient du centre de pouvoir et éloignaient d'autant de la liberté personnelle : c'était le prix à payer.

Rudyard Wiscott conduisit son neveu vers la bibliothèque au fond de la galerie. En entrant dans la pièce, une odeur de tabac, de bois en train de brûler et de vieux cuir rappela à Timothy les nombreuses veillées de Noël passées en famille à *Brandon House*, alors qu'il était encore enfant. Ce souvenir allégea un peu la tension ressentie en voyant le distingué gentleman installé près de la cheminée. Un regard gris pénétrant sous des sourcils broussailleux l'examinait froidement.

— Mon cher ami, permettez que je vous présente à mon neveu Timothy, lança Sir Wiscott en traversant la chambre.

Une ombre de sourire joua sur les lèvres minces du secrétaire au Foreign Office, qui s'adressa à Timothy :

— Jeune homme, êtes-vous mêlé à cette affaire ? Si oui, vous pourriez bien vous retrouver étranger à mon ministère !

— Cher Adam, l'interrompit Sir Wiscott, vous devriez mieux connaître votre Rudyard toujours friand d'intrigues. Comment pourriez-vous imaginer mon neveu, un pur produit de cette éducation moderne et altière, se laissant entraîner dans une affaire aussi romantique qu'une rencontre secrète avec un membre du cabinet ? Ne vous en faites pas, Timothy ! Je prendrai sur moi tout le blâme s'il s'avérait qu'il s'agit d'un canular. Sinon, je serais bien sûr ravi de...

— Oh, Rudy, ça suffit, à votre âge, comment supporteriez-vous encore le poids d'une autre médaille sur la poitrine ?

— Disons qu'elle a encore suffisamment de souffle pour affronter n'importe quel amiral !

— Je parie que oui !

— Eh bien, messieurs, soupira Rudyard en se coulant dans un fauteuil en face du ministre... Assieds-toi, Timothy ! Aimerais-tu un whisky ?

Il prit une bouteille de vieux malt et en versa une généreuse ration à son neveu. Puis il reprit :

— Permettez-moi d'être plus précis. J'ai pris la peine de vous faire venir ici en raison d'une histoire fort curieuse et potentiellement explosive dont j'ai eu vent récemment. Croyez-moi, il m'a fallu plusieurs semaines de réflexion avant de me décider à vous en parler. Cette histoire paraît parfaitement folle. La première chose que j'ai faite, ce fut de vérifier l'information à la Bibliothèque nationale et par quelques sources personnelles. Il n'empêche que j'ai pleinement conscience de jouer ainsi ma réputation auprès du gouvernement. D'un autre côté cependant, peut-être n'est-ce qu'une seule fois dans une vie que l'on participe réellement à l'histoire en tant qu'acteur.

Un intérêt amusé apparut sur le visage du ministre qui bourrait consciencieusement sa pipe. Soufflant par le nez une bouffée odorante, il se cala confortablement dans son fauteuil et constata :

— J'ai le sentiment que nous allons passer une agréable après-midi à écouter une histoire passionnante.

— Je l'espère, mon excellent ami, répondit Rudyard. Vous avez tous deux entendu parler de mon cousin Archibald Wiscott. C'est ce planteur de thé qui est resté dans le sud de l'Inde alors que tout le monde filait avec armes et bagages. Il y a trois mois, j'ai reçu une lettre de lui. La première en vingt-cinq ans, figurez-vous ! Mais ce qu'il disait dans cette lettre rachetait toutes celles qu'il n'a pas écrites. Au début de l'année, son vieil ami, le comte Henri de Vieusac, est venu lui rendre visite à l'occasion de sa tournée d'adieu comme ambassadeur de France à Delhi. Vous avez sans doute entendu parler de Vieusac, Adam ?

— Je le crois. Très vieille France. Il avait été premier secrétaire d'ambassade à Londres vers la fin des années soixante.

— Ce doit être lui, acquiesça Rudyard. Laissez-moi vous dire ce qu'écrivait le cousin. Un soir, Henri raconta à Archibald la passion qui l'avait pris pour l'histoire tibétaine durant son séjour en Inde. C'était dû en partie à l'enthousiasme de sa jeune femme pour le bouddhisme. Ils avaient été à plusieurs reprises à Dharamsala et avaient même rencontré une fois le dalaï-lama. Vieusac avait été profondément impressionné par son ouverture d'esprit. Lors d'une visite à Dalhousie, où plusieurs moines avaient ouvert une école tantrique, un vieux lama s'était approché de l'ambassadeur et de sa femme pour les inviter à visiter la bibliothèque du temple. Des centaines de vieux manuscrits méticuleusement enveloppés de soie jaune reposaient sur les étagères. Avec un soin extrême, le moine ouvrit quelques-uns de ces vieux parchemins.

« Ces écrits contiennent nombre de messages profonds, expliqua le vieux lama. La signification de certains d'entre eux demeure encore cachée aujourd'hui même à nos meilleurs disciples. Nous les avons précieusement gardés au fil des siècles tout en ignorant leur utilité. Mais y a-t-il quelque chose d'inutile sous le soleil ? Vous, en Occident, peut-être avez-vous des yeux pour voir. Au début du siècle, quand nous étions encore à Lhassa, nous avons montré ces écrits à une expédition britannique. Mais leurs yeux étaient fermés. Nous essayons à nouveau maintenant, car le temps presse. Sur ordre venu de haut, j'ai préparé un fragment d'un texte ancien pour vous. Nous n'en comprenons pas la signification. Il est supposé avoir été rédigé par Milarepa, l'ascète-poète tibétain lui-même. Prenez s'il vous plaît la peine de l'étudier, et agissez en conséquence. »

Cela dit, le prêtre se retira. Vieusac et sa femme demeurèrent seuls à s'émerveiller de ce qu'ils venaient d'entendre. De retour à Delhi, Henri de Vieusac s'ouvrit de l'affaire à l'attaché culturel de l'ambassade. Il fut décidé de faire suivre le document à l'Institut national des langues et civilisations orientales de Paris. Les spécialistes à Paris estimèrent qu'en effet, le texte pouvait bien dater de l'époque de Milarepa. A la fin du fragment, il y avait un passage intriguant, mentionnant la présence

– je cite mon cousin – d'êtres que l'on ne peut pas voir, avec des yeux qui ne peuvent pas voir mais vous connaissent, et dont l'esprit est si vaste qu'ils comprennent le soleil et les étoiles, et leur parlent. L'Institut de Paris ne fit aucun commentaire sur ce passage. Il avait néanmoins particulièrement frappé Vieusac. Quand il a retrouvé son vieil ami le planteur de thé, il n'a simplement pas pu tenir sa langue.

Rudyard Wiscott s'enfonça dans son fauteuil et fixa le feu du regard. Les deux hommes n'avaient pas bougé pendant toute l'histoire. Finalement, le ministre rompit le silence :

— Merveilleuse, cette histoire, et à l'évidence, elle convient parfaitement à mon âme romantique comme à la vôtre. Mais je ne comprends pas vraiment où vous voulez en venir, Rudyard, et plus encore, je tiens à souligner que ce que vous nous avez raconté jusqu'ici, c'est un bien joli conte.

— Très juste. Je voulais simplement vous mettre dans l'ambiance. Je vous ai dit également que j'ai fait mes vérifications, comme d'ailleurs l'a aussi fait mon cher cousin. Il y a une grande communauté tibétaine en Inde du Sud, près de Mysore. C'est là qu'Archibald a entamé ses recherches. Des semaines durant, ce ne fut guère concluant. Dans cette communauté, les gens étaient surtout préoccupés de survivre dans des conditions difficiles. Les vieux documents mystérieux, ce n'était pas vraiment leur affaire. Deux mois plus tard cependant, un vieux Tibétain prit contact avec lui. Cet homme, autrefois lama au Potala, la résidence du dalaï-lama à Lhassa, interrogea mon cousin sur un second document. Selon lui, c'était le plus important des deux. A la déconvenue du Tibétain, mon cousin fut incapable de répondre à ces questions, puisque Vieusac ne lui avait parlé que d'un seul document. Le lama murmura vaguement quelque chose au sujet d'un monastère dans un endroit appelé Tang. Quand mon cousin s'efforça d'en savoir un peu plus, le vieil homme s'en alla brusquement, et il fut impossible de le retrouver. Cette étrange attitude tout à fait impolie du moine tibétain éveilla les soupçons de mon cousin. Que deux sources indépendantes lui aient servi, peut-être, la même histoire convainquit Archibald qu'il pouvait bien y avoir anguille sous roche.

— Jusque-là, rien à redire, intervint le secrétaire, mais votre cousin est-il homme de confiance ? Avec tout le respect dû à votre famille, nous savons tous que l'Inde peut agir de façon étrange sur les hommes. Nombre de nos gars ne l'ont pas supporté et se sont laissés aller à l'alcool ou à d'autres drogues facilement disponibles. Ce pays peut même vous rendre quelque peu mystique à une certaine époque de votre vie.

— J'accepte tout à fait vos objections. Je n'ai pas revu mon cousin depuis des années. Sa lettre cependant est parfaitement normale, son écriture aussi. Vous ne le diriez pas ? interrogea-t-il en donnant la missive au ministre.

— C'est en effet l'écriture d'un homme sain d'esprit. Pourtant, l'histoire manque de faits concrets. Sans doute avez-vous encore quelques atouts dans votre manche, ou bien je ne reconnais plus mon vieil ami !

— Je ne sais s'il s'agit vraiment d'atouts, mais en tout cas, elles ressemblent à de bonnes cartes.

Rudyard Wiscott quitta son fauteuil pour remettre une bûche dans l'âtre. Les mains croisées derrière le dos, il faisait les cent pas tout en poursuivant :

— La première chose que j'ai faite, ce fut de contacter des amis au ministère de la Défense. Je savais qu'une mission britannique avait été à Lhassa au début du siècle. Cela m'a été confirmé et j'ai eu accès aux documents de la mission, datant de 1904. Tous confidentiels, Dieu sait pourquoi ! Le journal du commissaire britannique, le colonel Francis Edward Younghusband, est la partie la plus intéressante. Il parle notamment de textes anciens qui lui ont été montrés par l'abbé du Potala. Certains lui paraissaient dénués de sens, malgré les explications du Grand Lama. Il estimait que les histoires d'êtres sans yeux qui pouvaient parler aux étoiles n'étaient que des fantaisies communes à toutes les légendes populaires.

Seuls les crépitements du feu s'entendaient dans la bibliothèque quand Rudyard se rassit. Les trois hommes songeaient aux conséquences de l'histoire, si la preuve de sa véracité était apportée. Timothy sentait l'excitation croître en lui à mesure qu'il s'apercevait que son patron paraissait mordre à l'hameçon.

— Il semble donc qu'il existe un premier indice que l'histoire du cousin a quelque chose de vrai, reprit Rudyard. Autre chose que j'ai essayé de confirmer. Vous vous souvenez que le vieux Tibétain avait interrogé Archibald au sujet d'un second document. Il avait également cité un monastère dit Tang. J'ai donc examiné une carte détaillée du Tibet, à la recherche d'un endroit portant ce nom. Prenant Lhassa pour point de départ, puisque le Tibétain avait vécu dans l'un des monastères du Potala, j'ai scruté la région autour de la capitale. Fausse piste, car aucun endroit de ce nom ne figurait sur la carte.

Tout à coup, une idée m'est venue : la dernière fois qu'il avait été localisé, le document se trouvait à Lhassa. Il ne semblait être ni à Dalhousie, ni à Dharamsala, sinon il aurait été montré à Vieusac. Entre Lhassa et les deux endroits en Inde, il existe un lien – la fuite du dalaï-lama du Tibet quand l'Armée populaire chinoise de libération a envahi son pays. Je me suis donc rendu à la Bibliothèque nationale, et voilà ce que j'ai trouvé : le dalaï-lama a quitté Lhassa par deux fois. La première fois, en 1950, il prit la route de Gyantsé qui descend vers la vallée de la Chumbi. Il y a là un col qui s'appelle Tang-la. Mais se peut-il qu'il ait laissé des documents là-bas, alors qu'il regagna Lhassa en 1951 ? Cela paraît peu probable. J'ai alors examiné son second départ du Tibet.

En 1959, fin mars, il traversa l'Himalaya à Lhuntsé Dzong, près de la frontière orientale du Bhoutan, pour gagner Tawang et finalement Tezpur le 31 mars, dans l'Etat indien d'Arunachal Pradesh. Et pourtant, la route la plus directe de Lhassa vers l'Inde passe plus à l'ouest, par la vallée de Tang, au milieu du Bhoutan ou du Druk Yul, comme les Bhoutanais appellent leur pays.

Mettez-vous un instant dans la situation du dalaï-lama : il ne sait pas très bien comment il sera accueilli en Inde. Quel y sera son statut ? Quel sera le sort de ses affaires ? Quel meilleur endroit pour cacher certains objets précieux que le Bhoutan, dont la culture et la religion sont proches des siennes ? Pour des raisons politiques, il lui était impossible de traverser le territoire bhoutanais : il aurait pu provoquer ainsi une invasion de l'armée chinoise au pays de ses frères en religion. D'autres que lui cependant pouvaient le faire, et ils l'ont fait. Quelques jours avant son départ de Lhassa, un autre guide religieux important, Sa Sainteté le *karmapa*, chef de l'école Karma-Kagyupa, avait quitté Lhassa et s'était rendu au Sikkim en passant par la vallée de Tang au Bhoutan.

— Bon, Rudyard, grommela le ministre, vous avez bien fait votre devoir. Qu'en pensez-vous, Timothy ?

— Sir, avec votre permission, je crois qu'il serait judicieux que j'aille en Inde le plus tôt possible afin d'en savoir davantage sur mon oncle et son histoire.

— Hum ! Toujours impatients, ces jeunes gens. Mais je suis d'accord. Et vous, Rudyard ? Dois-je encore vous le demander ?

— Pas vraiment, cher Adam, répondit Rudyard avec un large sourire. Puis il leva son verre : Buvons au succès de notre folle histoire.

Ils n'eurent pas trop de toute la soirée pour établir la mission de Timothy dans tous ses détails. Vers minuit, Rudyard raccompagna ses deux invités jusqu'à la porte et leur souhaita bon retour à Londres.

Paris

Comme d'ordinaire, il faisait chaud et la ville s'était vidée de sa population coutumière. Août était un mois terrible à passer au bureau. Seule consolation, la fraîcheur de la vaste pièce qui allait avec son rang. Le chef de cabinet soupira en jetant un regard à la pile de dossiers qui l'attendait. Le premier était volumineux, avec un titre juste bon à lui donner la migraine : « Rapport final d'activités et recommandations de l'Ambassadeur de France en Inde, Comte Henri de Vieusac. »

Que diable le vieil aristocrate pouvait-il recommander au gouvernement ? Malheureusement, ce genre de rapport ne pouvait être traité à la légère, car l'Inde est une nation puissante. Il lui fallut deux heures pour venir à bout de la partie politique, avec l'imbroglio économique qui rendait la lecture encore plus ardue. Vers midi, le chef de cabinet avait fini de lire la partie officielle et en arriva au chapitre intitulé : « Addendum : quelques idées et expériences personnelles. » Ce pouvait être la partie la plus fascinante ou la plus ennuyeuse du rapport, tout dépendait de l'auteur.

« Mieux vaut en finir », se dit le chef de cabinet en tournant la page d'un voyage auquel il ne s'attendait certainement pas. A deux heures de l'après-midi, il n'avait toujours pas déjeuné. Il se plongea directement dans le rapport de l'Institut des langues orientales, joint à celui de Vieusac. Quelque peu rebuté par son langage sèchement scientifique, il finit par le poser sur son bureau. Aucune interprétation mystique n'était fournie au sujet des êtres sans yeux qui parlaient aux étoiles.

« Et si le document ne contenait rien de plus qu'un conte populaire ? s'interrogea-t-il. Mais dans le cas contraire, les implications pour quiconque sur cette planète seraient absolument fracassantes. Quel joli coup pour la France si cette découverte était annoncée par notre gouvernement ! Et ce pourrait être un bon point pour ma carrière d'être le premier au gouvernement à connaître l'existence de ces documents. »

Une pensée affreuse le traversa soudain : « Et si tout cela n'était qu'un canular, un conte à dormir debout ? » Il serait la risée du Tout-Paris. Par ailleurs, si elle était vraie, étouffer l'information ne lui ferait pas de bien non plus. A la réflexion, le chef de cabinet décida de commencer par ce qui était le plus près, ici même à Paris. Les spécialistes de l'Institut lui donneraient les bases scientifiques nécessaires soit pour aller plus loin, soit pour oublier simplement toute cette affaire. Il était homme de précaution. Pour les affaires délicates, il préférait avoir quelqu'un pour porter le chapeau si d'aventure les choses tournaient mal. C'est ainsi que l'on dure en politique.

Il prit le récepteur du téléphone et ordonna à son secrétaire d'appeler l'Institut des langues O. « Vous demanderez le directeur de la section de tibétologie et lui direz de venir sur-le-champ me trouver. »

Moins d'une heure plus tard, un homme frêle d'un certain âge, l'air à peine troublé, fut introduit dans son bureau. Son visage parcheminé, rougi d'énervement et de fatigue, soulignait son regard brun et perçant. Les gouttes de transpiration qui perlaient sur son crâne presque chauve étaient retenues par des sourcils gris en bataille qui les empêchaient de rouler sur ses lunettes cerclées de métal en équilibre précaire sur son nez bourbonien. Avant que le visiteur ne puisse étaler ses griefs, le chef de cabinet le salua avec jovialité :

— Mille excuses, professeur Machprot ! Vraiment navré de vous déranger dans votre travail. De gros problèmes sont apparus. Le gouvernement a besoin de l'avis du meilleur de nos spécialistes en tibétologie au sujet d'une affaire hautement névralgique.

Amadoué par ces propos flatteurs, le professeur se laissa conduire jusqu'à un fauteuil. Il s'installa en face du haut fonctionnaire, sans réaliser le moins du monde que la petite statue noire – une main sculptée par Rodin – juste devant lui était reliée à un puissant micro.

— Monsieur le chef de cabinet, remarqua-t-il, voilà des semaines que je m'attendais quelque peu à cet appel.

— Vraiment ? se contenta de dire le fonctionnaire d'un ton neutre.

— Je suppose, poursuivit le professeur, que le rapport du comte de Vieusac a finalement attiré votre attention. Je suis néanmoins surpris qu'il ait fallu autant de temps.

Le chef de cabinet se pencha en avant et murmura prudemment :

— Je ne comprends pas tout à fait la signification de votre remarque.

Le professeur se tortilla avec embarras dans son fauteuil et répliqua :

— Ne vous méprenez pas, je ne voulais pas vous vexer. A l'Institut, nous étions plutôt bouleversés par les documents de l'ancien ambassadeur et nous nous attendions à une réaction immédiate du gouvernement.

— Vous dites, à l'Institut nous étions bouleversés, interrompit le chef de cabinet. Qui d'autre que vous a analysé le manuscrit ?

— Mon assistante personnelle, Mlle de Sainte-Fleur, m'a aidé à le traduire.

— Quelqu'un d'autre encore ?

— Nous avons très vite saisi que ce document était de la dynamite. Si bien que nous l'avons plutôt gardé pour nous...

— Plutôt pour vous...

— Disons qu'il y a encore une personne au courant. Il vient de Rome, un élève du professeur Tucci, l'un des érudits les plus respectés de stature internationale dans notre domaine. Il est arrivé par hasard à l'Institut alors que nous achevions la traduction. Nous avons pensé que c'était une occasion unique de discuter de la qualité de notre travail et nous lui avons demandé son interprétation. Il nous a promis de garder le secret.

— Mon cher professeur, j'espère que c'est l'homme de confiance que vous croyez, répondit le chef de cabinet avec un soupir. Dommage que vous ne nous ayez pas contactés aussitôt.

— M'auriez-vous cru ? interrogea Virgile Machprot.

— Bonne question, cher ami. Vous avez raison, c'est bien à cause du document tibétain que je vous ai fait venir ici. Pour être franc, nous avons besoin de votre avis en tant que spécialiste, avant de décider comment réagir.

— Monsieur, de ce que je vais vous expliquer, vous comprendrez aisément nos hésitations à dévoiler ce que nous avons trouvé. Par son contenu, le texte est stupéfiant. Peut-être connaissez-vous l'incroyable richesse des légendes de l'Himalaya. Dans les vieux textes tibétains, les faits historiques sont parfois difficiles à distinguer des mythes.

Le document en question a été attribué au poète-ascète tibétain Milarepa par le moine qui l'a remis à Vieusac. La vie de Milarepa telle que nous la connaissons aujourd'hui est un inextricable amalgame de vérité et de fiction. Si bien que le seul moyen de prouver la véracité du document, c'était de chercher d'autres références. Ce que nous avons fait.

— Vous voulez dire que d'autres documents de la même époque rapportent la même histoire ? interrompit le chef de cabinet.

— Aucun document de ce genre n'est connu à l'Institut. Mais l'un de mes assistants qui travaille à Katmandou est en contact avec des moines tibétains. Par l'intermédiaire de notre attaché culturel, Jean Dupont, je lui ai demandé de mener discrètement sa petite enquête parmi les Tibétains. Deux mois durant, pas le moindre résultat. Un jour, un moine Nyingmapa, une école du bouddhisme fortement implantée au Bhoutan, s'approche de lui. Le lama l'interroge sur les raisons de sa quête. Mon assistant lui fournit les explications nécessaires. A sa grande surprise, le moine lui répondit que sa recherche était complètement inutile dans la mesure où pareil manuscrit n'existait tout simplement pas. Quand mon collaborateur lui demanda sur quoi il se fondait pour être si péremptoire, le Bhoutanais fit marche arrière, devint très évasif et peu après, mit brutalement fin à la conversation d'une façon étonnamment grossière. Cela éveilla les soupçons de mon assistant. Pourquoi ce moine aurait-il pris contact avec notre homme juste pour le persuader que ce document n'existait pas ? Il aurait pu tout aussi bien ne pas le faire.

— C'est plutôt mince, comme preuve, cher ami, constata le chef de cabinet d'un ton perceptiblement déçu. Vous comprenez parfaitement que nous ne pourrons jamais entreprendre quoi que ce soit sur des bases aussi inconsistantes.

— Tout à fait d'accord avec vous. Mais laissez-moi continuer. Mon assistante et moi-même avons discuté de cette question avec notre collègue de Rome. Il nous a donné deux informations pour le moins troublantes. Son maître, le professeur Tucci, avait visité Lhassa à plusieurs reprises durant le règne du treizième dalaï-lama, et on lui avait montré d'anciens textes au sens caché de ce genre.

Le professeur Machprot laissa s'écouler le temps nécessaire à la bonne compréhension de ses propos avant de reprendre.

— Notre ami a des contacts étroits au Vatican. Ils utilisent souvent ses services lors de délicates discussions avec des dignitaires bouddhistes. L'un de ses contacts l'avait informé que récemment, il y avait eu de très vifs remous dans les cercles les plus fermés de la Curie. Un prêtre de la Compagnie de Jésus avait demandé à voir un vieux document chinois gardé dans les Archives secrètes du Vatican. Comme vous le savez, cette bibliothèque abrite davantage de secrets politiques que toutes les archives réunies de tous les services de renseignements du monde.

— Qu'est-ce que cela a à voir avec votre histoire ? interrogea, intrigué, le chef de cabinet.

— Disons que cette requête semble avoir été brusquement rejetée par la plus haute autorité.

— Vous voulez dire le...

— Exactement, par le pape lui-même, dans la mesure où il est le seul à avoir accès à ce document.

— Je ne vous suis pas tout à fait. Nous parlons de manuscrits tibétains, et vous me ramenez un document chinois.

— Laissez-moi vous expliquer. Le document chinois date de 1655. Il est connu sous le nom de « Lettre de Soie de l'impératrice Ming ». Le prêtre qui s'est intéressé à ce document se trouve être l'un des tibétologues les plus brillants de l'Eglise catholique romaine. Deux jours après sa demande, il a été transféré au Rwanda, au milieu de nulle part, coupé de tout contact avec le monde.

— Eh bien, ça alors ! s'exclama le chef de cabinet. C'est réellement fort intrigant. Je dois vous demander, professeur, de garder tout cela absolument secret et d'informer votre assistante de faire de même. A partir de cet instant, c'est une affaire d'Etat.

Genève – Pékin

Depuis sept ans qu'il travaillait comme chef du personnel des Nations Unies à Genève, Chou Hua n'avait jamais vu ça. Il regardait avec une surprise non dissimulée les instructions de transfert que le secrétaire général des Nations Unies lui avait envoyées ce matin par courrier diplomatique urgent de New York. Il y était dit qu'après discussion avec l'ambassadeur britannique, il proposait Timothy Wiscott au poste de Thimphu, au Bhoutan. Le poste avait été mis au concours, comme de coutume, dans le journal interne des Nations Unies. Cinq candidats pouvant éventuellement correspondre aux qualifications requises avaient été pris en considération. Ce Wiscott n'avait même pas fait acte de candidature !

« Pourquoi Londres s'appuie-t-il sur le secrétaire général par son ambassade ? » s'interrogeait Chou Hua.

Il posa le papier libellé *urgent*. Il regarda pensivement le lac de Genève et l'imposant massif du Mont-Blanc qui se découpait clairement sur un ciel d'automne. Quel paysage paisible pour cette communauté internationale sans paix ! Toutes les luttes dont il avait été le témoin ici ne semblaient en rien affecter le pays d'accueil. Et cela ne perturbait en rien la tranquillité d'esprit des Suisses d'empocher, année après année, une bonne partie du budget des Nations Unies sans même être membre à part entière de l'organisation internationale. En tant que Chinois, Chou Hua admirait secrètement l'esprit empirique du peuple suisse.

Lentement, il revint à la feuille de papier déposée sur son bureau. Il y avait là quelque chose de bizarre et de malhabile à la fois. Ils savaient bien à Londres qui s'occupait des transferts à Genève. Essayaient-ils de l'induire en erreur en étant si évidemment maladroits ? Il aimait cette espèce de jeu, parce que les leurres utilisés par l'adversaire pouvaient être innombrables.

« La face découverte vous enseigne la face cachée, car elles sont pareilles », songea-t-il en se saisissant de l'interphone :

— Miss Wollner, auriez-vous l'amabilité de m'apporter le dossier de Timothy Wiscott, de nationalité britannique ?

— Je vous l'apporte, répondit la secrétaire.

Cinq minutes plus tard, elle revenait avec le dossier sous le bras :

— Puis-je vous être utile encore à quelque chose ?

— Quelle heure est-il ?

— Cinq heures et demie.

— Déjà ? Je ne m'étais pas rendu compte qu'il était si tard ! De toute façon, vous pouvez partir. Je fermerai le bureau moi-même, j'ai encore un travail urgent à terminer, mais je pense pouvoir m'en sortir sans vous.

— Merci, bonne soirée.

— A bientôt.

Seul dans son bureau, Chou Hua feuilleta le dossier de l'Anglais. Il semblait venir d'une famille aisée. Etait-ce pour lui une manière de thérapie que de travailler pour les Nations Unies ? Ou bien était-il un vrai professionnel ? Son origine expliquait-elle l'intervention personnelle de l'ambassadeur britannique ? Il n'empêche que son dossier semblait bon. Il avait deux diplômes, l'un d'ingénieur et l'autre en histoire orientale. Chou Hua était désorienté par le fait qu'il n'avait rien à voir avec la forêt, alors que le poste ressortissait précisément du département des Forêts. Son second diplôme ne contribuait guère à éclairer la scène.

Chou reprit ce délicat dossier. Il avait besoin de l'avis des siens. Comme la réponse était demandée pour la fin de la semaine, il décida d'utiliser les ressources de l'ambassade. Il se leva, attrapa son imper et sortit du bureau.

— A l'ambassade ! lança-t-il au chauffeur. Comme d'ordinaire, la circulation était difficile à la gare de Cornavin et sur le pont du Mont-Blanc. Il fut content d'arriver au petit chemin de Surville, où se trouvait la mission permanente de la République populaire de Chine. Les caméras de télévision à l'entrée se pointèrent sur la voiture, puis les deux lourdes portes d'acier glissèrent sans bruit. Il s'empressa d'entrer dans l'austère demeure et pria l'officier de service de demander un rendez-vous urgent à l'ambassadeur. Dix minutes plus tard, il était introduit dans le bureau du chef de la mission.

— Camarade, s'adressa-t-il à son supérieur dans les termes consacrés par la hiérarchie nationale, je suis venu par le chemin le plus court vous rapporter un événement à la signification encore incertaine, mais qui peut se révéler de la plus haute importance.

— Comme vous le savez, sourit l'autre, ma porte vous est toujours ouverte. Qu'est-ce qui vous a tellement bouleversé au point de demander personnellement mon avis ?

Une manière bien subtile de lui dire qu'une coopération un peu plus étroite avec l'ambassade aurait été vivement appréciée. Il est vrai que Chou travaillait indépendamment pour les Nations Unies et ne soumettait qu'un nombre minime de rapports à l'ambassade. C'est pourquoi les autres Chinois le considéraient comme un outsider.

— Cet après-midi, j'ai reçu un message urgent du secrétaire général des Nations Unies, répondit-il. Il résuma l'affaire en quelques mots et fit part de ses suppositions à son supérieur. Quand il eut terminé, l'ambassadeur lui demanda avec un sourire :

— Quelles sont maintenant vos intentions ?

— J'ai besoin de votre aide, camarade, répliqua Chou Hua. Il faut informer Pékin aussi rapidement que possible. Ils doivent être impliqués dans la décision.

— Pourquoi tant de foin ? objecta son interlocuteur. Il ne s'agit que d'un poste de fonctionnaire P-2. Cet homme utilise sans doute ses bonnes relations pour passer quelques années agréables dans un pays intéressant.

— J'y ai aussi pensé. Pourtant, ça ne colle pas avec l'image du bonhomme qui se dégage de son dossier. Il vient d'une famille aisée et influente. Il pourrait fort bien ne pas s'en faire et vivre confortablement de son héritage. Néanmoins, il a investi dans de très bonnes qualifications, il a même deux diplômes. Ce n'est pas un type à gaspiller son temps. Et puis, il n'a rien à voir avec les forêts.

— Intéressant. Une inconséquence – rien de plus. Avez-vous suffisamment d'indices pour prendre le risque d'un contact radio avec Pékin ? C'est ce que vous me demandez, n'est-ce pas ? dit l'ambassadeur.

— C'est ça, camarade, répondit Chou.

— Désolé, Chou, mais nous avons des ordres stricts du ministère d'utiliser la radio aussi peu que possible.

— Quand votre prochaine transmission est-elle prévue ? insista-t-il.

— Pas avant la fin du mois.

— Dans sept jours ! Trop tard, j'ai trois jours pour répondre.

— Il vous faut trouver encore un autre argument pour me convaincre, insista l'ambassadeur.

— La position de Wiscott au Foreign Office est simplement trop bonne pour prendre un poste P-2 dans un coin perdu des Himalayas. Pour être franc, j'ai terriblement le sentiment qu'il y a quelque chose qui se prépare. Ce pourrait bien être une explosion juste sous notre nez. Après tout, le Bhoutan est l'un de nos voisins méridionaux. Dans cette région troublée, c'est le seul pays à rester stable et plus ou moins tranquille durant les cinquante dernières années, sinon davantage. Nous n'aimerions pas que ça change. Songez simplement au risque d'une petite réprimande en raison d'un contact inhabituel imprévu, comparé à la menace de perdre la face si nous laissions passer cette affaire par inadvertance ?

— Vous m'en faites réellement endosser la responsabilité, maugréa l'ambassadeur.

— Je vous demande votre aide, camarade, c'est tout.

— Bien. L'équipement sera à votre disposition ce soir à 21 h 45. C'est l'horaire attribué à notre ambassade pour les contacts d'urgence. Préparez un rapport écrit de trois pages au maximum. Ma secrétaire personnelle vous le tapera, et notre officier radio se chargera de le faire passer à temps.

— Je vous en suis très reconnaissant, camarade.

S'inclinant légèrement, Chou Hua quitta la pièce.

Genève n'appelait pas souvent en dehors des heures prévues. L'officier de service du ministère des Affaires étrangères à Pékin ouvrit immédiatement l'enveloppe contenant le message arrivé à 5 h 47 le matin même. Après un bref regard sur le rapport, il saisit le récepteur du téléphone :

— Camarade ministre, ici l'officier de service. Nous venons tout juste de recevoir un message imprévu de notre ambassade à Genève.

Après l'avoir lu au ministre, il attendit anxieusement la réponse. Elle lui parvint au bout d'une longue minute de silence :

— Activez la taupe n° 1 à Dharamsala ! Dites-lui de partir immédiatement pour le Bhoutan. Renseignez-le sur l'Anglais. Il saura se débrouiller. C'est tout pour le moment.

— Bon, camarade ministre. Il posa le récepteur en claquant des talons. La perspective d'activer leur taupe la plus avancée et la plus précieuse lui glaça le cœur. Quelque chose de grand était en gestation.

Delhi

— Gentlemen, nous nous trouvons actuellement devant une situation très sérieuse, annonça d'un ton grave le chef des services de renseignements des forces armées indiennes. Notre ambassadeur au Bhoutan nous annonce que les Nations Unies de Genève ont déposé une demande d'agrément au bureau des Nations Unies à Thimphu pour un certain Timothy Wiscott. Il doit venir en tant que spécialiste étranger auprès du gouvernement du Bhoutan. Comme vous le savez, nous n'avons cessé de suivre cet Anglais depuis sa rencontre avec son oncle dans le sud de l'Inde. Pour l'instant, les intentions de Londres ne sont pas claires. Il semble cependant que Wiscott prenne son nouveau poste avec la bénédiction de son ministre. Cela nous place en position de devoir entreprendre quelque chose.

Personne parmi les hauts fonctionnaires des affaires étrangères et des forces armées présents n'osa piper mot. Dans la chaleur oppressante, les pales du ventilateur tournaient lentement, comme à travers un malaise visqueux. Essuyant des gouttes de sueur, le représentant du Premier ministre se risqua à dire :

— Je tiens à souligner clairement que le gouvernement en tant que tel ne peut aucunement être impliqué dans cette affaire. Nous comprenons son importance et sommes d'accord qu'il faut réagir de manière adéquate. Je tiens cependant à vous rappeler que nous ne saurions cautionner le moindre geste inamical à l'encontre d'un pays voisin.

— C'est parfaitement clair, sir, admit le général des services secrets. Ce sera une mission sans couverture, et il sera impossible de remonter jusqu'au gouvernement. Si quelque chose devait clocher, nous en endosserions entièrement le blâme. En échange, je voudrais demander la plus totale coopération de l'armée et du ministère de l'Intérieur.

— Le Premier ministre a déjà donné des instructions en ce sens, assura son représentant. Soulagés d'entendre qu'il ne leur appartenait plus de décider, les autres officiers donnèrent leur agrément.

— Merci de votre confiance, messieurs, sourit le général. Je superviserai personnellement l'opération. Seul un tout petit nombre d'hommes seront au courant, ceci afin d'assurer la plus haute sécurité. Vous comprendrez certainement que les détails de mon plan ne sont pas à discuter ici. Vous avez ma parole que le plus grand soin sera de mise pour garantir son succès.

Thimphu

Une petite lumière brillait solitaire à une fenêtre du cottage royal. Seule une ombre se profilait sur les rideaux tirés, tandis que le roi du Bhoutan faisait les cent pas dans sa chambre. Son jeune visage avait les traits tirés, ses lèvres pleines se mouvaient silencieusement et ses yeux noirs comme des charbons se dardaient sur le portrait de son père, feu le roi du Bhoutan, posé sur son bureau. Son corps élancé, légèrement voûté par le poids des responsabilités, ne remplissait pas son *bakoo* coloré tissé en soie sauvage.

Voilà bientôt trois semaines qu'il ne pouvait presque plus rien avaler. A cause de ce message arrivé justement il y a trois semaines. « Pourquoi avez-vous accepté ce fardeau pour notre famille, père ? » soupira-t-il en s'asseyant à son bureau, en face d'un petit autel portatif où méditait un Bouddha souriant. Pour la centième fois, il reprit la lettre et la relut. Pas de doute, elle était authentique et contenait le code secret. L'homme qui l'avait apportée avait lui aussi énoncé le code correct en lui remettant le message.

Les pensées du roi retournèrent à ce jour où son père l'avait emmené à la chasse. Bien loin de toute oreille indiscrète, il lui avait confié le terrible secret dont il était devenu le gardien quelques années plus tôt. Pour l'honneur de la couronne bhoutanaise, il lui avait fait jurer d'en être le digne dépositaire à son tour, après sa mort. Et maintenant, le jour était venu de tenir la promesse de feu le roi. La missive le demandait.

Un poids sur sa poitrine faillit l'empêcher de saisir le téléphone sur son bureau. Lentement, il composa un numéro et attendit patiemment que l'on réponde à l'autre bout du fil. Une voix ensommeillée grommela quelques mots incohérents dans le récepteur.

— Réveillez-vous, mon ami ! dit-il en attendant aimablement que son interlocuteur reprenne ses sens.

— Mille excuses, Majesté. Je n'avais pas réalisé...

— Il est tard, je sais. Ecoutez-moi bien. Je veux que vous mettiez en branle le plan Tigre.

— Le plan Tigre... Votre Majesté ?

— Vous m'avez bien entendu. Exécution immédiate ! Bonne nuit.

Approche

Calcutta – Paro

Adèle de Sainte-Fleur ne se sentait pas très bien à l'idée de monter dans le petit avion. Il paraissait fragile comparé aux puissants jets qui l'entouraient.

— C'est cet avion que nous allons prendre ? demanda-t-elle au professeur Machprot.

— C'est celui-là, chère Adèle, répondit-il. Vous voyez le dragon peint à l'arrière. C'est l'emblème national du Bhoutan, le pays du Dragon paisible, ou *Druk Yul*, comme l'appellent les Bhoutanais.

— Je vois. Effectivement, c'est écrit dessus – *Druk Airways*. Qu'en pensez-vous, ce petit engin est-il réellement sûr ? interrogea-t-elle d'un ton dubitatif.

— Oh, ça suffit, Adèle ! – le professeur se mit à rire. Ce genre d'appareil est aussi sûr que les grands, peut-être même plus encore. N'est-ce pas, Jean ?

— J'espère que vous avez raison, professeur, répondit Jean Dupont avec un sourire moqueur.

Adèle perçut la malice tandis qu'elle regardait le jeune attaché culturel de l'ambassade à Katmandou. Elle ne l'aimait pas. Son visage étroit, ses yeux gris et sa petite moustache blonde sur des lèvres minces lui donnaient un air de supériorité. Elle haussa les épaules. Mieux valait l'ignorer plutôt que de se prendre de bec avec lui dès le début de cette folle équipée.

Ce n'était pas dans ses habitudes de plonger tête baissée dans pareille aventure. Elle aimait son travail de tibétologue, même si pour elle, jusque très récemment, le Tibet n'existait que dans de vieux documents et des livres. N'eût été son admiration pour le professeur Machprot, elle aurait tout simplement refusé d'être du voyage. C'était grâce à lui et à son enthousiasme que sa vie de vieille fille érudite gagnait soudain un sens plus profond.

— De toute manière, Adèle, avec vos brodequins suisses, vous pouvez affronter n'importe quel danger dans l'Himalaya, la taquina gentiment le professeur. Vous pourriez même les utiliser comme train d'atterrissage en cas d'urgence !

— Oh, je sais trop bien qui sera le premier à avoir froid aux pieds ! le contra-t-elle en se redressant. Elle paraissait plutôt sévère avec ses cheveux gris tirés en arrière en un petit chignon et son petit nez droit humant l'air. Ses joues roses et ses yeux bleus brillants atténuaient cependant cette impression.

— Allez, les deux experts en chaussures ! – Jean Dupont les interpellait de l'avion. Les Bhoutanais veulent partir. Vers midi, il y aura des nuages et peut-être de la pluie. Il faut avoir atterri avant. Espérons que ce sera sur le train d'atterrissage normal, au moins !

— Taisez-vous, jeune homme ! siffla Mlle de Sainte-Fleur en grimpant la courte échelle menant à la cabine du petit Dornier de Druk Airways.

— Bienvenue à bord, mesdames et messieurs ! les

accueillit une voix sortant de la cabine de pilotage, où un type impressionnant était assis à la place du capitaine. Il portait un turban, une moustache sel et poivre, et la barbe caractéristiques des Sikhs.

— Je suis le capitaine Kabir. Retraité de l'aviation indienne, j'aide maintenant nos amis bhoutanais.

— Vous êtes officier de l'air ! Combien je suis soulagée d'avoir un pilote de confiance à bord ! s'exclama Adèle.

— Quand je servais en Inde, j'étais un excellent magasinier, dit le capitaine en vérifiant sa liste de départ. Attachez vos ceintures, nous allons décoller dans les minutes qui suivent !

Abattue par la chaleur et les sarcasmes, Adèle se cala sur son siège et feignit de n'accorder aucune attention à qui que ce soit. Le professeur Machprot et Jean Dupont bavardaient déjà avec la Bhoutanaise que leur avait dépêchée le ministère de l'Intérieur en guise d'escorte. Néanmoins, leur charme français ne semblait pas provoquer les miracles escomptés. Il leur valut même un regard noir du copilote. Le vrombissement des moteurs coupa court à leur conversation, alors que le petit appareil prenait sa course sur le tarmac. L'autorisation de décollage ne tarda pas, et ils s'envolèrent avant que la chaleur moite de Calcutta ne les ait complètement assommés.

Il ne fallut pas longtemps à l'avion pour atteindre son altitude de croisière de 15 000 pieds. De son hublot, Adèle avait une vue magnifique sur l'Himalaya qui se rapprochait. La formidable barrière montagneuse était surmontée de gros nuages d'un blanc immaculé. Le contraste était saisissant entre ce paysage majestueux et la terne platitude inondée du Bangladesh après la mousson, la pureté des montagnes dominant les plaines maladives du delta du Gange.

« Et pourtant, c'est la terre sacrée nourrie par la déesse Ganga. Chaque tribu sur cette planète adore ses propres dieux. Nous n'avons pas à en juger. Venant du dehors, nous ne comprenons ni ne saisissons cette profondeur », songea-t-elle en se laissant lentement glisser dans un état à mi-chemin entre l'assoupissement et la réalité. Ses pensées étaient claires comme le cristal et d'une réalité immédiate, et cependant, l'enchaînement des événements était dépourvu de logique interne. Comme des bulles de savon, elles entraient en collision les unes avec les autres, se téléscopaient, fusionnaient parfois, et d'autres fois volaient en éclats irisés.

Bientôt les plaines du Gange disparurent à l'arrière-plan.

Le professeur Machprot se pencha vers leur guide :

— C'est très impressionnant de voir ce brusque changement de paysage. Ce qui est encore plus surprenant, c'est de ne pas apercevoir le moindre village dans les vallées, alors que de l'autre côté de la frontière, c'est surpeuplé. Dites-nous-en un peu plus sur votre pays !

— Vous avez raison, professeur, répondit-elle en souriant. Le Bhoutan est probablement le seul des pays en développement à souffrir de sous-peuplement. L'un de nos plus grands problèmes, qui constitue aussi un obstacle bien réel au développement, est précisément le manque chronique de main-d'œuvre, surtout en ce qui concerne le personnel qualifié. Nous faisons de notre mieux pour établir des infrastructures *minima* à travers le pays. Nous essayons de le réaliser grâce à une décentralisation gouvernementale méticuleusement établie.

— J'en ai entendu parler. C'est assez inhabituel parmi les pays en développement !

— Peut-être. Mais comme vous le savez, dans l'histoire bhoutanaise, l'idée d'une administration régionale trouve ses racines dans notre passé récent. De puissants *penlops* régnaient dans le Haa occidental, à Paro, Wang et Shaa, ainsi que dans le Tsonga central. A l'est, les seigneurs de guerre s'appelaient *dzongpöns* et contrôlaient les régions de Tashigang, Kurtey et Shongar. Ils exerçaient le pouvoir temporel. Mais tous devaient obédience au *Shabdrung*, qui était le guide spirituel du Druk Yul. Dans les conflits incessants parmi les seigneurs, les *penlops* de Tsonga finirent par s'imposer comme les plus puissants à la fin du siècle passé. A cette époque, la famille Wangchuck portait le titre. C'est elle qui forgea les différentes régions en une nation moderne, le Bhoutan, et devint ainsi en cours de route l'actuelle famille royale.

— Une personnalité éminente dans votre histoire spirituelle, ce *Shabdrung*, releva Machprot.

— C'est vrai, commenta-t-elle sobrement.

— Ne nous perdons pas dans les vieilles lunes ! interrompit Jean Dupont en lançant un regard d'intelligence à Machprot. Notre cher professeur a une sacrée manie d'ennuyer tout le monde avec les histoires du passé. Parlons plutôt du Bhoutan d'aujourd'hui. A ce que nous savons, il y a fort peu d'industries dans votre pays. Comment la majorité des gens gagnent-ils leur vie à présent ?

Elle fut reconnaissante au jeune homme de l'avoir tirée d'embarras. C'était désagréable de parler à des étrangers du récent passé troublé du pays. Elle répondit avec soulagement :

— La plupart des gens, y compris mes parents par exemple, vivent de l'agriculture. Ils produisent à peu près tout ce dont ils ont besoin pour vivre. Juste assez, figurez-vous ! La vie dans les montagnes, parfois à plus de 3 000 mètres d'altitude, est assez dure. Aux plus hautes altitudes, on produit essentiellement du blé, des fruits et des légumes, comme la pomme de terre, etc. Dans les vallées méridionales plus chaudes, on produit du riz.

— Tout le monde est paysan, ou y a-t-il également des professions spécialisées ?

— Peu de gens avaient des professions spécialisées dans notre société traditionnelle. Il y avait des exceptions, comme les forgerons, les tanneurs et, bien sûr, les moines. Nos lamas ne travaillent pas pour subsister. Ils sont entretenus par la société, pour leur permettre de s'occuper uniquement de choses spirituelles. Le fils aîné de chaque famille était d'ordinaire envoyé au monastère pour devenir moine. Les choses changent progressivement, dans la mesure où le gouvernement emploie beaucoup plus de monde et où l'entreprise privée s'étend. Nombre de jeunes gens sont envoyés en apprentissage en Inde ou ailleurs.

— Dans des pays occidentaux ? ne put s'empêcher de demander le professeur.

— Oui.

— Pourquoi n'êtes-vous pas un pays non aligné ? reprit Machprot.

— C'est vrai, et nous insistons bien là-dessus. Mais le hasard fait que pour des raisons historiques, notre mentalité et nos structures gouvernementales sont beaucoup plus proches du modèle des pays occidentaux. Feu Sa Majesté, qui fut le promoteur du développement moderne du Bhoutan, a beaucoup voyagé en Europe. Il avait de nombreux bons amis en Angleterre et en Suisse. Il avait été très impressionné par la structure politique de celle-ci. Plus encore, les conditions géographiques des deux pays se ressemblent. Cela explique amplement notre attitude.

— Et vos relations avec vos voisins ? Ils ne sont pas tous du même bord politique.

Le revoilà, à en devenir énervant. Avec son plus large sourire, elle répondit :

— Vous poserez cette question à nos gens du ministère des Affaires étrangères. Je suis sûre qu'ils pourront vous donner de bien meilleures informations que moi, qui ne suis qu'une simple employée du ministère de l'Intérieur !

— Vous avez raison, je l'ai mérité ! Comment puis-je être aussi dépourvu de tact ! concéda Machprot en souriant.

— Virgile, Jean, regardez à gauche ! lança soudain Adèle d'une voix pointue. Voyez-vous ce terrible mur de gros nuages noirs ? Avant qu'elle ne puisse poursuivre, le petit appareil fut pris comme un simple jouet dans un gigantesque poing. Machprot et Dupont eurent juste le temps de boucler leurs ceintures, les dames ne les avaient pas desserrées. Le Dornier fila en une profonde glissade qui les rapprocha inconfortablement des montagnes. Tout ce qu'ils pouvaient voir du pilote, c'étaient ses bras brassant l'air dans le cockpit comme Shiva dans la Danse de l'Univers.

— Ça suffit, garce d'Allemande ! maugréa le capitaine entre ses dents serrées, tu ne vas pas nous laisser tomber tout de même ! C'est quoi, cette petite pluie pour toi, dis chérie ? Je vais te donner un peu plus d'énergie ! ajouta-t-il en poussant à fond ses deux moteurs et en rabattant les volets pour améliorer la portance des ailes.

— Ça y est, doucement, la belle, maintenant tu piques du nez et à gauche, marche ! Sacré tonnerre, tu vas m'écouter, oui ou non ? !

Il tira désespérément sur son manche à balai, forçant l'avion à s'engouffrer dans une profonde courbe, ce qui lui donna le coup de fouet nécessaire pour échapper à la puissance féroce de la tempête, les poussant de plus en plus vers la montagne sur leur droite. L'ouverture de la vallée se précipita vers eux. Il slaloma de justesse avec les arbres, et soudain, le terrible souffle des vents faiblit. Au dernier moment, il réussit à redresser le nez de son avion, sans oser jeter un regard aux ailes. Le lourd poids l'écrasant sur son siège lui signifiait cruellement qu'ils pouvaient tout aussi bien s'écraser. Leur course se fit parallèle à la crête de la vallée, et tout à coup, l'intolérable pression cessa. C'était sa bonne étoile qui l'avait guidé dans sa courbe désespérée, ils étaient juste devant la vallée. Avec un profond soupir, il brancha le micro :

— Mesdames et messieurs, j'espère que le pire est passé. C'était une vilaine tempête traînant par ici. Plutôt inhabituelle à cette époque de l'année. Nous allons suivre la vallée et voler au-dessous de la couche nuageuse, ce qui va prolonger quelque peu notre vol. Mais n'ayez crainte, nous avons assez de carburant. Le petit oiseau n'a subi aucun dommage, les Allemands savent construire des avions.

Il coupa le micro et s'affaira à vérifier tous les systèmes de vol. Se penchant vers le copilote, il hurla :

— Avez-vous la moindre idée d'où diable nous sommes ?

— Pas la moindre, sir !

— C'est vous, l'autochtone à bord ! Vous êtes censé connaître au moins la géographie de votre sacré pays !

— C'est tout différent vu d'en haut !

— Vous êtes pilote, nom de Dieu, pas un simple instit' en train d'enseigner la géographie !

— Mais le capitaine, c'est vous !

— Bon, bon, ne le prenez pas comme ça ! C'était juste pour décompresser un peu. Vous êtes à côté, c'est donc vous qui écopez. Je crois que nous devrions remonter et établir un contact radio avec la plaine. Cela nous mettra au-dessus de ces nuages plutôt traîtres. J'espère simplement que l'aéroport de Paro est ouvert, car le carburant n'est pas aussi inépuisable que je l'ai dit aux passagers. Pourquoi ne pas essayer d'établir une liaison avec Paro et s'enquérir des conditions météo chez eux ?

Un petit moment plus tard, le capitaine se tourna vers le copilote :

— D'après les radio-repères de Hashimara et Bagdogra, nous sommes quelque part au-dessus de Sombe Dzong, au sud-ouest de Haa. Si nous filons nord-est, disons 45 degrés, nous devrions arriver à Paro. Au moins, nous traverserons la vallée du Paro Chu et nous n'aurions plus qu'à suivre la rivière. Que disent nos amis à Paro ?

— Je ne les entends pas très bien. Ils sont en souci parce que nous sommes en retard. Il semble que la couverture nuageuse soit changeante. Mais dans l'ensemble, au sud-ouest, le ciel est plutôt dégagé.

— Bon, ça veut dire n'importe quoi. Prenons toutes les précautions. Nous allons maintenir notre altitude présente et nous amorcerons le virage au dernier moment, selon les conditions de visibilité. Comme ça, nous pourrions toujours retourner sans problème jusqu'à Hashimara en régime minimum si l'aéroport de Paro s'avérait impraticable à cause des nuages.

— Cela semble parfait, capitaine !

Dans la cabine des passagers, c'était le mutisme complet, plus la moindre conversation mondaine, ni la moindre question. Chacun se concentrait sur l'essentiel, sortir de ce piège.

Jean Dupont regrettait amèrement l'idée d'une mission culturelle française au Bhoutan. La demande de Paris était nette. Même si elle émanait du ministère de la Culture, il avait été clairement signifié que le Quai d'Orsay, voire même le Premier ministre, était derrière. Une bonne dose de pression avait été exercée sur l'ambassadeur du Bhoutan auprès des Nations Unies à Genève, et les Bhoutanais s'étaient d'abord montrés plutôt réticents. Ils ne se souciaient guère de publicité pour le moment, étant en cours de négociations frontalières délicates avec la Chine. Puis, soudain, sans la moindre explication, ils avaient donné leur accord pour une mission de trois personnes. Il lui semblait qu'il y avait là quelque chose de trouble. L'histoire de la signification occulte du document lui paraissait étrange. Cela lui rappela le film *Les Aventuriers de l'Arche perdue*. Il aurait bien aimé être un aventurier sans peur comme le héros du film, mais cette fois-ci, ce n'était pas du cinéma. Son seul souhait, c'était que ce vol aléatoire s'achève par un atterrissage heureux.

Le petit avion naviguait haut au-dessus des nuages serrés. De temps à autre, on apercevait un scintillement, ce que l'équipage pensait être la rivière Paro. Tout à coup, le copilote montra quelque chose du doigt :

— Sir, je crois bien que c'est le *dzong* de Paro ! Voyez-vous le bâtiment blanc dans ce trou à travers les nuages, juste devant vous ?

— Drôlement juste, ce trou, pour se glisser à travers ! répondit le capitaine. Voyons ça de plus près avant de nous aventurer directement dans la vallée.

Il amorça une descente calculée vers la petite ouverture dans les nuages. Après deux virages complets à 360 degrés, il parvint à distinguer la piste au bout de la vallée. Au même moment, un nuage passa devant le nez de l'avion et couvrit la vue de l'aire d'atterrissage.

— J'espère qu'il n'y en a pas beaucoup de ce genre, sinon ça pourrait aller mal. Refaisons un tour au même niveau. Nous gardons nos options toujours ouvertes. Voyez-vous, voler, c'est comme vivre : il faut garder toutes ses bonnes cartes. Ne s'en départir que lorsque les chances sont bonnes.

— Merci, capitaine, de ce conseil inestimable. Mais pratiquement, quelles sont vos intentions précises quant à la poursuite du présent vol ?

— Vous n'avez pas de question plus facile à poser ? Vous voyez que je suis occupé. Eh, regardez ! Ça se dégage ! Le prochain nuage ne sera pas là avant cinq minutes. Je pense qu'on va y arriver, si nous y allons à pleins gaz !

Le capitaine poussa à fond les commandes et tourna le nez du petit avion en direction du bout de la vallée. Les flancs des montagnes se précipitèrent des deux côtés. Un désagréable courant ascendant frappa l'avion avec violence. Des voix agitées venues de la station-radio de l'aéroport de Paro s'engouffrèrent dans ses oreilles. On l'avisa de puissantes rafales de vent soufflant latéralement sur l'aéroport. Quand l'avion s'approcha de la dernière colline avant la piste, le capitaine vit venir l'un de ces sales nuages qui allaient plus vite qu'il ne le supposait. Il remit les gaz, rentra les volets pour donner un maximum de vitesse au détriment de la sécurité. C'était une course à mort entre la nature et la technologie humaine. Le nuage commença inexorablement à envelopper le sommet de la colline. Soudain, les fenêtres de la cabine de pilotage devinrent opaques. Les doigts blancs, le capitaine s'arc-bouta sur le levier et poursuivit la descente qu'il avait si souvent déjà accomplie. Il se fiait entièrement à ses expériences passées, et les secondes ressemblaient à l'éternité.

— Les conditions au sol ! hurla-t-il dans la radio.

— L'aéroport est dégagé, descendez doucement ! Vous n'avez pas encore passé la dernière colline ! Nous ne pouvons pas vous voir sur le radar !

Instinctivement, le capitaine tira sur le manche à balai et rejeta l'avion vers le haut. Pas une seconde de trop, réalisa-t-il en apercevant le faîte des arbres sous l'aile gauche. D'un coup, ce fut comme si un rideau se tirait : la piste d'atterrissage était juste devant eux. Le capitaine baissa les tours des deux moteurs et sortit les volets et le train d'atterrissage. Il poussa l'avion à piquer du nez, tout en le forçant à une glissade latérale pour perdre de l'altitude le plus vite possible. Au dernier moment, il le laissa reprendre sa course parallèle à la piste et se posa au milieu. Il poussa à fond les freins et s'arrêta à dix mètres de la fin du ruban d'asphalte.

— Par Shiva, c'était serré ! s'exclama-t-il en faisant virer l'avion pour se diriger vers le bâtiment principal. Des gens agitaient les bras et lançaient leurs casquettes en l'air. C'était comme si personne ne croyait plus qu'ils allaient se poser sans dégâts.

Les formalités douanières furent d'une rapidité étonnante. Le comité d'accueil du ministère des Affaires étrangères offrit aux Français et à l'équipage une tasse fumante de thé sucré. Un petit malin avait même apporté une bouteille de cognac en l'honneur du groupe français. L'existence du malheureux flacon fut dramatiquement brève.

Bagdogra – Phuntsholing

Cette nuit-là, le sommeil faussait compagnie à Ajit Singh. Ce n'étaient ni la chaleur moite, ni les moustiques qui le dérangeaient. Les lentes rotations du ventilateur lui donnaient l'impression de le faire lui aussi tourner en rond. Il avait peur. Pis encore, il paniquait. Son seul désir était de s'enfuir de la base aérienne de Bagdogra, loin de son boulot, loin même de sa propre vie.

Il se gourmandait de son impardonnable orgueil. Comment avait-il pu s'imaginer que lui, simple agent secret, pouvait contrôler pareille situation ? Maintenant, elle lui avait échappé : il en savait trop sur cette affaire hautement sensible. Ses supérieurs n'avaient plus que deux options. Soit le laisser participer entièrement et l'avoir ainsi sous leur contrôle, soit – et cela lui donnait la chair de poule – ils devaient le supprimer.

Ce qu'ils avaient qualifié de trois jours de mise au courant s'était finalement révélé bien plus trois jours et presque trois nuits de détention. Un flot ininterrompu de questions sur ses convictions politiques passées et présentes, sa religion et sa famille. Il avait dû subir des tests avant d'être amené à Bagdogra. Aucune explication ne lui avait été fournie à Delhi. On ne l'avait même pas laissé prendre congé de ses amis ni de sa famille.

Dès son arrivée, il avait reçu ordre de se rendre dans un bureau sans indication aucune du bâtiment central. Il n'avait jamais rencontré auparavant l'officier supérieur assis au bureau qui l'accueillit froidement. Ajit Singh se mit au garde-à-vous et se présenta :

— Général, lieutenant Ajit Singh, des forces spéciales !

— Rompez, lieutenant ! Nous avons une longue discussion devant nous, donc vous feriez tout aussi bien de vous asseoir !

Abasourdi, Ajit s'assit. Ce n'était pas courant pour un lieutenant de l'armée indienne de s'asseoir devant un général.

— Vous ne me connaissez pas, reprit tranquillement le général. Vous n'avez pas besoin d'ailleurs de chercher, n'essayez même pas, c'est mieux pour vous. Laissez-moi juste vous dire que je suis le seul et unique à commander dans cette affaire, et que j'agis au nom de la plus haute autorité. Pour toutes les questions pratiques, mon nom est Kali.

Un frisson d'horreur lui parcourut l'échine en entendant le nom de Kali, la déesse incarnant le pouvoir destructeur du Temps.

— Tout est clair jusqu'ici, lieutenant ?

— Parfaitement, mon général, murmura Ajit.

— Bon. Je vais vous donner maintenant les grandes lignes de notre plan. Demain, je vous en communiquerai les détails. Vous aurez l'après-midi pour y réfléchir, et le soir, si vous avez encore des questions, il sera temps d'y répondre.

Maintenant qu'il savait tout, Ajit Singh était en mesure d'évaluer les implications. Ce savoir lui faisait froid dans le dos.

Après quelques heures d'un sommeil capricieux, le changement de la garde dans la cour le réveilla. Il se débarbouilla rapidement et revêtit son uniforme. Une fois avalé un petit déjeuner rapide de *curry* et de *dal*, il sauta dans la jeep en attente. Il était temps pour lui d'être en route vers le QG de l'Indian Border Road Task Force opérant au Bhoutan. La couverture d'officier topographe au sein de cette unité devait lui permettre d'entrer dans le pays sans éveiller, espérait-on, trop de soupçons.

« C'est peut-être la dernière fois que je vois le merveilleux paysage de mon pays », songea-t-il tristement. La route était cahotante en raison des trous profonds dus aux pluies d'été. Vêtus de blanc, les paysans rôdaient tranquillement au milieu de la grand-route, poussant gentiment quelques vaches maigres. Pas de hâte dans leurs mouvements qui étaient les mêmes depuis des siècles. Comme à l'accoutumée, il fallut beaucoup de cris et de gesticulations avant qu'ils ne consentent à se ranger sur le bas-côté pour céder le pas à ces fous accrochés à leurs véhicules tonitruants.

Ajit se sentit totalement coupé de son monde. Le paysage défilait comme dans un film, même les couleurs paraissaient irréelles. Il avait froid, tout en sachant que la température de ce beau matin d'automne était agréable. Il se demanda si la chaleur allait avoir raison de ses os glacés. Il fut brutalement tiré de sa rêverie quand le véhicule s'immobilisa brusquement à un barrage. Il aperçut un convoi militaire à l'arrêt, à côté de la route. Un policier militaire stoppait toute circulation.

— Que se passe-t-il ? fit-il au chauffeur.

— Pas la moindre idée, sir. Je vais aller voir auprès de la police.

— Dis-leur que je dois repartir au plus vite.

Le chauffeur revint rapidement avec un sergent taciturne de la police militaire. Il se pencha vers l'intérieur de la jeep, un doigt sur la gâchette de son pistolet-mitrailleur.

— Où courez-vous si précipitamment ? interrogea-t-il nerveusement.

— D'abord, pour vous, sergent, je suis lieutenant. Je vous interdis toute familiarité. Voici mon laissez-passer.

Ravalant sa colère, le policier prit le sauf-conduit des mains d'Ajit. En voyant la signature du commandant en chef du haut commandement oriental de l'armée indienne, il se calma.

— Désolé, mon lieutenant, grogna-t-il. Nous sommes ici en situation délicate, confrontés à des tensions raciales entre Assamais et Bengalis. Nous sommes censés emmener en lieu sûr les membres du gouvernement local. Nous venons d'être informés par radio qu'à cinq kilomètres d'ici, des paysans en colère bloquent la route. D'après ce que nous savons, ils sont environ vingt mille assis sur le macadam, à crier des slogans antigouvernementaux. Notre convoi n'est pas assez fort pour briser leur résistance. Nous attendons des renforts à tout moment. Peut-être ont-ils été retardés par d'autres protestataires.

— Bien, sergent. Conduisez-moi à l'officier de service !

Maintenant qu'il fallait agir, Ajit Singh sentit la réalité reprendre ses droits comme sous l'effet d'une gifle. Sous un petit bosquet d'arbres bas, bien cachés par rapport à la route, il remarqua quelques officiers en uniforme. Ils semblaient fatigués et nerveux. Aucun d'eux ne vit arriver les deux hommes. Le sergent claqua des talons devant un capitaine qui aboya immédiatement :

— Qu'est-ce qu'il y a encore ?

— Sir, voici le lieutenant Singh. Il veut vous parler.

Ajit salua nonchalamment et attendit que le capitaine ait pris connaissance du sauf-conduit. Levant les yeux, le capitaine serra la main d'Ajit, tout sucre tout miel :

— Cher ami, bienvenue parmi nous ! Ce qui se passe, c'est que nous nous trouvons actuellement dans une situation plutôt inconfortable qui, je l'espère, ne durera pas trop longtemps.

— C'est un peu fort, répliqua sèchement Ajit. Quels sont vos plans, capitaine, pour modifier cette situation inconfortable, comme vous le dites vous-même ?

Surpris par l'arrogance du jeune officier, mais se souvenant de la signature au bas du laissez-passer, le capitaine répondit :

— Nous attendons l'arrivée de renforts d'une minute à l'autre.

— Pourquoi ne pas faire demi-tour et regagner votre garnison ?

— Nous venons d'apprendre par radio que la route de derrière est coupée par un autre groupe de contestataires à dix kilomètres d'ici. Ils sont environ dix mille à marcher sur nous. Dieu sait comment ils ont fait pour se rassembler autant si vite. Quand nous sommes passés, il n'y avait rien ni personne. Ils doivent être sacrément organisés !

— Vous imaginez donc que les renforts vont arriver à temps avec les deux issues bloquées et la foule se dirigeant sur vous ? Pourquoi ne pas quitter la grand-route et couper à travers champs sur des routes secondaires ?

— La région est marécageuse, gorgée d'eau par la mousson. Nos véhicules ne pourraient même pas faire un mètre sur ce terrain !

— Si bien que nous devrons affronter quelque trente mille cinglés, je suppose.

— C'est partiellement correct, répliqua le capitaine, reprenant de l'assurance. Mais ce que vous ignorez, c'est que les renforts arriveront par air.

— Par air ?

— Pourquoi pas ? Le QG a décidé, heureusement pour nous, devrais-je dire, d'envoyer dix hélicoptères avec quinze hommes d'élite chacun. Ils sont équipés de lanceurs à gaz lacrymogène pour disperser les deux groupes.

— Bonne nouvelle, encourageante. J'espère qu'ils arriveront à temps pour me permettre de monter à bord et de poursuivre mon voyage en toute sécurité. Je compte sur vous pour faire les arrangements nécessaires par radio pendant que je vais chercher mes bagages.

Il courut vers la route à travers les bosquets pour rejoindre la jeep. Mis au courant de la situation par les soldats du convoi, son chauffeur attendait tranquillement installé près du véhicule.

— Dépêche-toi, lui lança Ajit. Aide-moi à transporter mes affaires là où la route est plus large ! Nous allons être attaqués des deux côtés. Heureusement, un haut gradé a eu la bonne idée d'envoyer quelques moulinettes pour faire une démonstration de force et donner une leçon à ces paysans. C'est un endroit parfait pour atterrir. J'embarquerai dans le premier et m'envolerai ainsi en toute sécurité.

— Et moi, *sahib* ? interrogea le chauffeur.

— Un chauffeur ne reste-t-il pas dans son véhicule comme un capitaine sur son bateau ? répliqua sardoniquement Ajit Singh.

— Mais ne pourriez-vous pas... ?

— Non, je ne peux pas ! Cette mission est trop importante. C'est moi qui dois passer, pas toi. Maintenant, bouge-toi et amène la malle là-bas. Doucement ! Il y a des choses fragiles dedans !

Une attente tendue commença. Tout semblait surnaturellement calme : plus de bétail ni de paysans sur la route, les soldats avaient quitté leurs véhicules et étreignaient nerveusement leurs armes, les officiers devisaient à l'écart, tandis que l'un d'eux tentait désespérément de joindre le QG par radio. La liaison était très mauvaise. Selon ce qu'il avait pu comprendre, les hélicoptères étaient sur le point de décoller de leur base. L'ennui, c'est qu'il leur faudrait presque une heure pour arriver, et il fallait encore déterminer exactement leur position.

Le groupe le plus proche de contestataires pouvait arriver entre-temps. La confrontation paraissait inévitable, d'autant que, stratégiquement, leur position était intenable. Ils étaient rangés sur le bas-côté de la route, ce qui leur laissait un flanc dégagé beaucoup trop long pour être efficacement défendu. Les protestataires pouvaient facilement attaquer de côté, alors que leurs lourds véhicules et leurs armes les clouaient à la route.

Tout à coup, Ajit entendit crier des ordres le long du convoi. Tout le monde se précipita vers les camions et y grimpa.

— Que se passe-t-il ? demanda-t-il à un officier qui passait.

— Nous faisons mouvement vers le nord, vers une petite colline. Nous espérons pouvoir nous déployer un peu et avoir ainsi une meilleure position défensive. Là-bas, nous pourrions éventuellement mettre nos mitrailleuses en batterie.

— Et l'aire d'atterrissage des hélicoptères ?

— Peut-être qu'il n'en est même pas besoin !

— Que diable voulez-vous dire ? Comment pourraient-ils nous aider ?

— De toute façon, ils envoient des paras. Ils sauteront.

— Et comment vais-je me tirer de ce cafouillage ? gueula Ajit, furieux.

— Ça, c'est votre affaire, sir ! cingla moqueusement la réplique.

— Bon, remettons tout dans la jeep ! Nous allons bouger avec eux !

Il grimpa dans son véhicule et ils suivirent la file de camions. Un demi-kilomètre plus loin, la route commença à monter légèrement. Deux cents mètres plus loin, ils étaient au faîte d'une petite colline où le convoi fit halte.

Le sang se glaça dans leurs veines, à découvrir ce qu'ils voyaient : à peine à trois kilomètres de là, toute la plaine était envahie par un vaste rassemblement de gens qui, tout en gesticulant sauvagement, se mouvaient inexorablement vers la dérisoire hauteur où le convoi s'était retranché. Proches de l'hystérie, les officiers hurlèrent des ordres, envoyant leurs hommes galoper dans tous les sens. Finalement, une mitrailleuse lourde fut déchargée et placée en position entre deux camions.

Ajit Singh tourna son attention vers la foule. S'ils se mettaient à courir, en moins d'une demi-heure ils seraient là. Ce serait fermer la voie aux hélicoptères.

— Capitaine, cria-t-il, avez-vous entendu quelque chose au sujet de ces damnées moulinettes ?

— Ils ont décollé. Avec un peu de chance, ils arriveront peut-être à temps.

Les soldats étaient déployés en un mince demi-cercle, cachés tant bien que mal derrière les maigres protections qu'ils pouvaient trouver. Certains essayaient désespérément de creuser de petites tranchées. Mais le temps faisait défaut pour construire une position de défense valable. Un jeune sergent prêta ses jumelles à Ajit. En examinant l'avant-garde de la foule, il nota aussitôt la présence de jeunes gens bien organisés portant de vieux fusils. Ils les agitaient au-dessus de leur tête en haranguant les manifestants. Eux aussi avaient remarqué leur présence sur la colline.

« Notre seule chance est de les stopper momentanément en leur faisant peur. Il faudra du temps aux meneurs pour remettre la foule en marche », songea-t-il en courant vers le poste de commandement.

— Capitaine, nous ne pouvons pas nous permettre d'attendre que les hélicoptères arrivent. D'ici là, ils seront sur nous.

— D'accord, mais que proposez-vous ?

— Laissez-les avancer jusqu'à un demi-kilomètre d'ici. Comme vous le voyez, il y a un groupe de meneurs, bien déterminés. Mais ils ont besoin de la foule s'ils veulent se battre contre nous. La majorité d'entre eux semblent un peu hésitants. Ils ne sont pas armés, exception faite de quelques bâtons et couteaux. Si nous pouvons les amener à s'arrêter, il leur faudra un peu de temps pour se remettre en marche.

— Comment y arriver ?

— Avez-vous des roquettes ?

— Nous avons cinq missiles anti-tank.

— Bon. Voilà mon plan : à un demi-kilomètre, ça devrait aller avec vos roquettes. Lancez-en une à cent mètres de l'avant-garde. Dites à vos soldats de tirer quelques rafales en l'air. Personne ne doit être touché. L'impact psychologique sera tel néanmoins que la foule paniquera et s'arrêtera.

— Peut-être. Mais s'ils continuent d'avancer ?

— Il vous restera quatre missiles. Vous pouvez les tirez là où bon vous semble.

Avec une nouvelle assurance, le capitaine se mit à donner des ordres. Les servants anti-tank prirent position devant les autres. Un lourd silence régnait parmi les soldats, tandis qu'ils suivaient l'avance de la foule. Combien d'entre eux avaient des familles à la maison qui, un jour, pouvaient se retrouver participant à pareille manifestation ?

Le grésillement de la radio les réveilla.

— Commandant du convoi militaire de la part de l'escadrille héliportée. Nous pénétrons dans votre secteur. Quelle est votre position ? A vous.

— Escadrille héliportée de la part du convoi militaire, chuinta le capitaine dans son émetteur. Plus vite, ils sont presque sur nous ! A vous.

— Donnez votre position, sinon nous ne pouvons pas vous aider ! A vous, répliqua calmement la voix.

— Nous sommes au sommet d'une petite colline, située près de la route principale, environ deux kilomètres à l'ouest de la rivière Ridack. A vous.

— *Roger*. Estimons arriver dans environ vingt minutes. Pouvez-vous tenir ? A vous.

— Nous le devons. Mais au nom du ciel, accélérez ! A vous.

— Bien reçu. Faisons ce que nous pouvons. Quand vous entendrez nos moteurs, tirez une fusée-signal et continuez à intervalles réguliers. Dès que nous les verrons, nous confirmerons. A vous.

— Pouvez-vous poser l'un de vos appareils afin de prendre à bord les membres du gouvernement local et un lieutenant en mission spéciale du haut commandement de l'Est ? Terminé.

— Préparez un endroit et nous en poserons un. A vous.

— Merci. Dépêchez-vous ! Terminé.

Ajit ne les avait pas remarqués jusque-là. Dans l'un des camions, un petit groupe de civils silencieux étaient assis, comme s'ils ne comprenaient pas vraiment ce qui se passait. Ils semblaient moins sûrs d'eux que les gens du gouvernement ne l'affichent d'ordinaire. Ajit ne pouvait pas les en blâmer. Pour eux, ce ne serait pas forcément agréable de se retrouver juste maintenant parmi leurs concitoyens. Jetant un regard vers la plaine, il vit la foule avancer dangereusement près. Le capitaine lança un ordre aux servants anti-tank. Avec un bruit déchirant, la roquette sortit de son tube. Le capitaine baissa le bras, et la détonation de quelques centaines de fusils explosa, leur vrillant les tympans. La roquette s'abattit bien trop court, la foule repéra à peine l'impact, mais elle entendit les rafales et leva les yeux.

— Tirez une autre roquette, plus près ! hurla Ajit.

Le tireur regarda le capitaine, qui confirma. La seconde roquette tomba juste aux pieds de l'avant-garde. L'onde de choc fit gicler en l'air plusieurs petits groupes. Un cri sortit de milliers de poitrines, glaçant chacun sur place. Dans le silence retombé, un son nouveau emplit l'air.

— Les hélicoptères ! hurla un soldat.

— Lancez les fusées-signal, s'époumona le capitaine.

De petits points rouges explosèrent au-dessus de leurs têtes. Il attrapa la radio.

— Escadrille héliportée, nous vous entendons à l'est. Cap sur l'ouest ! Voyez-vous nos signaux ? A vous.

— Continuez de tirer, nous sommes encore trop loin, mais nous apercevons les lumières. Gardez la radio ouverte. Nous avons besoin de vos instructions.

La foule n'avait toujours pas bougé. Les meneurs couraient pour la faire avancer. Lentement, avec hésitation, les gens recommencèrent à suivre. Le vrombissement croissait dans l'air, des mains se pointèrent vers le ciel.

Ajit arracha l'émetteur des mains du capitaine.

— Commandant d'escadrille héliportée de la part du convoi militaire. Envoyez cinq hélicoptères au-dessus de la foule et faites donner les gaz lacrymogènes. Gardez-en quatre en réserve et posez-en un près des camions. A vous.

— *Roger*. Débarquons troupes des hélicos de réserve. Terminé.

L'arrivée des hélicoptères au-dessus de la foule la fit s'arrêter. Des cris de colère et de frustration saluèrent la pluie de gaz lacrymogènes brûlant les yeux. Les meneurs perdirent tout contrôle de la foule, qui commença à se disperser.

Les cris joyeux des soldats saluèrent l'un des hélicoptères qui se posa au milieu des véhicules militaires. Sans arrêter les rotors, le pilote fit signe aux soldats de sortir et pressa les membres du gouvernement local de monter. Ce fut long pour Ajit et les autres officiers de les entasser dans la cabine. Ajit Singh était à peine installé sur le siège du copilote qu'ils redécollaient.

— Mille mercis de votre aide efficace, dit-il au pilote. Je vous prie de me conduire directement à Hashimara.

La signature sur le laissez-passer fit taire toutes les questions. Son arrivée au QG du Border Road Task Force ne passa pas inaperçue. Ce n'était pas vraiment de la routine quotidienne qu'un lieutenant de l'armée soit déposé par hélicoptère afin de prendre son poste d'officier topographe. Comment Ajit aurait-il pu deviner que les membres de la mission géographique du Bhoutan, en visite de courtoisie chez le brigadier-général, se posaient tout de même quelques questions au sujet de cet intermède ?

La rencontre avec l'officier chargé du Bhoutan central fut sans intérêt. A l'évidence, l'homme ne savait rien de la nature réelle de sa mission. Finalement, Ajit fut envoyé dès le lendemain au Bhoutan. Soulagé, il traversa la Porte du Bhoutan dans la ville frontalière de Phuntsholing. Les formalités avaient été rapides au poste de contrôle indien. Les Bhoutanais prirent davantage de temps pour examiner les papiers du groupe avec lequel Ajit voyageait. L'officier de la police royale bhoutanaise lui dit qu'ils recherchaient des agitateurs de l'Assam. Une explication suffisamment plausible pour Ajit Singh. Leurs documents leur furent rendus, et l'officier les salua avec un grand sourire.

Les communications avec la capitale bhoutanaise étaient rapides. Grâce aux appareils à micro-ondes récemment inaugurés, une copie de la photo d'Ajit parvint à Thimphu dans les minutes qui suivirent son entrée au Bhoutan. Le petit autobus le laissa juste devant le camp de transit de la Border Road Task Force, à côté de la poste centrale. A vingt mètres à peine de sa chambre, la nouvelle de son arrivée mit en branle tous les fils. Les messages codés entre la capitale et la ville frontière ne perturbèrent en rien sa première nuit de sommeil tranquille depuis une semaine.

New Delhi – Thimphu

— Bonjour, monsieur le secrétaire !

— Hello, Mister Wiscott ! Comme c'est aimable à vous de venir me voir ! Je vous attendais.

— Je suppose que Londres vous a déjà ennuyé à mon propos.

— Pas le moindre ennui. Il semble que vous êtes embarqué dans une expérience excitante.

— D'après ce que je sais, l'endroit est plutôt calme. Quelle agitation en attendre ?

— Je n'ai jamais eu l'occasion de visiter le royaume du Bhoutan, répondit le premier secrétaire de l'ambassade britannique à Delhi. Pour ce qui est du calme, cela dépendra beaucoup de vos plans, j'imagine.

A peine était-il arrivé que l'épreuve commençait. En tant que chef du bureau du réseau de renseignements britanniques en Inde, le secrétaire ne faisait que son boulot.

— Je suppose, monsieur, que ce bureau est sûr ?

— Ne vous en faites pas, monsieur Wiscott ! Chaque matin, je le contrôle électroniquement moi-même. Je prends toutes les précautions.

— Bien. Que savez-vous déjà par le Foreign Office ? Je ne veux pas vous ennuyer avec des détails que vous connaissez déjà.

Le secrétaire d'ambassade mesura le jeune homme avec des sentiments mitigés. Il détestait être celui qui doit poser des questions. N'empêche que c'était à inscrire au crédit de Timothy, cette manière élégante qu'il avait employée pour le mettre à son désavantage. Agréable perspective que de jouer avec lui le jeu du pouvoir : c'était ce qu'il avait fait toute sa vie. Précautionneusement, il entama la phase d'observation :

— Il semble que vous alliez au Bhoutan à la recherche de documents très spéciaux. Mes supérieurs m'ont informé que des gens très haut placés à Londres sont fort séduits par cette idée.

C'était donc cela. Autant dire que les nouvelles étaient parvenues aux services de renseignements de la Couronne.

— Qu'avez-vous encore entendu ? insista Timothy.

— Pas grand-chose. C'est ce qui arrive quand des amateurs entrent dans le jeu, fit le secrétaire d'ambassade avec un bref sourire.

Timothy répondit en riant :

— Très bien, pourquoi ne pas entrer dans le vif du sujet plutôt que de tourner autour du pot ?

— Pour moi, c'est parfait, sourit le secrétaire. Cela fait trop longtemps que je joue à ce petit jeu, ça devient fastidieux. Il est agréable de rencontrer quelqu'un d'étranger au marécage et aux grandes scènes de cape et d'épée. Je veux dire quelqu'un qui vient du monde réel et qui a un certain sens de l'humour. Que penseriez-vous d'un verre, Timothy, si je puis me permettre de vous appeler ainsi ?

— Bonne idée. Un bon scotch avec plein d'eau ferait l'affaire.

Deux verres à la main, le secrétaire d'ambassade fit le tour de son bureau et s'installa confortablement dans un fauteuil à côté de Timothy.

— Très bien, allez-y, racontez-moi votre histoire ! A vrai dire, je ne sais pas grand-chose concernant votre mission. Londres m'a simplement ordonné de vous aider de mon mieux. C'est un chèque en blanc, vous savez ! Avant de le remplir, j'aimerais bien savoir de quoi il retourne.

— Bien entendu, je comprends tout à fait, concéda Timothy en posant son verre. Il y a quelques mois, mon oncle Rudyard a reçu une lettre surprenante de l'un de ses cousins, qui est planteur de thé à Ootamund.

Tout en sirotant tranquillement son scotch, l'officier de renseignements de l'ambassade britannique écoutait avec un étonnement croissant l'histoire contée par son jeune interlocuteur. A la fin, il s'éjecta de son fauteuil et s'exclama :

— Que je sois damné ! C'est l'histoire la plus folle que j'aie jamais entendue ! J'ai besoin d'un autre verre. Et vous ?

— Pas d'objection !

Quand le diplomate se rassit, il avait retrouvé son attitude professionnelle :

— Je suppose que les recherches faites par votre oncle Rudyard dont vous m'avez parlé ont été méticuleusement menées ?

— Connaissant mon oncle Rudyard et son souci de sa bonne réputation, je puis vous assurer qu'il aura vérifié les faits avec tout le soin nécessaire.

— J'ai effectivement entendu parler de votre oncle Rudyard. Il ne s'est jamais laissé aller à aucune tentation politique autre que la *Realpolitik*.

— C'est là une information de vos propres services, je suppose ! ironisa Timothy.

— Exact. C'est pourquoi le M-2 a donné son accord d'aller de l'avant. Nous connaissons tous deux les services rendus par votre oncle. Que devient-il maintenant ? Il doit avoir dans les soixante-dix ans, non ?

— Inutile de m'en conter à son propos. Je puis vous assurer qu'il est toujours aussi alerte. Vous savez probablement que ses idées et ses avis en ce qui concerne la politique asiatique sont toujours d'un poids certain au Foreign Office.

— C'est vrai, admit le secrétaire d'ambassade. Présumons donc que nous nous embarquons dans une affaire sérieuse. Comment envisagez-vous la suite, et qu'attendez-vous de moi ?

— Mon poste aux Nations Unies à Thimphu me servira de couverture. Je travaillerai comme spécialiste des forêts, ce qui me donnera la possibilité de beaucoup voyager dans l'ensemble du pays. J'essayerai de visiter la partie centrale du Bhoutan peu après mon arrivée. J'ai une raison tout à fait plausible : les Suisses dirigent un centre de formation forestière au Bumthang.

— Pas mal. Mais votre spécialisation n'a pas grand-chose à voir avec ça. Vous n'avez pas l'air d'un homme de terrain. Là, je peux vous aider. Vous savez que le déguisement, ça me connaît. Je vais essayer de vous donner une allure un peu plus « grand air ». Venons-en cependant au cœur du problème. Comment allez-vous faire sur place pour trouver et vous approprier ces fameux documents ? Et comment vous en sortirez-vous sans dommage ?

— C'est là que j'aurais besoin de votre aide, soupira Timothy.

— Voyons voir. Nous devons d'abord avoir une petite idée des lieux où vous allez opérer. Je me suis fait envoyer quelques photos prises par satellite du Bhoutan. Elles sont agrandies à une échelle d'environ 1/50 000.

Il leur fallut trois heures pour discuter des plans et de diverses possibilités si quelque chose devait mal tourner. Sur un point, le secrétaire d'ambassade fut intraitable :

— Mes instructions à ce sujet sont très claires. Il est absolument hors de question pour nous d'envoyer une équipe d'urgence vous repêcher si d'aventure quelque chose devait vous arriver. Il va de soi que nous ne pouvons intervenir par la force sur le territoire d'une nation souveraine. Vous êtes là-bas à vos risques et périls. Est-ce bien clair ?

— Je suppose que telle est la règle du jeu, répondit Timothy.

— Exact, concéda le secrétaire. Je crois que c'est tout pour le moment. Demain, nous aurons le temps de voir les choses plus en détail. J'espère que jusqu'ici, votre séjour à Delhi a été agréable. C'est la première fois que vous voyagez en Inde ?

— En fait, la seconde. La première fois, j'ai fait la route, comme on dit. Ce fut un grand moment de liberté. Un peu dangereux aussi. L'extase et la mort étaient très proches du côté de Poona, Goa et Katmandou. La dame blanche – l'héroïne – était une maîtresse morbide. J'ai l'impression que mon voyage actuel sera tout aussi passionnant.

— Vous avez sans doute raison. Au fait, quels sont vos plans pour ce soir ? s'enquit le haut fonctionnaire.

— Rien pour le moment.

— Pourquoi ne pas vous joindre à une petite réception que nous donnons ce soir ? Nous avons une mission commerciale en visite en Inde et dans quelques pays voisins. Leurs représentants diplomatiques seront là, peut-être même des Bhoutanais. Avec un peu de chance, vous rencontrerez éventuellement mon homologue le premier secrétaire. Puis-je venir vous prendre à huit heures à votre hôtel ?

— Superbe, je vous attends. A tout à l'heure.

— A tout à l'heure.

Ce soir-là, nul doute que l'Inde était très différente de celle qu'il avait connue durant son premier voyage. La réception à l'ambassade britannique ne ressemblait guère aux sauteries sur la plage les nuits de pleine lune qu'il avait connues à Goa. Le secrétaire d'ambassade le présenta à une foule de personnages, dont il oublia sur-le-champ les noms compliqués.

— Cher Timothy, puis-je vous demander une minute d'attention ?

Quand il se retourna, une paire d'yeux noirs bridés à la mongole l'étudiait attentivement.

— Timothy, voici Mlle Sonam Dorje, premier secrétaire à l'ambassade du Bhoutan. M. Wiscott va aller travailler pour les Nations Unies au Bhoutan.

— Comment allez-vous, monsieur Wiscott ?

Une légère inclination de la tête, sans main tendue, accompagna cette entrée en matière très neutre.

— Bonsoir, mademoiselle. Mon ami ne m'avait pas préparé à cette jolie surprise, il ne m'avait pas prévenu que le premier secrétaire de l'ambassade du Bhoutan était une dame.

« Idiot ! » se dit-il en s'entendant parler. Mais elle le laissa finir et répondit en souriant :

— Monsieur Wiscott, vous devez d'emblée apprendre que les femmes sont hautement respectées au Bhoutan. Les filles héritent de la terre et des maisons. D'ordinaire, les mères choisissent la femme de leurs fils.

— J'en prends bonne note, répondit piteusement Timothy. Mais que se passe-t-il s'il y a deux filles dans la famille ?

— Elles peuvent éventuellement prendre le même mari, ou choisir deux frères et habiter ensemble.

— Hum, je vois. Polyandrie et polygamie, pas si mal !

— Détrompez-vous, monsieur Wiscott ! Nous savons choisir très soigneusement, dit-elle en calmant son enthousiasme.

— Puis-je vous apporter quelque chose à boire ? tenta-t-il de contrer l'étonnante jeune femme. Sa chevelure noire descendait librement jusqu'à ses épaules, ses dents d'un blanc parfait brillaient entre ses lèvres sensuelles qui souriaient de l'évidente diversion. Il remarqua la grâce féline de son corps tandis qu'il la suivait vers le buffet dressé entre deux lourdes portes de l'autre côté de la salle de réception. Ils sortirent sur la terrasse, un verre de vin blanc frais à la main. Les rires et les bavardages s'estompèrent en un agréable murmure, laissant monter les sons du jardin luxuriant alors qu'ils s'installaient près d'une petite table blanche.

— Cela fait longtemps que vous travaillez à Delhi ? interrogea Timothy, incapable de trouver une meilleure amorce de conversation.

— C'est ma seconde année, et j'espère la dernière ! répondit Sonam Dorje.

— Vous n'aimez pas Delhi ?

— Ça va. Mais au bout d'un certain temps, vous en épuisez les possibilités. La foule internationale devient un peu ennuyeuse. Il y a essentiellement deux groupes. Ceux qui s'occupent de sexe, et ceux, généralement un peu plus avancés dans leur carrière, qui boivent. Les pires sont ceux qui croient pouvoir mélanger les deux.

— N'est-ce pas ainsi à peu près partout ?

— Peut-être. Mais ailleurs, à New York ou à Londres, vous avez d'autres possibilités.

— Y êtes-vous allée ?

— Bien sûr. J'ai travaillé à notre ambassade aux Nations Unies à New York. Vous savez, nous tournons assez. Notre gouvernement estime que les jeunes doivent se frotter au monde, nous ne pouvons pas vivre dans un isolement éternel. Nous ne voulons pas devenir un musée ethnographique.

— Mais vous, les Bhoutanais, vous vous préservez tout de même. Il est pratiquement impossible d'entrer chez vous. Bon nombre de gens considèrent le Bhoutan comme une espèce de royaume interdit au cœur de hautes montagnes. Une manière de Shangri-la, en quelque sorte !

— Oh, mon pauvre ami ! Vous vous trompez lourdement si vous espérez trouver ce lieu mythique au Bhoutan. Nous sommes un pays à forte tradition religieuse, c'est vrai, et nous ne nions pas la valeur de son ancienne sagesse. Mais nous nous efforçons aussi de devenir un pays développé et moderne. Nous ne refusons pas les avantages de la technologie ni de la science moderne.

— Alors, pourquoi gardez-vous vos frontières closes ?

— Cela n'a pas toujours été notre désir. Cet isolement

forcé a pourtant eu quelques effets pas si mauvais. Voyez ce qui est arrivé à d'autres pays qui se sont aveuglément ouverts au tourisme. Leur équilibre écologique et ethnologique a été complètement détruit. L'exemple le plus triste, c'est celui de notre voisin, le Népal. Ils ne sont plus maîtres de leur propre évolution.

— Et votre indépendance ?

— Eh bien, vous aurez l'occasion de voir bientôt par vous-même, puisque vous avez réussi à forcer notre prétendu blocus, répondit-elle, moqueuse. Ses yeux ne riaient pas.

Un sourire aux lèvres, elle se pencha en avant et caressa délicatement d'un doigt sensuel le rebord de son verre glacé. Timothy ne perdit rien de la nonchalance du mouvement. La senteur suave des fleurs et le crissement des myriades d'insectes invisibles se combinèrent en un poids délicieux sur sa poitrine. Elle soupira et le regarda droit dans les yeux.

— Avez-vous déjà eu l'occasion d'explorer Delhi la nuit ?

Son cœur battit la chamade.

— Je ne suis arrivé qu'hier. J'ai passé la soirée à récupérer le décalage horaire.

— J'espère que c'est fini ?

— Comment en serait-il autrement ?

— Bon. Ne pensez-vous pas que ces réceptions sont pesantes ?

— Grâce à vous, je ne peux vraiment pas me plaindre, osa-t-il, la gorge sèche.

— J'ai quelques amis à Old Delhi, dans la vieille ville. Ils organisent une soirée pour fêter la fin des études de deux d'entre eux. Pourquoi ne pas les rejoindre ? Vous auriez une idée moins diplomatique de la cité.

— Fantastique !

— Alors, allons-y !

Tandis qu'ils essayaient de passer inaperçus, l'officier britannique de renseignements ne put s'empêcher de sourire. D'un signe imperceptible, il ordonna à l'un de ses collaborateurs indiens de les suivre.

Le toit coulissant et les fenêtres de la petite Volkswagen étaient ouverts. Un vent agréablement chaud leur fit oublier la touffeur de la réception, alors qu'ils quittaient l'ordre apparent de New Delhi pour la cacophonie d'Old Delhi. A mesure que les rues rétrécissaient, le bruit et la foule croissaient.

Timothy retrouva enfin l'odeur de l'Inde. Le mélange si particulier d'une suavité douceâtre et de l'essence de centaines d'épices d'un bazar voisin ramena dans sa mémoire son premier contact avec ce lieu. Il ressentit soudain plaisir et anxiété. Tout semblait désirable, et en même temps, impossible à pénétrer. Avec une pointe de tristesse, il réalisa à quel point il lui était impossible de descendre jusqu'au tréfonds de l'âme de ce pays.

La voix de son guide énigmatique le ramena à la réalité.

— Vous semblez à des années-lumière d'ici.

— Vous avez raison, et en même temps vous avez tort. Je songeais combien c'est merveilleux et si difficile à la fois de se retrouver immergé dans la vie de ce pays.

— Que vous trouviez cela merveilleux, ce doit être dû à votre sens très britannique de l'humour, le tança-t-elle gentiment. Que vous trouviez l'exercice difficile, cela me paraît plus sensé. Je pense parfois la même chose.

— Vraiment ? Pourtant, vous avez la même origine, objecta-t-il.

— C'est assez vrai. Parfois, les voisins d'une même maison se trouvent mutuellement très étranges. Le contact, je veux dire la rencontre réelle avec l'autre, est plutôt récent. Durant les siècles passés, soit nous tentions de leur piquer des terres au pied de l'Himalaya, soit ils s'efforçaient de nous repousser dans nos montagnes. Ils n'y sont jamais réellement parvenus, pas plus d'ailleurs que les Britanniques, dois-je toutefois vous dire !

— Tout le plaisir et les regrets sont pour moi ! fit-il élégamment.

— Cela ne vous aurait peut-être pas fait le plus grand bien, dit-elle en étouffant un rire. En fait, nous n'avons jamais été colonisés. C'est ce qui nous rend différents des Indiens. Nous avons aussi une autre histoire religieuse, nous sommes bouddhistes. Ce message est différent... Vous ne croyez pas ?

Un frisson glacé lui parcourut l'échine. Ses propos seraient-ils dus simplement au hasard ? Il jeta un coup d'œil furtif à son visage de statue. Pas la moindre trace d'émotion dans ses yeux mi-clos, tandis qu'elle déportait nonchalamment sa petite voiture sur la gauche pour éviter un *rickshaw* soûl. Détournant son regard, il prit un ton neutre pour dire :

— D'après ce que j'ai entendu dire, il en est sans doute ainsi.

— Qu'avez-vous entendu dire ?

Son estomac se retourna.

— Bon, disons qu'en fait, le bouddhisme m'intéresse beaucoup. Quand j'étudiais, j'ai passé un diplôme d'histoire chinoise. Je ne pouvait donc que me frotter quelque peu à certains aspects de la religion bouddhiste.

— Comme c'est intéressant ! Vous en avez de la chance, de pouvoir vous pencher sur les forêts et sur le bouddhisme au Bhoutan ! Je comprends maintenant pourquoi vous avez choisi ce poste, releva Sonam Dorje en lui lançant un regard perçant.

— Je n'ai pas réellement choisi. Vous savez qu'aux Nations Unies, on vous envoie là où on en a besoin. Mais je reconnais volontiers que j'étais ravi de me soumettre quand on m'a offert ce poste dans votre pays.

L'imposante silhouette du Fort Rouge se profila sur leur droite. Sonam guida son véhicule vers un parking à ciel ouvert clos par des barbelés.

— Mieux vaut la garer ici, si on veut la retrouver avec ses quatre roues. Nous continuerons à pied, ce n'est pas très loin d'ici.

A peine sorti de la voiture, Timothy fut entouré de gens. Ça poussait et ça circulait autour d'eux, sans que nul ne prenne vraiment garde à l'étrangeté de leur couple, exception faite de quelques vendeurs ambulants qui essayaient de leur fourguer n'importe quoi, de la *ganja* à des images de Krishna. Au bout de quelques minutes d'une promenade tranquille, ils arrivèrent devant une vieille demeure bâtie en style moghol et peinturlurée en rose et jaune.

— Nous l'appellons le palais de Vanille et Framboise, expliqua Sonam. En fait, ce n'est pas un palais, comme vous allez le voir. Venez, suivez-moi !

Ils entrèrent dans un monde totalement différent par une allée étroite. Pas de bruit, pas de foule, juste un petit autel dédié à Vishnou au milieu d'une cour à peine éclairée.

Deux bosquets de roses trémières gardaient l'entrée du petit temple, à cette heure aucun fidèle ne priait.

— Avez-vous déjà visité ce temple ? s'enquit Timothy.

— Je n'y suis jamais entrée, sourit Sonam.

— Cela ne vous fait rien d'y jeter un coup d'œil ?

— Absolument rien. J'aimerais bien le voir moi aussi.

En entrant dans ce lieu sacré, Timothy avait une conscience aiguë de sa présence à son côté dans la nuit soudain calme. Il n'osait pas la regarder, de crainte de mettre ses pensées à nu et de la voir ainsi s'éloigner de lui. Ils n'allèrent pas jusqu'au saint des saints, la règle étant dans les temples hindous que son accès soit interdit aux non-hindous. Il s'appuya sur le chambranle de la porte et contempla la flamme qui brûlait sur l'autel.

— Dans vos églises chrétiennes, vous avez aussi un feu sacré qui brûle toujours. Nous faisons pareil dans nos monastères. Curieux de constater que le symbole de la sainteté du feu embrasse la plupart des civilisations, lui murmura Sonam à l'oreille. Il était ravi de communiquer avec elle de manière si délicate. Etait-elle parvenue jusqu'à lui de cette façon subtile ? Il n'osa pas mettre son espoir à l'épreuve. D'un léger signe de tête, il approuva sa réflexion en la prenant par le bras et en la reconduisant gentiment vers la cour.

— Allons voir vos amis ! fit-il en traversant le patio.

Le léger tremblement de sa voix ne passa pas inaperçu. Ils grimpèrent sept étages dans une cage d'escalier chichement illuminée avant que Sonam ne s'arrête et se retourne. Le souffle un peu court, Timothy murmura :

— Excellent exercice pour me préparer à vos montagnes !

— Vous aurez besoin de tous les exercices possibles et imaginables pour affronter les difficultés de votre mission, répliqua-t-elle avec un sourire entendu.

Avant qu'il ne puisse s'interroger sur sa réponse, la porte devant eux s'ouvrit largement et une musique bruyante les inonda.

— Salut, Sonam, Fleur des montagnes ! cria un hippy attardé d'allure américaine. Quelle espèce de bouquetin des montagnes avez-vous amené ? Voyons voir ce spécimen ! Il est tout blanc. Ce doit être un léopard des neiges. Bienvenue à bord de ce vaisseau intergalactique !

Il avait l'air éméché, mais de bonne composition.

— Timothy, c'est Johannes, qui travaille pour le Peace Corps au Népal, les présenta Sonam.

— Timothy ? répéta l'autre d'un air incrédule. Ce n'est pas un nom américain. Essayeriez-vous de renouveler un quelconque traité d'amitié anglo-bhoutanais ? Permettez-moi de vous avertir, mon jeune ami, que... que quoi, Sonam ? Je continue d'oublier le début de mes phrases à mesure que je les prononce. Oh là là ! Mais n'était-ce pas bien tourné ? Il éclata de rire avec une expression d'autosatisfaction pétrifiée sur le visage. Une oscillation plus forte que les autres leur permit de se glisser au-delà de lui.

— Un bouquetin anglais de montagne est plus rapide qu'un hippopotame américain, susurra Timothy au gardien.

— Hi... Hi... Hippoquoi ? Hipo... hip hip hip hourra les Britanniques aux lèvres pincées ! hoqueta Johannes en se laissant lentement glisser le long du mur vers une délicate petite table de bambou qui n'eut d'autre possibilité que de s'écrouler sous le poids, quittant à regret sa troisième dimension sur le plancher.

— C'est du Johannes tout craché. Il ne peut participer à une soirée sans s'évanouir une ou deux fois. Mais vous verrez, il reviendra bientôt à lui. C'est étonnant, cette capacité qu'il a !

Ils pénétrèrent dans ce qui semblait être la pièce principale. Une vision à couper le souffle s'ouvrit devant eux. Timothy n'avait pas réalisé que la maison avait deux étages de plus que la plupart des immeubles environnants, leur offrant ainsi une vue panoramique sur les toits baignés par la pleine lune d'une grande partie de la vieille ville et sur le Fort Rouge. Une longue baie vitrée ouverte donnait accès à un balcon profond, à la balustrade ornée d'une délicate colonnade de marbre.

Une foule de jeunes gens heureux étaient debout, assis ou même couchés à travers toute la pièce. La lumière ne venait que de quelques grosses bougies et de deux spots dirigés sur deux photos : l'une de Shiva en posture de danse cosmique, et l'autre d'une collision de particules prise au laboratoire Fermi, près de Chicago.

— Essayons de trouver mon ami, l'amphitryon de la soirée, dit Sonam.

Ils s'approchèrent d'un groupe qui écoutait en silence. Au milieu, Timothy repéra un personnage surprenant au plus haut point. Ses cheveux étaient d'un noir brûlant, lui tombant sur les épaules. Une longue moustache descendait des deux côtés de ses lèvres sensuelles dont la couleur avait viré au rouge vif en raison du bétel qu'il ne cessait de mâchouiller. Il portait un large pantalon blanc, un veston gris de coupe parfaitement conservatrice, une chemise verte et une cravate rose électrique.

Doucement, afin de ne marcher sur personne, Sonam amena Timothy dans le cercle. Quand l'homme les aperçut, il s'arrêta de parler, se leva et embrassa affectueusement Sonam sur les deux joues. Timothy ressentit un petit pincement de jalousie devant cette familiarité.

— Quel plaisir de vous avoir parmi nous, Sonam, pour fêter mes deux neveux ! Je vois que vous n'êtes pas seule. Pourquoi ne pas me confier qui est votre chevalier servant de ce soir ?

— Timothy Wiscott travaille pour les Nations Unies. Il est en route pour le Bhoutan afin de nous aider dans le domaine des forêts. Timothy, voici le professeur Mulch Ram. Il est titulaire de la chaire de physique des particules à l'Institut indien de technologie.

— Ah, je comprends maintenant le pourquoi de l'étonnante juxtaposition des deux posters au mur !

— Le comprenez-vous réellement, jeune homme ? interrogea le professeur avec une étincelle de malice dans ses yeux gris sans fond.

— Je suppose que vous honorez ainsi votre religion et votre profession, s'aventura-t-il.

— La réalité a plusieurs niveaux, et pourtant c'est la même chose, fusa la réponse.

— Ce qui veut dire ?

— En Inde, nous avons la chance unique et la difficulté tout aussi unique d'assister au choc de plusieurs civilisations. Peut-être ne devrais-je pas l'appeler choc, car cela n'implique pas d'animosité. C'est plutôt la fusion d'expressions diverses de l'âme humaine et de l'intellect.

Si nous essayons d'ouvrir nos yeux et nos cœurs aux voies diverses par lesquelles l'humanité a tenté de faire face à ce qui l'entoure et s'est efforcée d'approcher la réalité transcendante de Dieu, nous pourrions dire qu'en fin de compte, ces tentatives apparemment divergentes sont singulièrement analogues. Elles expriment toutes l'incessante quête de l'homme de la réalité ultime en laquelle il pourrait trouver le sens de sa propre existence. Je ne saurais vous blâmer si vous ne comprenez pas encore la signification de ces deux posters. Vous n'avez sans doute pas étudié les Ecritures védiques de l'hindouisme et vous n'êtes pas très versé non plus en physique nucléaire. Ai-je raison ?

— Je dois humblement avouer que ces deux domaines me semblent aussi ésotériques l'un que l'autre.

— Esotérique, comme vous venez si bien de le dire. Laissez-moi tenter d'expliquer brièvement la signification que je vois au-delà de ces deux posters.

Le silence retomba sur le groupe. Une grande force spirituelle émanait de l'homme dont la voix chaude et profonde répondait à l'attente perceptible dans la pièce.

— Selon les anciens enseignements des Védas, l'univers est en perpétuel mouvement. Ce mouvement incessant est possible grâce à la Danse cosmique que danse le seigneur Shiva. Tout se meut. Il n'y a pas de réalité statique, toute chose est reliée, et dans cet échange sans fin, le centre est mouvement. Cette idée peut être trouvée dans d'autres philosophies, comme le taoïsme qui dit que le Tao, c'est-à-dire le Chemin, est mouvement. Longtemps la science occidentale a cru qu'au-dessus de la réalité, il y a le vide, c'est-à-dire « rien ». Cette croyance en l'existence du néant était implicite pour la plupart des savants jusqu'à ce siècle, en dépit du fait que l'un de vos scientifiques et philosophes les plus éminents, Aristote, ait conclu que la Nature avait horreur du vide. C'est seulement récemment que les physiciens des particules sont arrivés à la conclusion stupéfiante qu'au niveau des particules sub-atomiques, la réalité est bien différente. Ils ne peuvent pas détecter de vide à ce niveau, le niveau quantique. Au contraire, ils ont trouvé une mer d'écume de particules créées et annihilées à tout instant du temps. D'incroyables quantités d'énergie dansent pour le plaisir durant des fragments de temps infiniment brefs, disparaissent et se recréent sans fin. Cette quantité illimitée d'énergie, dont la somme totale est probablement égale à zéro, est considérée par nombre de physiciens comme étant la source ultime de l'énergie. Elle aurait donné naissance à notre univers avant le Big Bang. Ils appellent la création de l'univers, une « fluctuation du vide ». Si nous pouvions canaliser cette énergie, nous exécuterions, comme Shiva, la Danse de l'Univers. C'est pourquoi ces deux photos sont côte à côte, cher ami ! Vous comprenez maintenant ?

— J'essayerai de comprendre, dit Timothy. Ce n'est pas facile !

— Ça dépend, répliqua le professeur. Si vous écoutez uniquement avec votre cerveau, vous ne comprendrez jamais. Si vous ouvrez votre cœur, la compréhension viendra d'elle-même.

Il se leva et, prenant Timothy par le bras, le conduisit dans une autre pièce.

— Venez ! Prenons quelque nourriture aussi pour le

corps ! Impossible de vivre uniquement de considérations spirituelles. De plus, tout cela m'a donné soif. Grâce aux ressources diplomatiques de votre amie Sonam, nous avons quelques bonnes bouteilles de vin français. J'adore la spiritualité d'un bon bourgogne !

— Je vois qu'avec vous, tout est mouvement ! Vous passez de l'univers à l'estomac en moins de temps qu'il ne le faut pour le dire !

— Il n'y a rien de comparable dans l'univers à un repas gratuit ! constata le professeur, une lueur de malice dans les yeux.

Une assiette remplie de poulet au *tandori*, de *puri* et de *dal* à la main, Timothy fit le tour de l'appartement à la recherche de Sonam. Dans l'une des chambres, il perçut le son plaintif et délicat d'un sitar. Assommés par les émotions reçues comme autant de coups durant la soirée, ses sens le poussèrent vers la mélodie mystique sortant de la pièce enténébrée. Une femme corpulente, relativement âgée, drapée dans un sari de soie rouge sombre, était assise sur un coussin au milieu de la chambre. Elle tenait le vieil instrument avec une aisance majestueuse et semblait entièrement absorbée par les vibrations de la musique.

Timothy s'assit doucement, la tête appuyée contre le mur de ciment blanc. Dans ce silence, il n'osa pas toucher la nourriture, de crainte de faire des bruits incongrus avec ses couverts. Soudain, une ombre se glissa le long du mur et se coula à son côté. Il tourna la tête et son cœur battit plus fort : c'était Sonam. En souriant, elle lui tendit un verre de vin rouge et se mit à boire le sien. Il avait pleinement conscience de la légère pression de sa hanche tandis qu'elle se rapprochait de lui. Il n'osait ni bouger ni parler. Il était reconnaissant à la dame au sitar de sa musique éthérée remplissant la chambre. Plus il s'efforçait de se concentrer sur Sonam, plus la mélodie du sitar semblait prendre possession de son esprit. Il sentait sa tête grossir et se dilater, jusqu'à devenir une vaste grotte aux murs parfaitement blancs où les sons se réverbéraient à l'infini. Il était debout au milieu, en train de danser sur une surface d'écume tandis qu'une incroyable énergie l'envahissait. Durant tout ce temps, il entendait Sonam lui poser des questions sur sa vie passée et à venir. Comme c'était bon de s'ouvrir à elle, dont le cœur lui semblait un précieux joyau !

Lentement, la lumière s'estompa dans la grotte et la musique s'évanouit. L'énergie reflua, et il commença de sentir un mouvement rythmique. Il perçut ses joues froides, et il aima l'état dans lequel il se trouvait. Mais ses sens le prévinrent que quelque chose allait de travers. D'un doigt gourd, il réussit à ouvrir un œil et remarqua les réverbères de la rue défilant à intervalles réguliers sous le ciel noir.

— Comment peut-il y avoir des réverbères dans une grotte ? s'étonna-t-il à haute voix.

— Bienvenue à bord, entendit-il lui répondre une voix rieuse. Elle était comment, votre plongée ?

— Quelle plongée ? marmonna-t-il.

— Disons qu'il semble que vous ayez plongé assez profondément dans le vin.

Il n'arrivait pas à se figurer de quoi parlaient ces gens. De toute façon, il lui semblait plus important de compter les réverbères. On ne sait jamais, peut-être lui feraient-ils porter le chapeau si l'un d'eux venait à manquer. Il y avait cependant une lampe qui ne voulait pas s'effacer de son champ de vision.

— Qu'est-ce qui ne va pas ? se demanda-t-il, jusqu'à ce que quelqu'un le bouscule sans ménagement.

— Allez, blanc-bec ! Vous êtes à votre hôtel ! Remettez-vous ! Ils n'apprécient pas tellement qu'on leur ramène des clients bourrés s'oubliant sur le plancher. Pourrez-vous vous débrouiller si je vous aide à monter l'escalier ?

A cet instant, le film se déchira définitivement.

Quand il se réveilla, entièrement habillé, il avait l'impression que sa tête tapait contre les quatre murs de sa chambre à la fois. Une bonne âme avait tiré les rideaux. Seul un rai de lumière toucha sa rétine douloureuse. A quatre pattes, il parvint jusqu'à la salle de bains, avala deux Alka-Seltzer, se pencha sur la baignoire et laissa l'eau froide ruisseler sur sa tête. Reprenant lentement un peu conscience, il essaya de se rappeler ce qui lui était arrivé. Mais il y avait un grand trou noir et, généralement, ces choses-là sont invisibles. Il se glissa dans la baignoire et prit un bain relativement rafraîchissant. Les choses finirent par s'éclaircir suffisamment dans sa tête pour composer le numéro de téléphone que Sonam lui avait donné la veille au soir.

— Ambassade du Bhoutan. Que puis-je pour vous ? répondit une voix masculine.

— Bonjour, j'aimerais parler à Miss Sonam Dorje.

— Bonne après-midi. Qui est à l'appareil ?

— Oh, désolé, murmura-t-il en jetant un coup d'œil à sa montre, qui indiquait inexorablement trois heures de l'après-midi. Je suis Timothy Wiscott, des Nations Unies de Thimphu.

— M. Wiscott, Miss Dorje n'est pas à l'ambassade en ce moment.

— Pouvez-vous lui dire de me rappeler ?

— Je crains que cela ne soit pas possible avant une semaine. Elle a dû partir précipitamment voir sa mère malade à Bombay.

Dieu, il ne la verrait plus et ne saurait jamais ce qui s'était passé le reste de cette merveilleuse soirée.

— Bien, je vous remercie. Dites-lui mes meilleurs souvenirs à son retour et combien j'ai apprécié la soirée.

— C'est entendu, répondit la voix neutre. La liaison s'interrompit avant qu'il ne puisse entendre le rire cynique de Sonam et du téléphoniste.

Il eut à peine le temps de poser le récepteur que la sonnerie du téléphone retentit, vrillant d'une nouvelle onde de choc son crâne vrombissant.

— Ici Wiscott, grogna-t-il.

— Où diable étiez-vous ? cria la voix agitée du secrétaire d'ambassade. J'ai essayé de vous joindre toute la matinée, mais on me répondait que vous n'étiez pas là.

— Effectivement, je n'étais pas là, et je vais y retourner de ce pas si vous continuez à crier de la sorte après ma gueule de bois.

— Ah, ah ! La jeune dame bhoutanaise vous a eu !

— Si seulement ! Ce n'était qu'un verre de vin rouge, ou Dieu sait quelle drogue a pu ainsi m'avoir !

— Que débitez-vous là, Timothy ? Cela peut être sérieux. Que s'est-il passé dans cette maison ?

— Quelle maison ?

— Le palais de Vanille et Framboise.

— Eh là, attendez donc ! Comment savez-vous que nous y sommes allés ?

— Elémentaire, mon cher Watson ! Dans mes affaires, je ne peux laisser un jeune espion amateur, enthousiaste et bien né, prendre le large avec un officier de renseignements, pas si naïf que ça, d'une autre nation !

— Oh, diable ! Ne me dites pas que je me suis laissé avoir !

— Je ne sais pas ce qui s'est passé entre vous.

— Rien du tout, je le crains ; et Timothy de lui raconter toute la soirée telle qu'il s'en souvenait.

— Il semblerait bien qu'ils aient mis quelque chose dans votre vin. Impossible de savoir si vous avez trop parlé. Mais à supposer que vous ayez lâché quelque chose, cela a dû leur paraître une histoire folle. Ils ont dû le mettre sur le compte d'un verre de trop. Vous-même, auriez-vous cru pareille histoire ?

— J'espère que vous avez raison. Sinon, je suis cuit.

— N'en faites pas une montagne. De mon côté, je ne vois pas trop de problèmes. Je pense que nous devons poursuivre notre plan.

— Si vous le dites... C'est vous le spécialiste !

— Bon, voyons donc comment nous organiser. Le mieux serait de vous envoyer la voiture à l'hôtel, pendant que vous vous préparez et faites vos valises. Vous n'aurez pas le temps de rentrer à l'hôtel avant d'aller prendre l'avion pour Calcutta, je ne veux pas que vous le loupiez. Il m'en a coûté deux bouteilles de Black Label de vous avoir une place sur ce vol, il était complètement bouclé. Nous nous retrouverons chez moi. Je vous donnerai un petit cours de base pour vous servir des divers outils que vous allez emporter.

Le secrétaire d'ambassade avait partiellement réussi à dissiper sa gueule de bois. Timothy était confortablement installé sur son siège à bord de l'Airbus d'Indian Airlines, qui descendait lentement vers Calcutta.

— Quel début ! rumina-t-il. J'espère que les choses vont un peu se calmer dorénavant. Demain, je prends l'avion pour Paro et le soir, je dormirai tranquillement dans l'air frais des montagnes à Thimphu.

Son sourire eût été moins confiant s'il avait su ce qui l'attendait.

Kalimpong – Geylephug

Il n'avait jamais réellement pensé quitter la Compagnie de Jésus. Il n'en était pas moins reconnaissant au destin, comme il disait, qui l'avait finalement conduit en Inde. Comme soldat de Dieu, padre Fulvio devait aller là où ses supérieurs estimaient qu'il pouvait servir. Il avait bien compris que cette décision de l'envoyer en poste au Rwanda n'avait rien à voir avec lui personnellement. Durant les longues nuits d'Afrique, il s'était enfoncé cette idée dans le crâne. La lettre scellée du général avait été lapidaire sur ce point, et il l'avait ressentie comme une pluie longuement attendue pendant sa traversée du désert.

L'épreuve est terminée. Votre prochain poste sera celui de secrétaire du commandant régional de l'Inde du Nord. Partez immédiatement pour Darjeeling. D'autres instructions vous attendent là-bas.

Padre Fulvio n'avait pas encore pleinement réalisé à ce moment-là que les voies du Seigneur restaient impénétrables. Les instructions ne lui en apprirent guère davantage :

Attendez à Kalimpong et aidez vos frères. Vous saurez quand les temps seront venus de poursuivre. Nos bénédictions vous accompagnent pour ce que vous aurez à faire. En Dieu...

Depuis deux mois, Fulvio passait son temps à l'école des jésuites de Kalimpong. La qualité de l'enseignement l'avait surpris. La Compagnie de Jésus prenait grand soin d'offrir la meilleure éducation possible aux enfants de l'élite de l'Inde.

— Padre Fulvio ! La voix hors d'haleine du *chowkidar*, le concierge de l'école, le tira de ses pensées. Le père supérieur m'a envoyé vous chercher. Il veut vous voir immédiatement dans son bureau. Dépêchez-vous, s'il vous plaît !

— Que se passe-t-il, Balkumar ? interrogea le jeune homme. Vous avez l'air tout agité !

— Je ne sais pas, il m'a dit de vous trouver le plus rapidement possible et de vous ramener chez lui.

— Vous a-t-il donné un message pour moi ?

— Non, mon père. Venez, allons-y, je vous en prie !

Fulvio s'inquiéta de l'urgence de la demande. A pas rapides, les deux hommes descendirent la petite colline où le père Fulvio avait passé l'après-midi à lire et à méditer. Ils traversèrent le jardin potager et entrèrent dans le corps de vieux bâtiments dont le style colonial témoignait encore de la puissance culturelle du Raj britannique. Quand il arriva dans le bureau de son supérieur, le père Gregory arpentait la pièce sombre et lambrissée.

— Ah, vous voilà ! Désolé d'interrompre votre promenade de l'après-midi. Je viens tout juste de recevoir un télégramme de notre nonce à Delhi. Il nous avertit d'être prêts à répondre à un appel téléphonique de Rome à quatre heures de l'après-midi. Quelqu'un veut nous parler à tous les deux.

— Qui veut nous parler, père Gregory ? s'enquit Fulvio.

— Dieu seul le sait ! Mais comme toujours, on ne me dit rien, dit le supérieur avec un rire nerveux. Auriez-vous une idée ?

— Je crois que oui.

— Dites-le moi ! J'en ai assez ! C'est la première fois que ça arrive !

— Pourquoi ne pas attendre ce coup de fil, et alors je saurai ce que je peux vous dire ?

— Cela semble quelque peu présomptueux. Après tout, je suis votre supérieur !

— S'il vous plaît, mon père, prenez patience ! Je suis sûr que dans un peu plus d'une demi-heure, nous saurons, si le système téléphonique indien le permet.

— Il s'est amélioré, mon fils. Et puis, venant de Rome, pourquoi ne pas espérer un petit miracle ?

Le silence s'installa pendant qu'ils attendaient, tendus, l'appel. Quand la sonnerie retentit enfin, ils faillirent sauter de leurs sièges.

— *Pronto Vaticano*, le père Gregory, s'il vous plaît, entendit-on à peine à environ dix mille kilomètres au loin.

— Oui, c'est moi, bredouilla le père Gregory. Qui est à l'appareil ?

— Un instant, s'il vous plaît ! Ne coupez pas ! Je vous mets en contact avec le bureau du général !

— Père Gregory, vous êtes là ? La voix sonore du général des jésuites passait clairement.

— Je suis là, mon général, je vous entends très bien.

— Parfait, mon fils. Fulvio est avec vous ?

— Oui, mon général, il est là.

— Très bien. Ecoutez-moi attentivement. Des problèmes ont surgi, qui nous obligent à agir rapidement, c'est pourquoi nous avons décidé de vous appeler par téléphone plutôt que d'utiliser nos canaux habituels de communication. Fulvio doit accomplir une mission que je ne puis vous dévoiler. Vous devez lui donner toute l'aide dont il peut avoir besoin. En outre, dorénavant, il n'est plus sous votre autorité, il peut agir comme bon lui semble. Est-ce clair ?

— Je comprends, mon général.

— Très bien. Passez-moi Fulvio, et soyez béni, mon fils !

— Que Dieu vous bénisse ! Le père Gregory tendit le récepteur à Fulvio d'une main tremblante.

— Mon général, le père Fulvio à l'appareil.

— Comment vont les choses à Kalimpong, cher Fulvio ? dit une voix sonore.

— Ça va, père général. J'attends, répondit-il simplement.

— Bon, écoutez-moi très attentivement. Il nous fallait entrer en contact avec vous aussi rapidement que possible en raison d'événements imprévisibles qui se sont passés ces jours-ci. C'est une liaison ouverte, si vous voyez ce que je veux dire...

— Bien sûr, je comprends...

— Bon. Il y a quelque temps, vous avez dû quitter Rome brusquement. Sans doute vous souvenez-vous de la discussion que vous avez eue avec mon secrétaire...

— Tout à fait, comment aurais-je pu l'oublier...

— Heureux de savoir que vous ne l'avez pas oubliée. A ce moment-là, peut-être n'avez-vous pas compris la raison de votre transfert.

— Non, je ne l'ai pas comprise, et aujourd'hui encore, je ne comprends pas.

— Je le sais, et nous apprécions que néanmoins vous ayez obéi aux ordres. Vous avez dû partir en Afrique parce que vos recherches auraient pu, à ce moment-là, provoquer des événements pour lesquels les temps n'étaient pas mûrs. Maintenant, vous pouvez aller de l'avant.

— Je suis prêt.

— Je ne puis vous en dire davantage par téléphone. Mais demain, vous devriez avoir la visite de deux de nos frères. Ils sont porteurs de toutes les instructions dont vous avez besoin.

— Que savent-ils de mes recherches ?

— Ils ont été informés de l'orientation générale de votre travail, sans plus. Vous agirez selon les instructions et vous vérifierez l'hypothèse dont vous aviez discuté avec mon secrétaire. Vous me rapporterez vos preuves et conclusions directement à moi, dans les délais les plus brefs. Tout est clair ?

— Parfaitement clair, mon général, répondit Fulvio.

— Dans ce cas, je vous bénis, mon fils. Ne coupez pas, quelqu'un d'autre veut vous donner un conseil important et vous encourager.

— Bonjour, mon fils. La voix profonde à l'accent marqué fit blêmir Fulvio.

— Saint-père ! bafouilla-t-il en jetant un regard paniqué à l'autre prêtre, dont le visage exprimait la même stupéfaction.

— C'est moi, Fulvio. Je suis heureux que vous alliez bien et que vous soyez prêt à accomplir cette mission difficile pour notre sainte Eglise. Votre excellent travail de recherche nous a été très précieux, dans la mesure où il nous a permis de comprendre en partie une vieille énigme enfouie sous les voûtes de Rome depuis des siècles. Mais tout n'est pas encore élucidé. Ce sera votre tâche que de découvrir l'entière vérité. N'abandonnez pas votre quête avant d'en avoir la solution ! Ce peut être au risque de votre vie, et pourtant, nous vous demandons ce sacrifice. Quelles que soient vos actions, je prierai personnellement pour le salut de votre âme immortelle, mon fils !

— Oui, saint-père. Je ferai tout ce qui est en mon pouvoir afin de mener cette tâche à bien, répondit Fulvio, profondément ému.

— Alors, allez-y, mon fils, avec ma bénédiction – tels furent les derniers mots entendus avant que la ligne ne soit coupée.

D'une main tremblante, Fulvio reposa le récepteur sur son socle, puis s'assit. Les coudes sur les genoux, il se prit la tête dans les mains. Pendant plusieurs minutes, les deux prêtres n'échangèrent pas le moindre mot. Quand Fulvio leva les yeux, il rencontra le regard scrutateur du père Gregory qui le suivait avec un léger malaise, admettant néanmoins le subtil changement de hiérarchie récemment intervenu.

— Cher Fulvio, il semble que vous ayez reçu l'ordre de porter un lourd fardeau. Quoi que je puisse faire, dites-le moi ! Toute notre organisation est à votre disposition.

— Merci, père Gregory, répondit Fulvio. Attendez-vous une visite de prêtres pour demain ?

— Non, pas que je sache, je n'ai reçu aucun message en ce sens.

— Est-ce dans les habitudes que les gens viennent ici sans crier gare ?

— Non, cela sortirait tout à fait de l'ordinaire, parce que, généralement, nous devons organiser leur séjour ici.

— Il semble pourtant que les choses ne se passent pas vraiment de manière usuelle, vous ne croyez pas ?

— Vous le savez sans doute mieux que moi, répliqua le père Gregory, sans pouvoir dissimuler une trace d'irritation devant le déroulement des événements.

— J'aimerais bien le savoir, soupira le jeune prêtre. Nous pouvons imaginer que les messagers seront ici demain. Je suppose qu'il vaudrait mieux que j'aille préparer mes affaires, afin de pouvoir partir rapidement, où que j'aille.

Sur ces mots, il quitta le bureau du père Gregory et regagna sa chambre.

— Frère Mac, réalisez-vous que cette malheureuse Land Rover n'est pas une voiture de course et que ces routes ne sont pas un circuit de rallye automobile ? insista le vieux prêtre.

— Je le sais, père John, mais vous m'avez dit que nous devions absolument être à Kalimpong ce soir. Ce n'est pas ma faute si les douaniers indiens ont jugé bon de fouiller tous nos bagages !

— C'est vrai, je vous l'ai dit. Mais n'empêche, essayez de ne pas nous tuer !

— De toute façon, c'est contraire aux dix commandements !

— Obligé de m'asseoir à la place du mort, je me demande parfois comment vous les respectez !

— Il est temps pour vous de remettre le nez hors du Bhoutan. Vous avez complètement oublié que l'on peut conduire à plus de vingt kilomètres à l'heure.

— Hum, mon nez était bien tranquille au Bhoutan. Vous savez, frère Mac, c'est la première fois que les Indiens me fouillent. La première fois en vingt ans ! Ne pensez-vous pas qu'ils soupçonnaient quelque chose ?

— Comment l'auraient-ils su ?

— Aucune idée. Heureusement pour nous qu'ils ne parlent pas le latin. Ils ne pouvaient pas savoir que le deuxième chapitre de l'Evangile selon saint Jean n'est pas le texte original dans cette nouvelle bible. Quelle bonne couverture pour passer des messages secrets aux frontières ! Je dois avouer que nos gens à Rome sont devenus drôlement versés dans ce domaine !

— Que dit ce deuxième chapitre, père John ?

— Suffit, frère Mac ! Vous savez parfaitement que nous ne sommes pas supposés le lire.

— Navré, j'avais oublié. J'interrogeais seulement...

— J'interrogeais, j'interrogeais, mon œil ! grommela le père John.

— Oh, ça va, insista frère Mac, je suis sûr que vous êtes aussi curieux que moi au sujet de cet embrouillamini.

Jamais auparavant, nous n'avions été ainsi expédiés sans la moindre explication. Des ordres qui arrivent du plus haut niveau jusqu'à nous par des messagers secrets. Des messages secrets pour nous, au Bhoutan ! Etrange. Je me demande s'il n'y a pas à Rome quelqu'un qui lit trop de *James Bond*. On dit que les Polonais peuvent être parfois parano !

— Arrêtez immédiatement ce bavardage inconsidéré ! Je n'ose même pas songer à qui vous faites allusion.

— Il y a beaucoup trop d'étrangers qui travaillent au Saint-Siège, murmura frère Mac.

— Ce n'est pas à nous de juger des décisions de Rome. Souvenez-vous, nous sommes les soldats de Dieu !

— Bon, bon, ça va, je le sais bien. Mais je vous connais aussi. Depuis plus de vingt ans, nous sommes ensemble dans les montagnes du Bhoutan. N'essayez pas de me faire croire que toute cette histoire ne vous dérange pas !

— Bien sûr qu'elle me dérange. Mais nous avons reçu des ordres et nous devons les exécuter.

— Dites-moi, père John, vous ne trouvez pas extraordinaire la facilité avec laquelle le père Fulvio a eu son visa pour le Bhoutan ? Les Indiens lui ont même donné un sauf-conduit pour l'Assam.

— Cela m'a aussi surpris. Mais c'est déjà arrivé.

— Jamais pour un frère de notre Compagnie.

— Les voies du Seigneur sont impénétrables.

— Tout comme les routes en Inde, grommela frère Mac en manœuvrant sa jeep pour contourner un trou profond sur le chemin. Nous devrions être à Kalimpong ce soir, du moins je l'espère.

— Je vais prier pour, fit le père John en se calant plus profondément sur son siège pour essayer de trouver un sommeil aléatoire.

Le père Fulvio s'était installé sur la véranda du vieux bâtiment principal dans un vaste fauteuil. La nuit d'automne exhalait de lourdes senteurs de fleurs, des bruits étouffés venaient de la cuisine devant laquelle une meute de chiens se battaient pour les restes du repas du soir. La moite saison de la mousson était finie. Volant bas, des oiseaux noirs traversèrent son champ de vision tandis qu'il surveillait tranquillement la route d'accès coupant les bosquets de thé vert de la plantation des jésuites.

D'abord, ça ressemblait à une bicyclette allant et venant. Graduellement, cela prit forme. Finalement, Fulvio put percevoir le bruit d'un moteur. Huit heures et demie était une mauvaise heure pour être sur la route, et pourtant, une voiture arrivait.

Quand la Land Rover passa la grand-porte, le *chowkidar* se précipita dans la cour pour voir qui s'aventurait à voyager si tard. Un personnage massif et trapu sauta du siège du chauffeur. Presque tout son visage était mangé par une barbe et une moustache brunes. Les domestiques indiens accueillirent le visiteur avec des cris de surprise.

— Frère Mac, c'est vous ? Que faites-vous ici ? Nous ne savions pas que vous veniez ! Pourquoi ne pas nous avoir prévenus ?

— Doucement, doucement ! Pitié pour un malheureux voyageur épuisé ! Aidez-moi à sortir le père John de la voiture ! Ses vieux os n'en peuvent plus !

— Oh, le père John est avec vous ? Nous allons immédiatement avertir le père supérieur !

— Pas la peine, je suis déjà là ! La silhouette efflanquée du père Gregory apparut au milieu du groupe s'affairant autour de la jeep. Bienvenue, frère Mac. Quelle surprise de vous voir ici ! Pourquoi ne pas nous avoir avertis de votre arrivée ?

— Nous allons vous expliquer. Pouvez-vous aider le père John ? Le voyage a été assez éprouvant.

— Bien entendu. Bonsoir, très cher ami. Allons dans mon bureau. On va vous servir quelques rafraîchissements pendant que votre jeep sera déchargée et que l'on préparera vos chambres.

Avec l'aide du *chowkidar*, le vieux prêtre frêle était doucement sorti de la jeep. S'étirant, une expression douloureuse sur le visage, le père John s'exclama :

— Oh là là ! Ce n'est certainement pas la manière de voyager, pour une vieille carcasse comme moi. Cher Gregory, je suis ravi de vous trouver en bonne santé. C'est toujours un plaisir de venir dans votre paisible demeure en ce monde agité.

— Avez-vous eu des ennuis durant le voyage ? s'enquit le père Gregory.

— Pas vraiment. Les douaniers indiens semblaient plutôt nerveux. Ils ont fouillé tous nos bagages.

— Etrange. Pourquoi donc...

— Plus tard, cher ami. Allons plutôt chez vous. Je suis littéralement affamé. Frère Mac, voulez-vous vous assurer que mon sac avec la bible soit bien amené chez le père Gregory ?

Resté en arrière, frère Mac donnait des ordres au *chowkidar*, tandis que le père Gregory aidait le père John à traverser lentement la cour. Franchissant le grand portail faiblement illuminé par une seule ampoule, ils entrèrent dans le bâtiment principal. En silence, ils grimpèrent les escaliers menant à l'appartement privé du père Gregory. A leur arrivée dans le studio, une servante bengalie s'activait à dresser la table qu'elle couvrait de mets et de boissons. Elle regarda le visiteur avec reproche :

— Père John, comment croyez-vous que je puisse décemment prendre soin de vous si vous ne prévenez pas de votre venue ? Je n'ai préparé aucun de vos plats préférés !

— Bonsoir, Maduri. Ne vous en faites pas. N'importe quels restes de votre cuisine feront l'affaire pour ce soir. Demain, j'en suis sûr, vous aurez le temps de faire des miracles.

Avec un profond soupir, le père John s'installa dans un confortable fauteuil de rotin. Quand les deux prêtres furent finalement seuls, il demanda à son hôte :

— Padre Fulvio est-il avec vous ?

— Quoi ? s'exclama le père Gregory en bondissant de sa chaise. C'est vous les messagers secrets ? Jamais je ne m'y serais attendu !

— Nous sommes en train de vivre des choses étranges, cher Gregory. A mon âge, je devrais refuser ce genre d'errance. Mais il fallait exécuter l'ordre.

— A qui le dites-vous ! Je sais ! soupira le père Gregory. Hier, nous avons eu un coup de fil de Rome. Le général et le saint-père...

— Le saint-père ! murmura le père John d'une voix tremblante. Je ne réalisais pas que c'était aussi sérieux.

Les deux hommes demeurèrent silencieux, s'efforçant d'évaluer les implications de ce qu'ils venaient d'apprendre l'un de l'autre. Leurs pensées furent brutalement interrompues par frère Mac déboulant dans la pièce.

— Quelle merveille, cette table mise ! s'écria-t-il, ajoutant sur un ton de conspirateur : Depuis quand avez-vous du personnel gardant votre porte l'oreille collée à la serrure ?

— Mon Dieu, qu'est-ce que c'est encore que cette histoire ?!

— Je ne le connais pas. Je ne l'ai jamais vu auparavant ici. Trapu, une allure de Népalais, une cicatrice sur la joue gauche.

— Oh, c'est Ramchun. L'un des nouveaux balayeurs. Il n'est pas supposé traîner par ici à ces heures. Je devrais suivre ça de plus près.

— Je n'aime pas ça, observa le père John. Pourquoi quelqu'un de vos gens aurait-il à écouter notre conversation ?

— Ce peut être la simple curiosité d'un nouvel employé, après tout.

— Peut-être, j'espère que vous avez raison. Et s'il n'est pas innocent ? objecta frère Mac. C'est ennuyeux. Saurait-il par le plus grand des hasards que quelque chose se trame ?

— Nous avons eu hier un appel inhabituel, répondit le père Gregory. En quelques mots, il informa les deux missionnaires de la conversation avec Rome, et conclut : Malheureusement, mon poste dépend de la centrale de l'école.

— Qui est à la centrale ?

Le visage de Gregory blêmit.

— C'est le cousin de Ramchun. C'est lui qui a recommandé Ramchun pour cet emploi.

— Comme qui dirait, le bonhomme n'est pas du tout innocent. Que faire, père John ?

Le vieux prêtre soupira profondément :

— Je suppose que notre seule chance est d'accélérer les choses et de nous mettre en mouvement avant que l'alerte ne soit donnée aux autorités indiennes. Gregory, pourquoi ne feriez-vous pas venir ici le padre Fulvio ? Nous avons des choses à discuter avec lui, et à décider ensemble de ce que nous allons faire. Il faut voir ce que fait maintenant ce Ramchun.

Quand Fulvio entra dans le studio, il fut accueilli par un silence lourd. Les visages des trois prêtres traduisaient leurs soucis.

— Père Fulvio, voici le père John et le frère Mac. Ce sont les messagers que nous attendions.

La surprise se peignit sur le visage de Fulvio.

— Cela signifie que mes recherches doivent se poursuivre au Bhoutan ? interrogea-t-il.

— Cher Fulvio – le père John sourit –, peut-être devriez-vous d'abord expliquer votre mission. Jusqu'ici, nous n'en avons pas été informés.

— Désolé, dit Fulvio. La perspective de poursuivre enfin ma quête m'a fait oublier que je vous dois quelques explications.

— Faites court, insista frère Mac en s'assurant que personne n'écoutait derrière la porte. Nous craignons que les Indiens ne soient sur le point d'interférer. Il y a quelques instants, Ramchun, l'un des employés, était en train d'espionner à la porte. Savez-vous quelque chose de plus au sujet du bonhomme, père Gregory ?

— On m'a dit qu'il avait quitté les lieux, répondit le père Gregory.

— Bon, je serai bref, acquiesça le père Fulvio. Permettez-moi de vous donner juste une idée générale de mes travaux. En tant que chercheur en bouddhisme tantrique, je m'intéresse en particulier aux textes dits de révélation. J'ai parcouru nombre d'écrits mystérieux, où des allusions sont souvent faites à ce qui est qualifié d'Enseignement secret. Cet Enseignement secret est donné par un maître spirituel à son disciple durant une longue période d'initiation. Pendant la phase d'apprentissage, le disciple acquiert graduellement la maîtrise propre à son maître par la lecture de textes religieux anciens et par la méditation. Le maître explique toutes les questions que pose le disciple à mesure que sa conscience s'amplifie. Les réponses à ces questions et les explications concernant la Sagesse transcendantale constituent l'Enseignement secret. Mais cet Enseignement n'est jamais clairement dévoilé dans les textes et ne peut être donné que par un maître à l'esprit éveillé, à un disciple réceptif dont la conscience est suffisamment ouverte pour le recevoir. A cet égard, l'histoire de la vie du grand saint tibétain Milarepa est typique. Il a été initié à la connaissance suprême et à la sagesse par son maître Marpa, lui-même disciple du grand sage indien Naropa. Bien que nous ne soyons jamais parvenus à connaître l'Enseignement secret en lui-même, en ce qui concerne le reste des Enseignements, les textes de révélation sont parfaitement cohérents. Durant mes recherches, j'ai réussi à décrypter de ces différentes sources certains faits surprenants tout à fait logiques. De là l'intérêt manifesté par les plus hautes autorités de l'Eglise pour mes travaux.

Les trois hommes l'avaient écouté, fascinés. Il n'en percevait pas moins leurs réserves. Personne ne commenta, et Fulvio reprit :

— Ce que je viens de vous dire ne doit pas être révélé à quiconque au-delà de ces murs. Mes recherches sont soutenues par la plus haute autorité de notre Sainte Eglise, et rien ne doit s'interposer !

Les trois prêtres donnèrent leur assentiment par des hochements de tête, attendant en silence qu'il poursuive.

— Il y a deux ans, mes investigations m'amenèrent à Lhassa, où j'eus l'occasion de consulter des ouvrages à la bibliothèque du Potala. Rien de bien intéressant n'apparut. Comme si les textes significatifs avaient été soit emportés par le dalaï-lama, soit retirés par les Chinois. Je m'apprêtais à quitter le Tibet quand, un soir, un gardien du monastère s'approcha de moi. Il me dit être un moine Gelug-pa et avoir une information importante à me communiquer. C'est cette information que j'ai ramenée à Rome et qui a tout mis en branle. Vous comprendrez certainement que je ne sois pas à même de vous en dire davantage à ce propos. Pour autant que je puisse en juger, il pourrait s'agir d'une révélation pouvant changer le cours de l'histoire. Il semble que les gens à Rome soient parvenus à la même conclusion.

Après un long moment de silence, le père John prit la parole :

— Les instructions que nous avons reçues correspondent point par point à ce que vous nous avez raconté. On nous a demandé de vous aider en tout ce que nous pouvons.

Lui tendant la bible, il ajouta :

— Nous vous avons apporté le message de notre général dans cette bible. Vous trouverez le passage concerné au deuxième chapitre de l'Evangile de saint Jean. Je suis sûr que votre connaissance des Ecritures vous aidera à trouver quelques notes supplémentaires inaccoutumées.

Se levant de sa chaise, le père Gregory déclara :

— Le père Fulvio sera certainement d'accord que nous devons agir rapidement. Nous vous laissons le temps de prendre connaissance de vos instructions pendant que nous organisons votre départ.

Quand les trois prêtres eurent quitté la pièce, Fulvio se plongea fébrilement dans le chapitre « révisé ».

Ce message vous parviendra en temps voulu. Vous saurez alors qu'il est temps d'agir. Les recherches que vous avez menées au Tibet et l'information que vous avez ramenée à Rome sont probablement justes. Il est également juste que nous possédons la Lettre de Soie de l'impératrice Ming. Son contenu ne peut encore vous être révélé à ce stade. Vous savez néanmoins qu'elle contient un message aux conséquences incommensurables, ainsi qu'une prophétie. Votre tâche consistera à chercher des preuves de ces allégations. Nous sommes informés de sources sûres qu'un document de la plus haute importance en ce qui concerne la Lettre de Soie est gardé dans la région centrale du Bhoutan. Il est très probable que des émissaires d'autres puissances sont à la recherche du même trésor. Nous attendons de vous de mettre la main sur ce document le plus rapidement possible. Son contenu ne doit être révélé à personne sans autorisation préalable de Sa Sainteté. Vous devez ramener ce document à Rome par le chemin le plus court, en utilisant tous les moyens que vous estimez nécessaires. Dieu vous bénisse.

Les mains tremblantes, le père Fulvio posa le livre. Soudain, il entendit des gens s'agiter dans la cour. Il repéra la voix du père Grégory exhortant les deux prêtres du Bhoutan à repartir immédiatement.

— Je crains que ces véhicules ne viennent d'un camp militaire tout proche. Je peux vous le dire au bruit des moteurs. De plus, Ramchun est maintenant introuvable. Je suis sûr qu'il s'est empressé d'aller informer quelqu'un.

— Je ne peux vraiment pas supporter une nouvelle nuit de route. Mes vieux os vont s'éparpiller ! se plaignit le père John.

— Pourquoi ne partirais-je pas seul avec le père Fulvio ? suggéra frère Mac. Nous prendrons par la petite route à travers la forêt, au nord de la mission. Vous même y restez et leur dites que nous avions des choses importantes à chercher à Darjeeling et que nous serons de retour demain. Cela nous donnera un peu d'avance.

Réalisant la menace qui pesait sur sa mission, le père Fulvio ne perdit pas de temps. Il courut à sa chambre et saisit le sac qu'il avait préparé la veille. Ressortant dans la cour, il remarqua à distance les lumières clignotantes d'un convoi qui se rapprochait. Frère Mac avait déjà mis en marche le moteur de la jeep.

— Allez, vite ! Père John, nous nous retrouverons quelque part au Bhoutan. Nous allons suivre la route du sud par l'Assam. Nos permis de transit sont valables pour l'entrée au Bhoutan par Geylephug. Espérons que personne ne nous cherche dans ce coin-là.

Fulvio serra les mains des deux pères qui restaient :

— Un grand merci de votre aide. J'espère que vous n'aurez pas d'ennuis avec la patrouille militaire.

Sans mettre ses phares, frère Mac sortit la jeep du corps de bâtiments. A pleine vitesse, ils filèrent vers la petite route de campagne. Leur chemin était péniblement illuminé par une pâle demi-lune qui se cachait de temps à autre derrière un nuage paresseux. Les deux hommes observaient anxieusement ce qui se passait à l'arrière. Ils purent néanmoins échapper au convoi qui se trouvait maintenant à moins de cent mètres de l'entrée des bâtiments.

— Père Fulvio, dès qu'ils s'arrêtent, dites-le-moi. Il faudra que j'arrête le moteur. J'espère qu'on aura déjà gagné la forêt. De là, la route descend, nous devons sortir de leur rayon d'audition sans mettre le moteur.

Il poussa la machine jusqu'à ses limites, priant silencieusement qu'aucun nid de poule ne fasse échouer leur chevauchée sauvage.

— Moteur ! Ils sont arrivés ! cria Fulvio.

— Damnée saloperie ! Nous y étions presque, fit frère Mac. Je crois qu'il faudra pousser.

— Vous vous moquez ! Pousser le véhicule à la montée ?! Il pèse plus d'une tonne. Il faudrait Samson pour faire ce travail !

Ils étaient debout à côté de la jeep, le regard posé sur les bâtiments de la mission. Le père Fulvio s'exclama soudain :

— Eh, nous avons un treuil devant ! Il peut fonctionner à la batterie ?

— Bien sûr, durant quelques minutes.

— Bon, tirons le véhicule avec le treuil. J'espère que ce ne sera pas trop bruyant, à la batterie.

Le père Fulvio déroula le câble le long du chemin et l'assura autour d'un tronc d'arbre au sommet de la petite colline. D'un signe de la main, il indiqua à frère Mac d'actionner la manivelle. Avec un soupir déchirant, la vieille guimbarde commença à grimper mètre par mètre vers le haut. Ils écoutaient tous deux le ronronnement du treuil, espérant que nul ne pouvait les entendre plus bas. La jeep avait parcouru les trois quarts de la distance quand, soudain, le treuil se mit à hoqueter irrégulièrement.

— La batterie s'essouffle. Allons-y, poussons ! lança frère Mac.

De toutes leurs forces, ils se mirent à pousser. A un rythme désespérément lent, le véhicule grimpait. Brusquement, ce fut comme si quelque chose lâchait, tandis que la voiture échappait à leurs épaules et prenait de la vitesse.

— Bonté divine ! s'écria frère Mac, nous sommes au sommet !

Le père Fulvio fit un bond de géant, et en une tentative désespérée, parvint à ouvrir la porte et à sauter à la place du chauffeur. Il appuya de toutes ses forces sur le frein. Le lourd véhicule s'immobilisa en glissant. Hors d'haleine, frère Mac arriva en courant.

— Dieu merci, vous avez réussi à arrêter la jeep ! Passez de l'autre côté, il faut filer !

— Et le câble ? Vous ne voulez tout de même pas prendre ce malheureux arbre au Bhoutan ?

— Vous avez raison, mon bon compagnon ! Je n'ai pas l'habitude de ce genre d'aventures.

Lentement, ils prirent de la vitesse sur la route descendante. Avec hésitation, ils commencèrent à croire au succès de leur fuite. Pas le moindre bruit ni la moindre lumière à leurs trousses. A l'aube, ils s'arrêtèrent dans un petit village pour se restaurer. Nul contrôle de police ni barrage militaire n'avait ralenti leur avance. Avec ses visages pâles et ses plaques rouges d'immatriculation bhoutanaise, leur véhicule avait éveillé pas mal de curiosité.

— La situation est-elle stable en Assam ces jours-ci ? interrogea le père Fulvio alors qu'ils roulaient tranquillement sur la route droite avec vue sur les montagnes de l'Himalaya, délimitant au piémont la frontière du Bhoutan.

Sans lever les yeux de la route, frère Mac répondit :

— Selon les sources officielles indiennes, la situation est sous contrôle. C'est aussi pourquoi on nous a donné la permission de passer par l'Assam. Mais ce n'est probablement pas tout à fait vrai. La radio du Bangladesh insiste régulièrement sur des heurts entre différents groupes ethniques. Les voyageurs rapportent des histoires horribles à propos de violences commises soit par la police, soit par des fanatiques des deux camps.

— Espérons que nous pourrons les éviter, dit le père Fulvio. Nous avons assez de problèmes comme ça.

— Vous avez raison, concéda l'autre. Je vous le dis franchement, cette aventure me botte en raison de ce que nous pourrions découvrir. Je ne suis qu'un frère de la Compagnie de Jésus, ma foi est forte, mais je suis incapable d'argumenter sur des aspects plus subtils. Et vos recherches peuvent mettre en danger certains de ses fondements. Je ne sais pas comment mon âme simple réagira à cela.

— Je ne sais pas, moi non plus, frère Mac, répondit Fulvio.

— Mais c'est vous qui avez tout mis en branle ! Pourquoi ne pas avoir tout laissé tomber quand vous en avez réalisé les implications ?

— Je n'ai pas de bonne réponse. La perspective de dévoiler pareil mystère était simplement irrésistible.

— Vous voulez dire, vous entreriez dans l'histoire ! lui lança frère Mac.

— Je ne suis qu'un instrument. Vous devez me croire, jamais je ne réclamerai le moindre mérite.

— Je l'espère, pour le repos de votre âme ! Avez-vous jamais songé que vous pourriez être l'instrument de forces maléfiques ?

— Je l'ai pensé, et c'est pourquoi je m'en suis ouvert à mes supérieurs. Notre Sainte Eglise peut juger et évaluer l'évolution de notre quête. Je suis sûr que la sagesse de ces gens nous guidera.

— J'apprécie votre foi en la sagesse de notre Eglise, dit frère Mac. Nombre de personnes vont prier pour que les choses aillent comme vous l'espérez. Pourtant, je ressens comme une espèce d'appréhension.

Un grand silence s'étendit entre eux pendant qu'ils songeaient chacun à leur échange de propos. La pâle lumière du petit matin ajoutait encore à l'irréalité de la situation. Dans le lointain, le long des arbres, un léger brouillard folâtrait, masquant la forêt. De temps à autre, la route traversait de misérables hameaux où bêtes et gens commençaient à peine à réaliser qu'un nouveau jour laborieux venait juste de poindre. Personne ne tenta de ralentir leur course, et aucun contrôle policier ne vint interrompre les cahots hypnotiques de leur jeep.

— Pourriez-vous prendre un instant le volant, mon père ? Je me sens complètement exténué. Encore un kilomètre, et nous irons dans le ravin !

— Sûr, frère Mac ! Ravi d'avoir de quoi occuper mon esprit !

Le père Fulvio s'installa au volant.

— Attention, les routes indiennes sont traîtresses. Pleines de trous, de bétail et de vélos sans lumière !

— Ne vous en faites pas ! Les routes africaines ne sont pas mal non plus !

A l'heure du petit déjeuner, ils s'arrêtèrent à une petite échoppe au bord de la route. Un thé sucré et un yaourt au lait de buffle délicieusement frais les aidèrent à relâcher la tension nerveuse de leur fuite.

— Pas mal, n'est-ce pas ? Nous sommes toujours vivants, en bonne santé et rassasiés ! s'exclama frère Mac, les coudes sur la table. Quand vous menez une existence simple et isolée, comme c'est le cas pour moi au Bhoutan, vous en venez à apprécier des moments pareils. Nous devrions prendre les choses comme elles viennent. Jusqu'ici, nos anges gardiens nous veillent en souriant.

— Vous avez raison. Nous avons peut-être réagi trop vivement. Le convoi militaire n'était peut-être là que par hasard.

— Je ne me reposerais pas là-dessus, répondit frère Mac.

Quand ils retournèrent à leur véhicule, une foule silencieuse s'était agglutinée autour de la Land Rover. Il n'y avait pas trace d'hostilité dans l'attitude des gens. Au moment où le père Fulvio remettait le moteur en marche, un policier s'approcha de lui et lui demanda quelque chose en hindi. Frère Mac se pencha et répondit à sa place :

— Où voulez-vous aller ?

— Je suis censé aller voir ma famille à Geylephung. Y allez-vous, sir ?

— Je suppose que vous désirez qu'on vous emmène, grommela frère Mac.

— Serait-ce possible ?

— Qui voyage encore avec vous ?

— Juste ma femme et ses parents.

— C'est ça, l'ennui avec ces gens, maugréa frère Mac en anglais. Vous en prenez un, et vous finissez avec le village tout entier dans votre voiture. Nous aurons de la chance s'ils n'ont pas de bétail. Mais pour la douane indienne, ça pourrait servir d'avoir le bonhomme avec nous. Ça aide pas mal quand ils voient que vous rendez service à l'un des leurs.

Se penchant à la fenêtre, il dit :

— *Accha*, vous pouvez venir ! Dites à vos gens de se dépêcher, nous ne voulons pas passer la journée ici !

Avec un grand sourire, le policier revint rapidement, accompagné de sa famille portant la moitié de leurs biens. En moins de temps qu'il n'en faut pour le dire, la voiture fut remplie par le beau-père et la belle-mère, la femme, les ballots, les sacs de couchage, des paniers de volailles et un policier heureux à demi hors du véhicule à l'arrière de la jeep. Lentement et en cahotant, la Land Rover fendit la foule, prenant de la vitesse à partir de la lisière du village.

A midi, ils arrivèrent enfin au poste de contrôle indien à la frontière bhoutanaise.

— Laissez-moi aller leur parler, prévint frère Mac. Je les connais et ils me connaissent. Ils seront curieux à votre sujet et à propos de l'absence du père John. Je vais leur dire qu'il a dû rester sur place pour des raisons médicales, et que vous êtes une espèce d'inspecteur envoyé par un bureaucrate imbécile de Rome. L'histoire leur plaira, dans la mesure où souvent des gratte-papiers de leur propre QG viennent les enquiquiner ici.

Ils arrêtèrent la voiture devant la petite maison blanche. La chaleur était oppressante. Un drapeau indien délavé flottait paresseusement sur son mât. Seul le vrombissement de myriades d'insectes invisibles trouait le silence. Les pas de frère Mac résonnaient inhabituellement fort, tandis qu'il se dirigeait lentement vers le poste de contrôle.

— *Namaskar !* Je suis de retour, les amis ! Comment ça va ? Il salua l'officier des douanes, qui se morfondait assis sous le seul ventilateur de la pièce.

— Si vite ! se borna à constater l'officier.

— Que voulez-vous dire, si vite ? Ça fait six mois que je vous ai vu la dernière fois !

— Peut-être. Mais mes collègues de Sandup Jonkar vous ont vu il y a deux jours.

Sans ciller, frère Mac répliqua :

— Je vois, votre système de communication s'est notablement amélioré ces derniers temps.

— Pourquoi êtes-vous si pressé, frère Mac ?

— Je ne suis pas pressé, répondit-il en se penchant pour ajouter d'un ton confidentiel : mais il y a quelqu'un avec moi qui l'est.

— Je vois, qui est-ce ?

— C'est un âne bâté de père envoyé directement de Rome pour inspecter le travail que nous faisons, le père John et moi. Vous vous rendez compte ?! Nous inspecter !

— Il est où, le père John ? Je ne vois pas votre voiture d'ici.

— Le pauvre homme a sérieusement mal au dos. Il peut difficilement bouger sa jambe droite.

— Quelle pitié ! Où est-il ?

— Pour l'instant, avec le père Gregory à Kalimpong. Je crains cependant qu'ils ne doivent l'envoyer à Calcutta ou ailleurs. Il a besoin de bons soins.

— Qui sont ces gens qui voyagent avec vous ? interrogea le douanier en les voyant descendre de la voiture.

— Quelqu'un qui m'a demandé de le prendre à une cinquantaine de kilomètres d'ici. Il dit qu'il doit mener sa femme à Geylephug. C'est un policier, soit dit en passant.

L'officier des douanes s'approchant de la voiture, le policier lui dit rapidement quelque chose. Après un bref échange de propos animés, le douanier prit leurs passeports et les sauf-conduits pour les tamponner dans son bureau. Ensuite, il les renvoya d'un geste hautain.

Comme en rêve, le père Fulvio conduisit la voiture deux cents mètres plus loin, jusqu'au poste de contrôle bhoutanais. Son cœur résonnait jusque dans ses oreilles. Dans un brouillard, il entendit frère Mac négocier et rire avec les hommes portant l'uniforme bleu de la police royale bhoutanaise. Les formalités furent faites avant qu'il n'ait eu le temps d'en revenir. Il était finalement arrivé dans ce qui lui paraissait la Terre promise.

— Merci, mon Dieu, murmura le père Fulvio.

— Amen, fut la sobre réponse de frère Mac.

Dharamsala – Thimphu

Le voyage en autobus paraissait sans fin. La bouche de Rinchen Namgyal était sèche, et sa vessie, pleine. Chaque cahot le lui confirmait douloureusement. Il n'avait pas l'habitude des plaines indiennes et préférait l'altitude de 1 800 mètres de Dharamsala. Depuis qu'il avait fui le Tibet, vingt ans auparavant, il avait vécu là-bas, dans l'entourage du dalaï-lama.

Il n'avait pas été facile de gagner la confiance des lamas les plus âgés. Ils étaient devenus soupçonneux après la découverte d'agents chinois parmi les réfugiés tibétains. Le passé de Rinchen Namgyal avait été soigneusement examiné, mais sans révéler le moindre lien avec les envahisseurs chinois. Le parti avait tout prévu. La ferveur de Rinchen et ses connaissances religieuses avaient finalement convaincu les lamas de l'accepter comme moine.

Les années de méditation et de prière à Dharamsala avaient laissé des traces profondes en lui. Ce n'était pas facile de vivre comme un prêtre dévoué de l'entourage du dalaï-lama, tout en étant une taupe des services secrets chinois. Quand le message était arrivé, il lui avait fallu du temps pour réagir. Cela avait failli lui coûter la vie. Au dernier moment, avant que l'agent chinois excédé n'ait voulu le supprimer, il s'était souvenu du code déjà ancien. Avec un frisson, Rinchen Namgyal se détacha de ce mauvais souvenir. Regardant par la fenêtre, il remarqua que la circulation était plus dense. Des bidonvilles misérables bordaient la route. Il semblait qu'ils se rapprochaient de la destination du jour.

La poussière engloutissait Chandigarh comme il descendait du bus. Avec ses bâtiments à l'occidentale, l'endroit le mit mal à l'aise. Il ne savait pas, et d'ailleurs il s'en fichait, que des architectes de réputation mondiale comme Le Corbusier et Maxwell Fry avaient fait les plans de la majeure partie de la ville. Il quitta à la hâte la gare routière. Il savait suffisamment de hindi pour demander où aller vers le point de rencontre où il devait voir son contact. Personne ne prêta attention au moine tibétain perdu dans la ville. Ils étaient nombreux et d'ordinaire, ils vaquaient à leurs affaires.

En entrant dans la petite boutique pharmaceutique, il se demanda si c'était bien la bonne adresse.

— M. Phurba Tsering est-il là ? demanda-t-il au petit Sherpa assis derrière le comptoir. Le vieil homme le jaugea d'un œil soupçonneux et répondit : « Peut-être. »

— Dans ce cas, je serai ravi de le rencontrer. Je lui amène des salutations du Sikkim.

Pas la moindre émotion ne perça sur le visage du boutiquier, tandis qu'il répliquait sur un ton froid :

— Le Sikkim est loin d'ici. Qui peut bien envoyer des salutations à cette époque de l'année ?

— N'importe quelle saison est bonne pour l'ami qui envoie des salutations.

— C'est vrai, mais est-il bon d'en recevoir n'importe quand de n'importe qui ?

— Elles viennent des nuages et sont portées par le vent.

A ces derniers mots, le marchand se précipita vers la porte et la ferma. Il invita le moine dans l'arrière-boutique.

— Donc, vous êtes la taupe. Je n'aurais jamais attendu un moine gelug-pa. J'admets que le déguisement est parfait.

— Ce n'est pas un déguisement, je suis moine.

La surprise s'inscrivit sur le visage du vieil homme, qui reprit :

— C'est encore mieux pour votre mission. Asseyez-vous. Je vais préparer de la *tsampa* et du *suja* avant de commencer les explications.

Rinchen Namgyal s'assit sur un coussin en tailleur et attendit. Le vieil homme se mit à préparer du thé tibétain beurré et déposa un bol de farine d'orge grillée devant son visiteur.

— Je vous remercie de m'honorer ainsi, même si notre rencontre est professionnelle.

— C'est un plaisir de respecter ces traditions, surtout quand mon invité est un honorable lama.

Rinchen Namgyal s'étonna de cette déclaration. Néanmoins, il n'y avait aucune raison de la relever, dans la mesure où il risquait de passer à côté. Il appréciait l'ambiguïté évidente des propos et le petit Sherpa qui les tenait. Aucun danger ne semblait devoir venir de lui. Il déposa un peu de *tsampa* dans le thé beurré et salé.

— Je crains que nous n'ayons à discuter affaires, observa Rinchen en déposant son bol de thé.

— J'ai en effet reçu un message du QG, répondit Phurba. Il était signé « Le Serpent ».

Rinchen Namgyal fut sur le point de perdre son sang-froid. Une seule personne avait le droit d'utiliser ce code, et uniquement en cas d'urgence extrême. Cette personne était l'un des plus hauts dirigeants de son pays. Avec un calme à toute épreuve, il dit :

— Quel est le message du Serpent ?

Quelque peu déçu par le manque apparent de réaction de son hôte, le vieil homme dit :

— Il m'a été délivré oralement avec ce bout de papier. Comme vous le voyez, ce n'est qu'une signature.

— Suffisamment authentique – Rinchen rassura le vieil homme. Voyons les mots...

— On m'a ordonné de dire ceci : « Dites au moine d'aller voir sa famille. Un jeune Anglais viendra également dans la région. Il cherchera quelque chose. Trouvez de quoi il s'agit. Le lui prendre et le ramener immédiatement au QG. Par n'importe quels moyens. Ne pas revenir sans. »

Rinchen Namgyal frémit intérieurement d'horreur aux derniers mots.

— Je vois. Cela semble une mission intéressante. Vous a-t-on dit autre chose ?

— Pas d'autres instructions, sinon de tout oublier dès que vous serez parti.

— C'est sûrement la meilleure chose que vous puissiez faire ! Il faut que je trouve maintenant un endroit où dormir.

— Vous êtes le bienvenu si vous souhaitez rester ici. Je n'ai pas de famille, vous pourriez dormir dans mon oratoire.

— Et les voisins ? Leurs soupçons ne vont-ils pas s'éveiller si vous avez tout à coup des invités ?

— N'ayez crainte. Je leur ai dit que j'attendais la visite d'un parent éloigné du Tibet.

Il fut satisfait de la réponse du vieux Sherpa. Après une légère inclination de la tête, il se retira dans la chambre de derrière. Un petit *thangka* du Bouddha, sous les traits de Guru Rimpoché, était suspendu au-dessus de l'autel. Devant l'image sacrée se trouvaient sept bols en argent remplis d'eau fraîche et huit *tormas*, offrandes représentant les montagnes sacrées des Sherpas.

Comme il le faisait depuis tant d'années, Rinchen Namgyal s'assit en posture du lotus, en quête de paix et de conseil par la méditation profonde. Il ne se souciait nullement que quelqu'un l'observât, quitte à envoyer un rapport sur lui au QG. Des années auparavant, il avait décidé de lutter pour la liberté, de prendre ce joyau d'où qu'il vienne, et de le défendre chèrement.

Il ne parvenait pas à libérer son esprit des questions suscitées par sa mission. Il savait que si son rôle de taupe auprès du dalaï-lama avait été sacrifié, c'était qu'il y avait des risques d'une terrible crise à proximité. Il se demandait ce qui pouvait bien être plus important que de surveiller et d'influencer les activités du pire ennemi de la Chine en ce qui concerne la paix au Tibet. Le message sur la mission elle-même était d'une frustrante brièveté : « Suivre un Anglais » !

Et il ne savait rien de l'individu, sauf qu'il cherchait quelque chose. Combien de Britanniques cinglés couraient le monde à la recherche des débris de leur empire perdu ? La pression nerveuse de sa mission fit tournoyer ses pensées encore une bonne heure durant, puis il s'endormit.

Quand Rinchen Namgyal descendit de l'avion, une brise fraîche venue de l'Himalaya tout proche balayait l'aéroport de Bagdogra. Sous son nouveau déguisement, sans sa robe de moine, il se sentait étranger à lui-même.

— Quel est le but de votre visite ici ? lui demanda le douanier d'un ton ennuyé.

— Je fais un peu de commerce de tapis tibétains et je dois voir des parents qui habitent au Bhoutan.

— Avez-vous un permis de transit pour étrangers ?

— Je suis citoyen indien, répondit Rinchen en tendant son passeport au douanier.

— Je vois, vous êtes indien, donc vous pouvez y aller sans sauf-conduit. Très bien, voici vos papiers.

Le cœur battant, Rinchen reprit ses affaires. Il quitta le bâtiment de l'aéroport et monta dans le vieil autobus brinquebalant d'Indian Airlines.

— Vous allez à Siliguri ? demanda-t-il au chauffeur. Pour toute réponse, il perçut un grognement paresseux. Il ne fallut pas moins de quarante minutes pour que tous les passagers et les copains du chauffeur s'installent.

Il passa la journée au bazar, achetant des tapis, des soieries et quelques pierres précieuses. Ces objets lui permettraient d'asseoir son identité de marchand, une occupation commune parmi les réfugiés tibétains. Lourdement chargé, il prit le dernier autocar pour le Bhoutan.

Mêlé à la foule des frontaliers, Rinchen Namgyal traversa la frontière à Phuntsholing le soir suivant. A la faible lumière des lampes à kérosène brûlant dans les petites échoppes du bazar, il espérait que personne ne l'avait remarqué. Pourtant, il n'échappa pas à l'œil vigilant des trois policiers bhoutanais en civil qui surveillaient discrètement les abords du bazar. Avec un rictus ravi, l'un d'eux bondit sur son talkie-walkie :

— Il vient juste de passer devant le magasin de Tashi et se dirige vers l'hôtel *Rigya.* Il s'est installé au restaurant en bas. A vous.

— Allez-y et prenez quelque chose ! Essayez de savoir s'il s'installe là-bas, ou s'il a d'autres plans. Terminé.

Sur place

Adèle de Sainte-Fleur aimait bien le confortable hôtel *Mothitang*, d'ailleurs reconnu comme le meilleur de la capitale. L'architecture traditionnelle avait été adaptée aux techniques modernes de construction. Sa chambre, peinte en vert clair, était lumineuse, mais pas très spacieuse. Elle sortit sur le balcon, d'où elle avait une vue panoramique sur la vallée de Thimphu. Une légère brume matinale drapait la capitale, la fumée montait des cheminées des maisons basses, pas le moindre bruit n'atteignait l'hôtel bâti sur une colline à la lisière occidentale de la ville. Elle respira l'air frais et embaumé des montagnes, détendue d'être bien vivante en ce lieu après un vol plutôt effrayant.

Deux serviteurs portant des chaises, une table et des plateaux chargés interrompirent sa contemplation. Elle sourit devant l'aimable gaucherie des employés. Ils n'avaient pas fait l'école hôtelière de Lausanne. La meilleure manière de s'assurer que les œufs à la coque seraient parfaits, c'était de les demander au plat. La plupart des commandes étaient reçues avec un sourire désarmant et un haussement d'épaules indiquant que la seule façon acceptable de parler était de s'exprimer en *dzongka*, la langue officielle du Druk Yul, le Pays du Dragon paisible.

Adèle s'installa à la petite table et but lentement le thé sucré qu'elle avait demandé pour son petit déjeuner, tout en réfléchissant aux cinq jours déjà passés au Bhoutan. Leur visite au musée national de Paro ne leur avait valu que peu d'informations. Le conservateur avait été très évasif, tout en leur conseillant de poursuivre leurs recherches à la bibliothèque nationale de Thimphu. Les gens de la bibliothèque avaient été d'une gentillesse extrême, mais comme leur document faisait partie d'un texte totalement inconnu au Bhoutan, ils ne leur furent pas d'un grand secours. Un léger coup frappé à sa porte tira Adèle de ses pensées.

— Qui est-ce ? demanda-t-elle.

— C'est Jean et moi, répondit le professeur Machprot.

Elle se leva pour aller leur ouvrir.

— Quel bon vent ? les accueillit-elle avec un sourire ironique.

— Chère Adèle, nous aimerions nous entretenir de nos plans d'avenir immédiat.

— Très bien, entrez ! Prenez ces chaises et allons sur le balcon, il fait bon dehors.

— Mademoiselle, s'aventura Jean Dupont, je suppose que nous avons tous la même impression d'aller nulle part...

— Impatiente jeunesse ! répliqua-t-elle avec un rien de condescendance. Savez-vous combien il a fallu de temps pour déchiffrer les inscriptions des pyramides d'Egypte ?

— J'ignorais que votre carrière ait commencé à cette époque ! répondit Jean Dupont, très pince-sans-rire.

— Quel impertinent ! siffla-t-elle, furieuse de voir Machprot masquer difficilement un rire étouffé.

Ils s'attablèrent sur la véranda, où les premiers rayons de soleil commençaient à réchauffer l'air. Les deux hommes commandèrent un petit déjeuner.

— Cet endroit est beaucoup trop paisible pour se battre, releva Machprot. Parlons affaires. Nous menons notre recherche ici au Bhoutan sur la base d'indices extrêmement ténus. Nous sommes venus ici parce que Jean a été approché dans des circonstances étranges par un lama bhoutanais. Nous n'avons pas d'autre point de repère.

— Nous aurions pu commencer à Dalhousie, répliqua Jean. D'après ce que nous savons, les autres documents pourraient bien être là-bas !

— Faux, cher ami ! annonça triomphalement le professeur. S'il y avait eu la moindre information à Dalhousie, elle aurait été communiquée à Vieusac.

— Avec tout le respect dû à vos connaissances en tibétologie, savez-vous réellement comment fonctionne un esprit asiatique, en particulier tibétain, quand il s'agit de monter une intrigue ?

— Désolée de devoir le dire, le jeune homme a marqué un point ! marmonna Adèle.

— Donc, vous êtes d'accord tous les deux, nota Machprot. Ça ne fait rien, supposons qu'ils en aient su davantage. Pourquoi ne pas l'avoir dit à Vieusac ?

— Supposons qu'ils se soient gaussés de l'ambassadeur. Ils aiment bien s'amuser, envisagea Jean.

— Pas d'accord, contre-attaqua Machprot. Deux objections, même ! La première, ils lui ont remis un document ancien et précieux.

— En êtes-vous sûr ? interrogea Adèle.

— Oh, ça suffit ! Pensez-vous que notre gouvernement nous aurait envoyés faire ce voyage sans avoir analysé, pulvérisé et atomisé même ce document dans l'un de ses laboratoires aussi secrets que sophistiqués ?

— D'accord, objection admise ! concéda Dupont. L'autre argument ?

— J'ai du mal à imaginer une farce montée aux dépens de l'ambassadeur. Ils ne se risqueraient pas à déplaire à un gouvernement. Les conditions de l'exil mettent les Tibétains en situation très inconfortable, ils ont besoin de toute l'aide qu'ils peuvent obtenir.

— Vous êtes un adversaire coriace, dit en riant Jean. D'accord, ce n'était pas une farce. Et alors ?

Machprot se leva, croisa les mains dans le dos et se mit à arpenter le balcon. Comme en transe, il se mit à débiter :

— J'ai l'impression que les Tibétains essaient désespérément de faire passer un message par notre intermédiaire. Ils s'inquiètent que nous ne comprenions pas. Souvenez-vous de ce qu'ils ont dit à Vieusac. Au début de ce siècle, ces documents ont été montrés aux membres d'une expédition britannique. Ils n'ont pas écouté. Maintenant, les Tibétains craignent probablement que nous non plus ne prêtions pas attention. Mais que craignent-ils ? Peut-être que leur message est difficile à croire. N'oubliez pas que les prêtres de l'entourage du dalaï-lama étudient des sujets hautement ésotériques. Ils savent que nous, en

Occident, nous pensons et agissons différemment. Mais ils savent aussi que des chercheurs comme nous peuvent être capables de comprendre ce qu'ils veulent dire. Peut-être nous considèrent-ils comme une espèce de pont vers l'Occident, c'est-à-dire vers un gouvernement européen.

Après s'être arrêté un instant à la table pour avaler une gorgée de café, il poursuivit :

— Pourquoi je dis ça ? Voyez le contenu du document ! A tout le moins, cela ressemble fort à un conte de fées ! Ils ne peuvent pas s'attendre à ce que ce soit pris au sérieux, s'ils l'envoient directement à nos gouvernements. Mais ils s'évertuent à nous persuader qu'il convient de l'apprécier à sa juste valeur. Quel meilleur moyen que de nous donner l'impression que nous sommes en train de nous en persuader ?

Soulignant ses propos d'un geste interrogateur, il reprit :

— Quelle meilleure manière, si ce n'est nous impliquer dans ce processus ? Je crois qu'ils ont eu une idée très habile, chers amis. Ils ont piqué notre curiosité en nous servant une histoire folle et un fait bien solide. Je veux dire, le document, bien entendu. Il peut être analysé et scientifiquement daté.

— Bravo, professeur ! applaudit Adèle. Votre schéma n'est pas dépourvu de beauté. Mais il ne dit pas dans quelle direction aller maintenant.

— Exact, agréa Jean. Nous sommes au Bhoutan depuis bientôt une semaine et nous ne sommes pas une once plus sages !

— Peut-être le sommes-nous, dit Machprot avec un sourire malicieux. Supposons pour l'instant qu'ils connaissent l'endroit où se trouvent les documents. Ils ne sont ni au Tibet ni en Inde. Je pense que nous sommes tous d'accord là-dessus ?

— Bon, je pense qu'autrement, ils ne nous auraient pas aiguillé sur le Bhoutan, releva Adèle.

— Parfaitement. Nous pouvons raisonnablement l'admettre, souligna Machprot. La seule conclusion possible, c'est que le dalaï-lama a envoyé ces documents ici quand il a quitté le Tibet. Nous connaissons les routes de communication entre le Tibet et le Bhoutan. Voyons une carte du pays.

Adèle s'empressa d'aller chercher la carte dans sa chambre. Tous trois se penchèrent avidement dessus.

— D'après ce que je sais, commença Adèle, les trois principales routes de caravanes passaient par Lingshi et Haa à l'ouest, par la vallée de Tang et le Bumthang au centre, ainsi que par Singey Dzong à l'est.

Machprot sauta de sa chaise et s'écria :

— Vous imaginez ce qui se trouve au Bumthang ?

— Aucune idée ! reconnut Jean Dupont.

— Le monastère de Kurje ! C'est l'endroit le plus sacré du Bhoutan. Il est dit que le Bouddha y a vécu onze ans dans sa réincarnation de Padma Sambhava, ou Guru Rimpoché. La crémation des rois du Bhoutan a lieu là-bas. Quel meilleur endroit que Kurje pour y cacher des documents ?

Un coup sonore frappé à la porte interrompit leur discussion.

— Qu'est-ce qu'il y a ? demanda Adèle.

— Un message pour le professeur Machprot et son groupe, de la part du directeur du Tourisme.

— Entrez !

Un jeune Bhoutanais, vêtu du traditionnel *bakoo*, entra sur le balcon. Avec une légère inclination de la tête, il leur remit une enveloppe blanche. Machprot ouvrit la lettre et la lut à haute voix :

Le directeur du Tourisme Dasho Jigme Tsering invite Mlle Adèle de Sainte-Fleur, le professeur Virgile Machprot et M. l'attaché culturel Jean Dupont chez lui ce soir à vingt heures pour un dîner en leur honneur.

— Quelle merveille ! s'exclama Adèle. Nous allons accepter, n'est-ce pas, Virgile ?

— Bien sûr ! Ce sera sans doute l'occasion de rencontrer des gens intéressants. En outre, le directeur du Tourisme pourrait nous aider à propos d'un voyage au Bumthang, ajouta Machprot à mi-voix. S'adressant au Bhoutanais, il dit : C'est un honneur pour nous, et nous acceptons cette invitation avec le plus vif plaisir.

Quand le messager fut parti, Machprot se retourna et murmura :

— Curieux, j'ai l'impression d'enfoncer une porte ouverte.

Pour la première fois depuis trois jours, Timothy Wiscott n'avait pas l'impression d'être suivi. Ce sentiment lui était tombé dessus quand il avait quitté le magasin Tashi à Thimphu. Il avait garé sa voiture juste devant le grand magasin. Il avait vu un jeune officier indien de la Border Road Task Force examiner de près son véhicule. C'était un modèle étranger, mais il y en avait beaucoup à Thimphu. D'ordinaire, les officiers indiens étaient plus snobs, ils ne manifestaient jamais leur intérêt pour des choses aussi banales, même s'ils en rêvaient en secret. Quand il était revenu sur le seuil, l'Indien s'était brusquement retourné et avait disparu au coin de la rue. Timothy n'avait pas réussi à voir son visage. Grand et maigre, il pouvait ressembler à un Sikh, bien que sans barbe ni turban.

Tandis que Timothy descendait lentement la grand-rue, il regardait dans le rétroviseur, mais aucune voiture ne le suivait. Il traversa doucement devant le cinéma, tourna à gauche vers le magasin Drake, passa devant l'entrepôt frigorifique Wo Ho et arriva sur la place devant les Druk Airlines. Là, il s'arrêta pour vérifier une fois encore. Il ne repéra point le personnage basané qui descendait les escaliers du bâtiment à côté de la station centrale de taxis. Quand il repartit, il ne prêta pas attention à la voiture, une jeep Mahindra brinquebalante, qui le suivait de très loin.

Il traversa la grand-rue, tourna à gauche et monta au-delà de la pâtisserie suisse vers le quartier où les fonctionnaires gouvernementaux aisés avaient leur résidence. On ne parlait pas de maison : c'était une résidence, il l'avait appris lors de son premier coup de fil chez le directeur des Forêts. On n'était pas non plus supposé appeler sans raison valable. Ces règles protocolaires subtiles étaient difficiles à apprendre.

Au début, tous les étrangers étaient surpris par l'accueil chaleureux, voire ouvert, des hauts fonctionnaires qui les recevaient. Certains *gringos* avaient commis l'erreur de se considérer aussitôt comme leurs amis. Ce n'était pas si simple, avait constaté pour sa part Timothy. L'invitation à la résidence du directeur du Tourisme l'avait réellement surpris. Le bristol disait que le dîner était organisé en l'honneur du groupe de tibétologues français. Il était très désireux de les rencontrer, car il se demandait s'ils n'étaient pas sur la piste du même mystère que lui.

« Après tout, nous avons eu vent de l'affaire par une source française », songea-t-il en arrivant devant la maison de Dasho Jigme Tsering. L'hôtesse en personne, un petit bout de femme d'origine sikkimaise, lui ouvrit la porte. Deux yeux noirs étincelants l'examinèrent froidement, alors qu'un large sourire mettait en valeur des dents blanches.

— Mister Wiscott, je suppose, dit-elle tandis qu'il s'inclinait légèrement.

— Très honoré, madame, d'entendre que vous appréciez nos classiques. Ai-je l'air tellement britannique, au point d'être immédiatement reconnu ?

— Vous n'avez pas vraiment l'air bhoutanais ! fit-elle en riant. Je connais tous les Français de la ville. Les Suisses seraient habillés autrement. Ce sont vos chaussures qui vous ont trahi.

— Mes chaussures ?

— J'adore la candeur anglaise à propos des chaussures. J'ai l'impression que depuis que Robin des Bois a sauté de l'arbre sur le dos du vilain riche, l'évolution de la chaussure anglaise s'est définitivement arrêtée. Mais ne soyez pas offensé, je suis sûre que ces chaussures en daim doivent être très confortables.

Seule l'impeccable éducation anglaise de Timothy l'empêcha de se laisser aller à une comparaison, aussi brève fût-elle, des chaussures dans les deux pays. D'une inclination légère de la tête, il reconnut le sublime sens de l'humour de son hôtesse.

Une fois la porte refermée sur Wiscott, une ombre se faufila derrière un arbre vers un recoin sombre du mur. Sans bruit, l'apparition se glissa sous le toit ouvert. Rinchen Namgyal apprécia la particularité des maisons bhoutanaises de n'être pas hermétiquement fermées entre les murs et le toit. Comme un serpent, il rampa sur les madriers poussiéreux. Il s'arrêta au-dessus du salon. En posant l'oreille sur le plancher, il pouvait clairement distinguer la conversation en dessous. Avec des précautions infinies, il ôta un petit bout de planche entre deux lattes, se ménageant ainsi un petit aperçu sur ce qui se passait dans la pièce. Il remarqua un groupe d'Européens qui parlaient une langue qu'il ne comprenait pas.

Au bout d'un moment, il repéra l'Anglais qu'il avait suivi, entrant dans la chambre avec une assiette de nourriture dans une main et un verre de whisky dans l'autre. Il était en compagnie du directeur du Tourisme. Quand il fut présenté au groupe animé dans le coin, Rinchen saisit qu'il s'agissait des tibétologues français en visite au Bhoutan.

— Monsieur Wiscott, commença le professeur Machprot, je suis très heureux de rencontrer un citoyen du même continent dans un endroit si lointain.

— Nous sommes encore une île, même si nos gouvernements ont l'idée folle de rattacher la Grande-Bretagne au continent par un tunnel ridicule. Mais bien entendu, je suis tout à fait ravi de faire votre connaissance, madame, messieurs !

— Oh, c'est délicieux, vous parlez français ! s'exclama Adèle de Sainte-Fleur.

— En effet, mais je suis sûr que nos hôtes se sentiraient quelque peu exclus, n'est-ce pas, cher Dasho ? dit Timothy.

— Je le crains, je n'ai pas eu l'occasion jusqu'ici d'apprendre à m'exprimer couramment dans votre belle langue. Malheureusement, les visiteurs français sont encore rares dans notre pays. Nous espérons beaucoup que cela change prochainement. Vous savez sans doute que nous allons entreprendre un sérieux effort de relations publiques dans votre pays.

— Nous avons en effet beaucoup entendu parler de votre pays, se hasarda Jean Dupont. Il semble que le Bhoutan joue un rôle politique important dans la région.

— Nous sommes un petit pays strictement neutre, expliqua le directeur. Cela nous donne un avantage en tant que médiateur entre des camps opposés. Nous envisageons de tenir des réunions régulières entre ministres des Affaires étrangères des pays voisins dans notre capitale. Vous avez sans doute entendu parler des pourparlers de paix entre les parties belligérantes de Sri Lanka ici, à Thimphu. Malheureusement, jusqu'ici, les résultats ne sont pas très encourageants.

— Eux y perdent, pas le Bhoutan, releva simplement le professeur Machprot.

— Merci, professeur, dit le directeur. Mais nous ne sommes pas ici ce soir pour parler uniquement de politique. Asseyons-nous, et goûtez les mets que ma femme a préparés à notre intention.

Le petit groupe s'égailla sur les banquettes le long du mur. Devant chacune se trouvait un petit coffre finement ouvragé et délicatement peint, faisant office de table. Ils s'installèrent tout à fait à portée d'ouïe du visiteur non convié sous le toit.

— Puis-je vous demander, professeur, commença Timothy, si vous visitez le Bhoutan en touriste ou pour raisons professionnelles ?

— Bien entendu que vous pouvez ! Nous sommes tous trois tibétologues et nous travaillons à l'Institut national des langues et civilisations orientales. Quel meilleur endroit que le Bhoutan pour étudier les écrits du bouddhisme tantrique ? N'est-ce pas, chère Adèle ?

Elle s'efforçait désespérément de faire passer un morceau d'*ima datsi* affreusement épicé, un plat national à base de fromage de yack et de piment rouge. Le feu à la bouche et les larmes aux yeux empêchaient Adèle de se méfier des questions de l'Anglais.

Pour sa part, Timothy se battait, lui, tout aussi héroïquement avec un bout de gras de porc. Quelqu'un lui avait expliqué qu'au Bhoutan, la graisse blanche était considérée comme le meilleur morceau. Son hôte lui-même lui avait servi cette délicieuse spécialité. Il ne pouvait s'empêcher de soupçonner le directeur d'avoir choisi exprès le morceau garni de soies. Malgré sa lutte intérieure, la nervosité du directeur quand sa femme s'approcha pour lui chuchoter quelque chose à l'oreille, ne lui échappa point. Tandis que le directeur s'excusait et se levait, un curieux personnage entra dans la pièce. Il portait un *bakoo* gris, le vêtement bhoutanais masculin traditionnel. Ses cheveux étaient bleu-noir, contrastant étrangement avec un sourcil complètement blanc au-dessus de l'œil gauche. Ses yeux perçants s'abritaient mal derrière des lunettes à la monture en or.

Son attitude détendue avait la tranquille nonchalance d'une panthère noire. Tous les Bhoutanais se levèrent avec un bel ensemble et saluèrent d'une légère inclination de tête. Timothy se retrouva debout avant même de réaliser pourquoi.

— Mesdames et messieurs, annonça cérémonieusement le directeur, permettez-moi de vous présenter Son Excellence Dasho Lam Dorji, vice-président du Conseil royal.

Les genoux aristocratiques d'Adèle flageolèrent quand le ministre, en parfait gentleman, s'approcha pour la saluer, un léger sourire aux lèvres :

— Madame, c'est un vrai plaisir pour nous autres, simples Bhoutanais, d'avoir des érudits comme vous et le professeur Machprot en visite dans notre lointain royaume. Monsieur Dupont, nous apprécions hautement votre présence en tant que membre de l'ambassade de France au Népal.

Avec un sourire aimablement moqueur, il se tourna vers Timothy :

— Cher monsieur Wiscott, il fait bon savoir que nos anciens ennemis sont nos amis d'aujourd'hui. Je suis sûr que le meilleur sortira plutôt de la collaboration que de la confrontation entre nos deux pays. Prenez place, je vous prie. Nous autres Bhoutanais, nous aimons nous comporter simplement. Nous sommes entre amis ce soir.

Le ministre s'installa entre Adèle et Machprot. Il parut étrange à Wiscott qu'un ministre d'un rang aussi élevé vînt à une réception pour des visiteurs courants. Ce n'était certainement pas sa présence qui avait poussé le ministre à venir : après tout, il n'était qu'un fonctionnaire des Nations Unies.

A cet instant, un homme grand, avec une grande barbe blonde, entra dans la pièce. Un nez aquilin impressionnant saillait entre deux yeux bleus de glace, mais rieurs. Des mains énormes et des jambes pataudes sortaient du *bakoo* qu'il portait à la manière des indigènes. Il ne pouvait tout de même pas être bhoutanais. D'une voix tonitruante de baryton, il salua tout le monde à la cantonade.

— Tout à fait chez lui, le bonhomme, se dit Timothy. Il doit avoir passé quelque temps sur place pour se permettre pareil comportement.

— Bonsoir, sir. Je suis Hans Limonada, du projet suisse. Je suis forestier ici.

— Ravi de vous rencontrer. Je m'appelle Wiscott et travaille actuellement pour les Nations Unies, également dans le domaine forestier.

— Je sais, je sais, répondit Hans Limonada.

— Comment ça ?

— Oh, vous savez, nous autres Suisses, nous avons des espions partout. Nous sommes neutres, mais nous savons tout. N'est-ce pas, Dasho ? Racontez-lui un peu cette terrible *Swiss Connection* !

Visiblement amusé, le ministre confirma le propos, en ajoutant :

— Ça les rend si heureux de gober toutes les fausses informations dont nous les gavons chaque jour ! Cela les occupe, de papoter pendant les longues soirées tranquilles au Bumthang.

Timothy décida de tirer profit de la situation. Ce pourrait être l'occasion pour lui d'aller faire un tour au Bumthang sans éveiller les soupçons.

— Hans, pourquoi ne pas vous asseoir un instant et me parler un peu de votre travail là-bas ?

— Ce soir, je ne travaille pas, et vous voulez que je vous parle boulot ? Sur ces mots, le Suisse plongea le nez dans son assiette et s'absorba entièrement dans la nourriture. En dehors de grognements sporadiques, Timothy ne tira plus rien du forestier. Le ministre observait la scène avec un petit sourire. Wiscott faillit tomber de son siège quand Lam Dorji se tourna vers le Suisse :

— Hans, vous ne comprenez vraiment pas ce que notre ami anglais veut dire ? Pourquoi ne le pas le prendre avec vous pour lui montrer ce que vous faites au Bumthang ?

— Pourquoi ? Les Nations Unies ne travaillent pas au Bhoutan central !

— Oh, ça suffit ! Ne faites pas l'idiot ! Pour une fois qu'un expert a la curiosité de voir ce qui se passe à l'intérieur...

— Il doit être l'exception du siècle, maugréa Hans.

— Ne soyez pas si dur, dit le ministre. Il faut que je vous explique, monsieur Wiscott. Le Suisse pense qu'ils sont les seuls experts étrangers qui travaillent dans ce pays. Tous les autres, selon eux, ne sont que des ronds-de-cuir paresseux installés dans de confortables bureaux ici dans la capitale.

— Oh, vraiment ? s'exclama Timothy. En ce qui me concerne, je puis vous assurer que je suis très curieux de voyager et de voir tout ce qui se passe n'importe où.

— D'où vient cet intérêt ? interrogea le ministre d'une voix égale.

— C'est naturel dans mon domaine. Vous devez voir ce qui se passe sur le terrain. Sinon, toutes vos projections et l'ensemble de la planification ne sont que fantaisies et vœux pieux.

— Pas bête, concéda Hans. Où avez-vous déjà mis vos théories en pratique ?

« Doucement », se dit Timothy. Nous sommes en terrain glissant maintenant. Très sûr de lui, il répondit :

— En différents endroits, mais surtout en Afrique sub-tropicale.

Timothy espérait que cela serait assez loin de tout ce que pouvait connaître Hans à ce sujet.

— L'Afrique, quel beau continent ! Je l'aimais bien quand j'y travaillais !

Le cœur battant et un grand sourire aux lèvres, Timothy décida d'attaquer :

— C'est chic de trouver quelqu'un qui a la même expérience. Où avez-vous travaillé ?

— En Sierra Leone.

— Oh, ce doit être dur là-bas. Je n'ai jamais visité ce pays, car je travaillais assez loin, au Rwanda. L'Afrique est si vaste !

Wiscott était satisfait d'avoir mis quelques milliers de kilomètres entre leurs expériences passées.

— Rwanda, dites-vous. Dans ce cas, vous devez avoir connu Jürg Unterholz. C'est un de mes proches amis, qui travaille au ministère des Forêts. Je vais souvent lui rendre visite.

— Jürg Unterholz, vous dites. Oui, je pense avoir

entendu parler de lui, répondit prudemment Wiscott. Mais vous savez, en tant qu'homme de terrain, je n'avais pas grand-chose à faire au ministère.

— Mais tout le monde connaît Jürg, insista Hans. Il n'arrêtait pas de courir le pays. Je suis sûr que vous l'avez rencontré. Vous étiez quand là-bas ?

— Voyons, ça fait un bon bout de temps déjà. C'était dans les années 1974 ou 1975, je venais juste de terminer l'université.

— Il était au Rwanda à l'époque, persévéra le Suisse. Timothy commençait à se sentir réellement mal à l'aise quand la charmante hôtesse vint à sa rescousse.

— S'il vous plaît, messieurs, venez, servez-vous, prenez encore quelque chose !

— Avec plaisir, madame, dit Timothy en se levant et en se dirigeant tout droit vers le buffet dans la pièce voisine.

— Dasho, ce type-là ne ressemble guère à un forestier de terrain, si vous voulez mon avis, fit le Suisse au ministre.

— Je ne vous ai rien demandé, répliqua en riant Lam Dorji, mais puisque vous me le donnez, je suis d'accord avec vous. Il nous embarrasse un peu, mais il n'a pas l'air d'un mauvais bougre. S'il est vraiment curieux de voyager dans le pays, nous devons l'encourager, vous ne croyez pas ?

— Bof, probablement encore un de ces experts de l'ONU qui veut faire du tourisme à bon compte dans votre pays !

— Hans, vous êtes vraiment sévère ! Pourquoi ne pas lui donner sa chance ? Montrez-lui ce que vous faites ! Observez ses réactions et faites-le-moi savoir !

— Donc, vous autorisez vous-même son voyage au Bumthang ?

— Non, non ! Ne vous méprenez pas ! Je ne prends aucun intérêt personnel à son travail. Je parlais de l'intérêt général pour mon pays. Il doit obtenir son permis auprès du directeur des Forêts.

— Bon, Dasho, comme vous voulez, répondit Hans en se retranchant maussadement derrière son assiette.

A son retour de l'autre pièce, Timothy trouva Machprot et le ministre engagés dans une conversation animée.

— Comment se fait-il, cher professeur, que notre culture bouddhiste éveille un tel intérêt dans des pays comme la France, les Etats-Unis et ailleurs en Occident ? Vous avez assez de culture et d'histoire pour vous occuper. En outre, vos progrès scientifiques devraient vous rendre sceptiques à propos de toutes ces histoires mystiques que vous pouvez entendre dans nos parages.

— C'est vrai que nous avons assez de matériel historique et culturel en France, admit le professeur. Je ne sais si c'est aussi valable pour les Etats-Unis. Mais de toute manière, il y a d'autres chercheurs dans mon pays qui s'occupent de notre culture. Cela me laisse libre de venir ici et de m'intéresser à votre histoire.

— Vous allez bientôt parler comme un véritable Bhoutanais, dit le ministre en riant, sans jamais dire la vraie raison de vos actions. Réellement, cher professeur, je me suis souvent demandé d'où vient l'attirance de l'esprit occidental pour notre culture.

— Peut-être n'est-ce pas seulement l'esprit qui est intéressé. Bien sûr, étant un chercheur, je fonctionne beaucoup avec mon esprit analytique quand j'étudie, disons, des *mantras*. Mais il y a d'autres aspects de ma personnalité qui sont touchés par ce que mes yeux voient. Je doute que la compréhension véritable vienne uniquement de l'esprit.

— Que veut dire « la compréhension véritable » pour vous ? interrogea Lam Dorji avec une étincelle amusée dans son regard noir.

— Le définir en une ou deux phrases est impossible, argumenta Machprot. Cela a quelque chose à voir avec l'audition et la vue, réellement.

— Cela ne nous avance guère plus, insista le ministre.

— Je pense que si. Et de surcroît, je sens que vous savez exactement ce que je veux dire. Vous me mettez à l'épreuve.

— Je n'oserais pas, cher ami, fit le ministre.

— Oh, et pourquoi pas ? En tant qu'ami, vous le pouvez. Sinon, ce serait quoi, l'amitié ? N'est-ce pas se faire pleinement comprendre de l'autre ?

— Parfaitement. Mais continuez, s'il vous plaît.

— Peut-être serait-il bon de définir d'abord les mots employés, poursuivit le professeur Machprot. *Primo*, qu'est-ce que signifie réellement « réel », si je puis m'exprimer ainsi ? La plupart des gens, du moins en Occident, le perçoivent comme une sensation qu'ils peuvent expérimenter sur-le-champ, quand quelque chose se passe en leur présence. Ils conviendront également que leurs propres sentiments ont un haut degré de réalité. Ils concéderont aussi que des événements se déroulant dans leur entourage immédiat sont réels, s'ils sont rapportés de bonne source. Je pense que le concept de réalité s'étend à peu près jusque-là pour la plupart des gens. De plus, dans ce cadre-là, ils demandent des garanties que l'information dont ils disposent est vraiment vraie. Divers systèmes d'appréciation ont été élaborés à cet effet. L'information doit avoir un degré élevé de vraisemblance, c'est-à-dire qu'elle doit correspondre au réseau général de références représenté par l'expérience quotidienne. L'information doit aussi être contrôlable par des sources indépendantes. En science, différentes personnes doivent pouvoir la reproduire. Les mesures quantitatives de l'information doivent toujours être les mêmes. Cela nous mène à un point intéressant. Pour la science occidentale, les nombres ont un plus haut degré de vraisemblance que le constat purement qualitatif. Ce qui impose à la science, soit dit en passant, une approche réductrice. Une mesure quantitative fiable n'est possible qu'en situation d'isolement, quand l'objet de l'expérimentation est fixé de telle manière que toutes les variables, à l'exception de celle étudiée, sont connues. Bien entendu, cela prive la science du droit à proclamer qu'elle étudie la réalité, puisque par définition, l'objet expérimental n'est plus un système sans interférence. Ce n'est plus la réalité qui existait avant que l'observateur ne s'en mêle.

Un peu fatigué, le professeur se pencha et but une longue gorgée.

— Peut-être suis-je d'accord avec vous. Mais d'un autre côté, cette approche par une observation empirique réductrice a mené la science occidentale assez loin, objecta le ministre.

— C'est vrai, concéda Machprot. Mais nous parlons de la réalité et de ce qu'elle est. Je soulignais simplement que la prétention de la science occidentale à étudier la réalité ne tient pas, en dernière analyse. L'un de nos plus grands physiciens, Werner Heisenberg, qui a découvert le principe d'incertitude en physique quantique, le relève dans son livre *Physique et Philosophie*, quand il rappelle que nous devons nous souvenir que ce que nous observons n'est pas la nature en elle-même, mais la nature exposée à notre méthode de questionnement. Cela fonctionne assez bien pour ce qui est des systèmes macroscopiques homogènes. Mais dès que vous commencez à étudier des structures plus complexes comme les cellules vivantes ou même des organismes entiers, comme en médecine, vous vous heurtez rapidement à la faiblesse inhérente à ce genre d'approche. Sa propre logique interne le met en lumière. Supposons que vous étudiiez un fragment de système, comme par exemple la réaction d'une cellule musculaire à un médicament.

Durant l'acte d'observation et de mesure, vous commettrez inévitablement des erreurs dues à l'imprécision des moyens de mesure. Quand vous entreprenez la phase suivante de votre travail, c'est-à-dire quand vous essayez d'intégrer vos résultats dans un système plus vaste, mettons, un muscle ou un quelconque organe comme le cœur, par exemple, cela ne va pas seulement multiplier vos résultats, mais également les petites erreurs, commises en connaissance ou non de cause. C'est ce que l'on peut appeler l'amplification de l'erreur interne du système d'observation.

L'amplification de l'erreur extérieure vient de ce que nous avons mentionné auparavant : le fait de séparer une partie de l'ensemble la fait réagir différemment. Cela peut expliquer pourquoi les résultats ainsi obtenus ne s'adaptent pas toujours à la réalité dans son environnement naturel. Dans mon exemple, le cœur des patients n'a pas toujours les mêmes réactions que des cuisses de grenouille. Parfois, il saute plus haut.

A ces propos, le silence respectueux se brisa en un rire bref. Cela donna à l'ombre sous le toit l'occasion désespérément attendue de changer enfin de position. L'homme ne sentait plus ses bras. Son regard glissa par le petit espace ménagé entre le toit et la maison, qui lui permettait de surveiller à la fois le jardin et l'entrée donnant sur la route. Il remarqua le point rouge d'une cigarette de l'autre côté, derrière un fourré de chanvre sauvage. La silhouette était là-bas depuis un bon bout de temps. Etait-ce le chauffeur de l'un des invités ? Il ne se souvenait plus d'avoir vu quelqu'un là quand il était arrivé. Dans la mesure où ladite personne ne manifestait pas la moindre velléité de s'approcher de la maison, il décida de ne pas s'en préoccuper. Au-dessous de lui, la discussion avait repris, et le ministre tapotait le bras de Machprot :

— Vous êtes terriblement sévère avec les vôtres. Votre civilisation a donné au monde des gens comme Beethoven et Einstein !

— Bon, Beethoven a vécu à une époque où la science n'avait pas encore atteint le pouvoir culturel qu'elle détient aujourd'hui. Pour ce qui est d'Einstein, je voudrais juste souligner qu'il est toujours resté quelqu'un de profondément religieux. Contre toutes les évidences de la physique nucléaire moderne, en particulier de la théorie quantique, il a proclamé qu'il ne croyait pas que Dieu jouât aux dés.

— Il est véritablement remarquable qu'un scientifique comme Einstein ait donné la primauté à ses convictions religieuses sur sa compréhension du monde matériel en tant que physicien, réfléchit Lam Dorji. Croyez-vous qu'il ait entrevu une autre réalité ?

— Franchement, je ne sais pas. Pour autant que je sache, rien de ce genre n'est mentionné dans aucune de ses publications. Il est possible que ce grand bonhomme soit parvenu à ce constat surprenant simplement par intuition, ce qui me ramène au point dont nous discutions. Quels sont les instruments avec lesquels nous appréhendons la réalité ? Je parlais de l'esprit. De l'esprit conscient, naturellement. Tout de suite surgit une sérieuse difficulté. Qu'est-ce que l'esprit, qu'est-ce que la conscience ? Je crains cependant que cette discussion ne nous mène trop loin. Plus encore, ce doit être plutôt ennuyeux pour la plupart d'entre vous d'écouter pareil galimatias philosophique.

— Je ne pense pas que ce soit du galimatias. Cela ne nous mène pas trop loin. Il me semble au contraire que nous nous centrons sur le point crucial, objecta le ministre.

— Je suis parfaitement d'accord avec vous, dit Machprot, mais j'ai le sentiment qu'une discussion sur l'esprit et la conscience serait bien mieux conduite par quelqu'un d'origine bouddhiste, comme vous, sir.

— Ha ha, vous m'avez pris au piège. Vous attendez de moi que je fasse votre travail, n'est-ce pas ?

— Ce n'est pas mon travail. C'est notre travail à tous. Mais je suis sûr que vous en savez beaucoup plus long que je n'en saurai jamais.

— Vous me flattez, cher professeur. Si quelqu'un me sert un bon whisky très terre à terre bien tassé, j'essayerai d'explorer ces domaines purement spirituels.

Se calant sur son siège, Lam Dorji reprit :

— La plupart d'entre vous réalisent aisément que pareil sujet ne saurait être épuisé en une soirée. Il a fallu une vie entière au grand Milarepa pour percer ces secrets. Dans le merveilleux *Gur Bum*, les *Cent mille Chants*, son combat pour se libérer du leurre du *samsâra*, notre monde des illusions, est superbement décrit. Laissez-moi vous dire la réponse qu'il donna à l'envieux Lama Geshe Tsakpuhwa, qui avait tenté de l'empoisonner :

Tendez sans relâche vers la purification
Dissipez l'ignorance et accumulez les mérites.
Si vous le faites, vous verrez non seulement
Les dieux qui aiment le dharma venir écouter,
Mais vous percevrez jusqu'en vous-même
Le Dharmakaya, le plus élevé et le plus saint parmi les dieux.
Si vous voyez cela, vous verrez également
Toute la vérité du Samsâra et du Nirvâna
Et vous vous libérerez vous-même du karma.

En ces quelques vers concis, le maître nous donne une splendide explication de l'effort nécessaire pour gravir les échelons les plus hauts d'abord vers l'éveil, puis vers l'illumination. A la fin ou au début, appelez-le comme vous voulez, il y a d'abord l'état de perception totale et la dissolution du corps terrestre dans le Vide qui comprend tout, qui nous libère définitivement du *karma*.

Buvant une gorgée, le ministre sourit avec indulgence :

— Je suis désolé de ce raccourci un peu bref, si je puis dire, de la philosophie bouddhiste. Pour ceux qui ne sont pas familiers avec le sujet, je voudrais juste relever un point essentiel lié à notre discussion. Il existe différents niveaux de conscience. Selon ces niveaux, la perception de la réalité change. En même temps, la qualité elle-même d'être humain subit un grand changement. Cela signifie en essence que, dans le processus d'acquisition de la Connaissance suprême de la réalité ultime, la réalité elle-même et l'instrument d'exploration, c'est-à-dire l'esprit, subissent un changement fondamental.

— Merveilleux, très cher et respecté ami ! s'exclama Machprot. Je savais que vous aviez parfaitement compris mon point de vue. Je crois que vous saviez aussi pourquoi je m'intéresse à votre culture.

— Vous pensez que je sais réellement pourquoi vous vous intéressez à nous ? interrogea le ministre, le visage de marbre. Il fallut toute sa maîtrise de soi à Machprot pour répondre avec entrain :

— Bien sûr, quelqu'un comme vous, qui a une connaissance aussi intime de la beauté de vos enseignements, doit comprendre l'admiration qu'un homme d'une autre culture peut ressentir à leur égard.

— Joliment dit, professeur, concéda le ministre en inclinant légèrement la tête. Machprot se cacha le visage derrière son verre levé et soupira, tandis que son interlocuteur poursuivait :

— Dans la mesure où vous portez un tel intérêt à notre culture, je pense que vous devriez avoir la possibilité de visiter d'autres régions de notre pays. Que diriez-vous d'un voyage dans le Bhoutan central, où notre grand Guru Rimpoché a vécu pendant onze ans ?

— Vous voulez dire au Bumthang ? Adèle ne put dissimuler sa surprise.

— Parfaitement, madame. C'est un endroit particulièrement sacré qui a une tradition très riche.

— Ce serait en effet fort intéressant pour nos recherches, se mêla Jean Dupont.

Hans Limonada eut du mal à dissimuler un petit sourire. C'était la seconde invitation à visiter le Bumthang lancée ce soir par le ministre. Tout à fait inhabituel, dans la mesure où le gouvernement n'était jamais très chaud dès qu'il s'agissait de voir trop d'étrangers s'égailler dans la nature. Se penchant vers le directeur du Tourisme, le ministre demanda :

— Y aurait-il des véhicules et des guides disponibles à votre département pour nos amis français ?

— Je suis sûr de pouvoir arranger quelque chose. Quand aimeriez-vous partir ?

— Aussi rapidement que possible, peut-être même cette semaine.

« Dans ce cas-là, songea Timothy, je ferais mieux de me bouger, moi aussi. » Se penchant vers le forestier suisse, il l'interrogea :

— Quand comptez-vous partir pour le Bumthang, Hans ?

— Probablement dans les trois jours. Vous voulez venir avec moi ?

— J'aimerais beaucoup, mais avant, il faut que j'obtienne un sauf-conduit de mon département.

— C'est la première chose à faire dès demain matin.

Pareille démarche peut parfois demander beaucoup de temps pour être acceptée. Mieux vaut demander personnellement au directeur. Je vais le voir demain matin. Dois-je lui en parler ?

— Oh, vous feriez ça pour moi ? Ce serait rudement gentil de votre part !

— OK, Timothy, je crois qu'il est temps pour moi de me retirer et d'aller dormir quelques heures. Je vous appellerai demain. Bonne nuit.

Suivant l'exemple du Suisse, les autres invités s'apprêtèrent eux aussi à partir.

L'homme sous le toit tira avantage du bruit, se glissant silencieusement et rapidement sous l'auvent, pour se laisser ensuite tomber sur le sol et disparaître dans la nuit noire.

Ajit Singh était troublé par ce qu'il avait vu dans la maison du directeur du Tourisme. Etait-ce pure coïncidence que l'Anglais ait été invité avec le groupe français ? Après tout, c'était l'ambassadeur de France qui avait informé le planteur anglais. Il décida de surveiller désormais les deux groupes. Mais pour cela, il avait besoin d'aide.

« Quelle poisse ! songea-t-il. Je devrai demander au commandant de la Task Force. Il me déteste parce que je peux lui donner des ordres. »

Ajit s'en voulait à mort de s'être laissé surprendre par l'Anglais alors qu'il inspectait sa voiture devant le magasin Tashi. C'était idiot et superflu. Une simple curiosité non professionnelle l'y avait poussé. Il aurait dû se tenir à l'écart du chemin de Wiscott.

A en croire des informations fournies par la Maison de l'Inde, l'Anglais semblait occuper des fonctions importantes au département des Forêts. Les forêts constituaient la principale ressource naturelle du Bhoutan, ce qui n'était guère surprenant, compte tenu de leur nombre. Dans les jungles du Sud, il y avait des essences tropicales précieuses, dans les régions d'altitude du nord du pays, le bois de construction, comme le pin bleu par exemple, abondait.

« Pas mal joué pour Wiscott de poser à l'expert forestier, songea Ajit. Ça lui donne la possibilité de voyager partout sans éveiller de soupçons. J'espère qu'il ne tardera pas à prendre la route. »

Le plus vite serait le mieux pour Ajit, dont la présence à la Task Force sans fonction bien définie commençait à faire problème. Nombre de ses collègues officiers le questionnaient chaque jour sur son travail. Ils ne croyaient pas vraiment ses vagues explications concernant une étude sur l'organisation de leur équipe. Il craignait que certains renseignements ne parviennent aux autorités bhoutanaises. Les Indiens avaient beau vivre séparés des autochtones, il était sûr que les Bhoutanais avaient des informations précises quant à leurs activités. Bien entendu, tout le monde appréciait l'amitié indo-bhoutanaise, mais il ne fallait pas oublier que les Indiens formaient un élément étranger dans le pays.

Il n'avait pas cessé de vérifier son équipement au cours des deux dernières semaines. Il était prêt à partir sur-le-champ. Un poste d'observation discret avait été mis en place au-dessus de la bifurcation où la grand-route vers l'est du pays quittait la vallée de la capitale. Il était en contact radio constant avec les gardes là-bas. Encore heureux pour lui que les Indiens aient un entrepôt dans le coin. Le prétexte officiel était la nécessité d'une surveillance plus étroite des équipements stockés, en raison de sabotages effectués par des activistes sikhs.

La présence de l'ingénieur suisse à la soirée avait rendu Ajit nerveux. Pour Wiscott, c'était l'occasion idéale d'arranger un voyage au Bumthang. Il décida de renforcer la surveillance de Timothy.

Installé dans un coin de la pâtisserie suisse, Timothy Wiscott tapotait impatiemment sur la table. La structure ronde du restaurant, contrastant avec les autres maisons de la capitale, avait été bâtie par Franz, un Suisse qui vivait dans le pays depuis des lustres. C'était le seul endroit de la capitale qui ressemblait vaguement à un salon de thé. Derrière le comptoir aux allures européennes, le patron s'activait à ranger des pâtisseries, dont nul ne se serait aventuré à dire l'âge.

Une bruyante musique de rock'n roll martelait les oreilles de Wiscott. Seule la présence de quelques adolescents en *bakoo* lui rappelait qu'il était toujours au Bhoutan. Jetant un coup d'œil par la fenêtre, il se demandait où pouvait bien être Hans Limonada. Le grand Tibétain au coupe-vent rouge sombre était encore sur le pas de porte du restaurant.

« Ça suffit ! Pas d'agitation, se gourmanda-t-il. Tu deviens parano ! »

A midi, la jeep du forestier suisse se montra enfin. Le Tibétain s'effaça.

« Autre coïncidence sans signification ? » s'interrogea Timothy.

Ses pensées furent rapidement dissipées par l'entrée bruyante du Suisse.

— Salut, vieux Franz, comment va ta pâtisserie ? Hans riait en lui envoyant de grandes claques dans le dos, presque à lui déplacer le poumon. Au bout de trente secondes d'asphyxie, Franz souffla faiblement :

— Très bien jusqu'à il y a une minute. J'espère pouvoir glisser une pilule de strychnine dans ton assiette très bientôt.

— Dépêche-toi, alors, sinon ta bouffe aura vite fait de faire le boulot, même sans strychnine ! Oh, ça va, pousse pas cette gueule, tu vas attraper des rides !

Sur cette remarque, les deux hommes éclatèrent de rire et échangèrent une solide poignée de mains.

— Donc, te voilà à nouveau en ville. En train d'expliquer à tout le monde au département comment poussent les arbres ? Ou bien quelque affaire inavouable ? taquina Franz.

— Toujours aimable, comme d'habitude ! T'es maintenant un membre à part entière des services secrets bhoutanais, ou bien continuent-ils de te payer en indépendant ?

— Comme si quelqu'un se souciait de ce que tu fais !

— Alors pourquoi demander, vieux renard ? Mais je vais quand même te le dire. Nous avons produit ce mois-ci trop de sciure au Bumthang.

— Vraiment ?

— Tout à fait, et je me demandais si tu ne voulais pas en acheter pour ta pâtisserie, à un prix très raisonnable, bien entendu.

— Très drôle. Pourquoi ne pas t'en fourrer sous ton crâne ? Les os là-dedans doivent se sentir bien seuls sans cervelle pour leur tenir compagnie !

Avec un large sourire, Limonada se dirigea vers la table de Timothy, où il s'assit.

— Désolé de vous avoir fait attendre. Le directeur était en retard ce matin.

— Salut, Hans. Pas de mal, je suis content de vous voir. Etait-il si occupé ?

— Hmm, je ne sais pas. Ça s'agitait un peu au bureau.

— Je vois. Il semble que c'est courant ici, non ?

— Ce matin, c'était particulier, à ce que j'ai pu comprendre.

— C'est-à-dire ?

— Son secrétaire m'a dit qu'il avait été appelé au palais royal sans crier gare.

— Vraiment ? Cela n'arrive pas très souvent ?

— Juste, mais d'ordinaire, ils savent pourquoi, ou bien on leur donne une raison pour qu'ils prennent avec eux les documents nécessaires.

— Et aujourd'hui, c'était différent ?

— Et comment ! D'abord, on a ordonné au directeur de tout laisser tomber et on ne lui a rien dit de plus. Quand il est revenu, il semblait agité, alors que d'habitude, il est toujours très cérémonieux.

— Peut-être quelque problème urgent requérant une décision immédiate ?

— Mais quoi ? Avez-vous entendu parler de problèmes importants à votre département ?

— Non, pas que je sache, tout va bien.

— Bon, je pense que nous n'allons pas trouver,

réfléchit Limonada, en se calant sur sa chaise. Avez-vous déjà mangé ?

— Non, je vous attendais. Pourquoi ne pas commander quelque chose avant que votre sciure n'arrive ?

— D'accord, si vous insistez. Eh, Franz, cria-t-il, as-tu quelque chose ressemblant de près ou de loin à un truc mangeable dans ta cuisine, qui soit digne de nos distingués palais ?

— Oui, du papier de toilette !

— Bon, j'ai toujours su que tu avais de la merde là-bas. Sinon, pourquoi du papier de toilette à la cuisine !

Malgré ces considérations de gourmet, les deux hommes se penchèrent ravis sur leurs pâtes fraîches, une spécialité de la maison, servies avec une sauce épicée au chili et au fromage. Des larmes plein les yeux, Timothy s'exclama :

— Que c'est bon ! Je crois qu'il me faudra encore un peu de temps pour m'habituer aux épices d'ici. Comment faites-vous pour manger sans pleurer ?

— Il m'a fallu six mois avant que mes muqueuses s'habituent à ces assauts.

Submergé par ces délicatesses, Timothy se retira dans le silence et s'efforça de calmer l'incendie avec un torrent de bière.

— Vous savez, Timothy, la chose la plus étrange ce matin, c'est que votre requête d'aller au Bumthang ait été immédiatement acceptée.

— En quoi est-ce si étrange ? interrogea Wiscott.

— Vous n'êtes pas ici depuis très longtemps. D'habitude, le gouvernement n'aime pas beaucoup voir le personnel des Nations Unies filer dans la nature.

— Pourtant, mon travail exige que j'aille sur le terrain, insista Timothy.

— Ils ne s'en soucient guère, car ils veulent mener le bal eux-mêmes. Mieux un expert étranger connaît le pays, plus il avance de propositions d'amélioration. Pis encore, il rédige d'ordinaire un rapport sur ses brillantes idées, ce qui donne la migraine à chacun. Le gouvernement dispose déjà de plus de propositions qu'il ne peut en réaliser. Chaque fois, il doit trouver une excuse polie pour calmer les ardeurs de l'expert étranger. Croyez-moi, je sais de quoi je parle. Au début, chaque fois que je rencontrais le directeur des Forêts, je lui soumettais une nouvelle idée brillante. Un soir, après plusieurs whiskies, il m'a dit que chaque fois qu'il me voyait, il avait l'impression de rencontrer un prêtre. Et d'ajouter que son âme immortelle comme son estomac mortel n'acceptaient qu'une quantité limitée de prêche... Depuis, je ne donne mon avis que quand on me le demande.

— Donc, vous considérez mon sauf-conduit pour le Bumthang comme assez exceptionnel.

— Presque suspect, dirais-je.

— Pourquoi serait-il suspect ? interrogea Wiscott avec un léger sentiment de malaise.

— Je me demande ce que vous faites réellement. Vous ne donnez pas l'impression d'être un forestier. Quel genre de travail faites-vous donc ?

Se sentant au pied du mur, Timothy décida de bluffer :

— Disons que vous n'avez pas tout à fait tort, en un sens. Bien que spécialisé dans ce domaine, je travaille plutôt sur l'aspect commercial. Je n'ai jamais vraiment été un homme de terrain.

— Et que faites-vous ici au Bhoutan ?
— Le directeur ne vous l'a pas dit ?
— Non.
— On m'a demandé une étude de faisabilité pour une fabrique de bois au Bumthang, avec plusieurs options.
— Comme quoi, par exemple ? insista le Suisse, méfiant.
— Mettons une fabrique soit de produits finis comme des meubles, soit pour la transformation comme la production de poutres, de madriers ou d'agglomérés.
— Et pourquoi le directeur serait-il tellement pressé de vous envoyer là-bas ?
— Je ne sais pas, peut-être quelque pression du ministère des Finances pour accélérer le développement d'industries pouvant générer des devises.
— Vous ne comprenez pas vraiment comment fonctionne le gouvernement ici. S'il y avait eu initiative des Finances, le directeur des Forêts l'aurait su. Il a au moins plusieurs amis aux Finances, comme d'ailleurs les Finances ont des amis dans son département. Ici, tout est plus ou moins public. Une seule exception, le roi. Il a autour de lui une poignée de conseillers pratiquement muets. Il est incroyablement bien informé de tout ce qui se passe dans le pays, mais rien ne filtre de son cercle fermé de conseillers. Maintenant, quelle conclusion en tirez-vous ?
— Je ne comprends pas réellement où vous voulez en venir, dit Timothy.
— Ne faites pas l'idiot ! Pour moi, il est clair que le directeur des Forêts a été convoqué par le roi pour s'entendre ordonner de vous donner le feu vert pour le Bumthang.

— Ha, ha, quelle bonne blague ! Vous êtes complètement à côté de vos pompes ! Pourquoi ciel Sa Majesté s'intéresserait à ce que je fais ici ?

— C'est précisément ce que je me demande depuis que j'ai quitté le bureau ce matin.

— Oh, ça suffit, vous êtes grotesque ! Je crois que vous devenez parano !

Un peu surpris par l'éclat du jeune Anglais, Hans Limonada s'empressa de calmer les vagues en arrondissant les angles.

— Bon, ça va, surtout il ne faut pas s'en faire. J'avançais juste une hypothèse. C'cst sûr que cela paraît fort peu probable. Oublions tout cela et soyez heureux d'avoir obtenu votre laisser-passer.

Timothy était fort préoccupé par les suppositions du Suisse. Quelque chose aurait-il filtré au sujet de sa mission ? Visiblement très calme, il répliqua :

— D'accord. Quand pensez-vous partir pour le Bumthang, Hans ?

— J'imaginais repartir après-demain. Seriez-vous d'accord ?

— Absolument parfait ! Il semble que nous voyagerons le même jour que le groupe français. Ils paraissent très gentils et intéressants, vous ne pensez pas ?

— Hum, j'espère seulement que ce ne sont pas des imbéciles heureux qui viennent souvent au Bumthang sur invitation spéciale. Je me souviens d'un groupe de Canadiens bouddhistes d'occasion qui ont visité notre hôpital au Bumthang. L'une des bonnes dames a demandé au médecin suisse comment les moines se rendaient d'un monastère à l'autre. Il lui a répondu que les plus jeunes allaient à pied, et que pour les autres, le gouvernement mettait des camions à leur disposition. Quant aux plus âgés et aux plus sages, ils voyageaient en lévitation... Comme il était extrêmement sérieux, qu'il était médecin et suisse de surcroît, elle a joyeusement pris cette boutade pour argent comptant, ravie d'avoir raison dans ses croyances mystiques. Et le médecin n'a pas eu la cruauté de jeter la moindre ombre sur son bonheur.

— Vous ne semblez pas très porté sur le mysticisme, Hans, sourit Wiscott.

— Pas vraiment. Mais vous pourriez être surpris par les histoires que racontent les gens du Bumthang à propos d'événements étranges, répondit Hans à l'affût d'une éventuelle réaction de Timothy.

— Vraiment ? Mais n'est-ce pas un peu comme ça dans tous les coins perdus ? Ceux qui vivent isolés adorent les légendes.

— Hum, je crois que vous avez raison. De toute façon, il faut songer aux choses pratiques. Serez-vous prêt à partir après-demain ?

— J'espère. Dois-je prévoir quelque chose de particulier ?

— Tout ce dont vous avez besoin pour votre confort personnel. A cette époque de l'année, les routes sont en bon état. Si nous partons tôt, nous pouvons arriver au Bumthang en une journée.

— Pas de problème pour moi.

— Parfait donc. Je crois que je dois encore acheter quelques bricoles. A bientôt.

— Au revoir, Hans.

Timothy régla l'addition et quitta le restaurant. L'homme au coupe-vent n'était plus dans les parages.

La maison était complètement isolée. Pas le moindre village aux alentours pour semer le trouble sur le lieu de rencontre dans la vallée déserte à dix kilomètres au nord de Thimphu. Impossible d'y parvenir sans être repéré par les sentinelles des gardes royaux. Ils formaient une unité d'élite dont aucun rapport officiel ne mentionnait l'existence. Chacun de ses hommes avait été personnellement choisi par le roi lui-même. Nul à l'extérieur ne savait quoi que ce soit au sujet de cette unité spéciale qui ne recevait d'ordres que de son commandant et du roi. Ses hommes avaient été entraînés au sein des unités de combat les plus prestigieuses en Allemagne, en France et au Japon. L'équipement de communication le plus sophistiqué faisait partie du barda personnel de chacun. Leurs armes aussi étaient particulières, car ils préféraient utiliser des moyens n'attirant pas l'attention sur eux. Le vieux maître Ninja y avait pourvu. Leur dévotion à leur roi était sans limite, qui faisait de l'unité des Tigres un redoutable instrument.

La vieille jeep avait été arrêtée une seule fois. Ils savaient que leur roi avait choisi un vieux véhicule pour quitter la capitale sans se faire remarquer. Mais c'était de leur devoir de s'assurer que nul n'approche sans autorisation du lieu de la rencontre. Les ordres avaient été très clairs, presque inquiétants. Il semblait bien que l'unité aille au-devant de sa destinée. Ils étaient la colonne vertébrale de l'opération Tigre, activée il y a deux mois. Depuis lors, tous les hommes de l'unité d'élite avaient vécu en état d'alerte maximum. L'entraînement avait été intensifié, les communications dans l'ensemble du pays soigneusement vérifiées, et toutes les planques inspectées.

Pendant que la vieille jeep s'approchait de la maison, les diverses sections se resserraient en petit cercle autour d'elle. Quand la voiture arriva devant le bâtiment, tout le secteur était coupé du monde extérieur par un mur invisible et mortel d'hommes déterminés. Vêtu d'un *bakoo* élimé, des sandales aux pieds et un chapeau de feutre masquant presque son visage, le roi sortit de la jeep. Il fut suivi à l'intérieur par le commandant, les chefs de section et leurs lieutenants. Un silence respectueux régnait tandis qu'il prenait place sous le beau *thangka* de Guru Rimpoché dans l'un de ses aspects courroucés, montant son « véhicule » préféré, le Tigre divin.

— La réunion de ce soir sera un événements très exceptionnel dans l'histoire du Bhoutan et de cette unité, commença le Druk Gyalpo, comme les Bhoutanais appellent leur souverain. Vous savez l'importance accordée au secret, en ce qui concerne vos activités. Le temps est venu de vous informer plus en détail de la tâche qui vous attend. Il n'est pas encore possible de vous révéler le plan dans son entier. Laissez-moi cependant vous dire ceci : vous prendrez part à des événements aux conséquences les plus considérables pour l'humanité. Je n'exagère pas, comme le temps en témoignera. C'est avec la plus profonde conviction d'aider à préserver la vie et le bonheur sur cette planète que j'ai décidé de mettre en branle le plan Tigre. Moi, votre roi, je le jure solennellement.

Un frisson parcourut les hommes. Jamais auparavant ils n'avaient vu leur chef aussi grave et préoccupé.

— Votre unité a été créée dans le plus grand secret par mon père pour accomplir une seule et unique mission. Le temps est venu de le faire. Ce soir, c'est la première fois que les Tigres sont tous réunis en un même lieu. Il vous est demandé de remplir le rôle qui vous a été assigné à l'origine. Vous êtes tenus par un serment sacré de ne jamais révéler un mot de ce que vous savez, et de sacrifier votre vie, si besoin en est.

De ses yeux noirs et pénétrants, le monarque scruta chacun des hommes, à la recherche de la moindre hésitation ou d'une ombre de malaise. Son regard ne rencontra que calme et détermination dans l'attitude et sur les visages des soldats rassemblés autour de lui.

— Depuis des temps immémoriaux, cette contrée a toujours été un endroit particulier. Les vallées isolées étaient idéales pour cacher des choses importantes à la curiosité du monde. Ma famille s'est vu confier la garde de l'un des secrets les plus stupéfiants dont puisse rêver l'humanité.

Dans un silence absolu, personne ne bougeait.

— Récemment, il est venu à notre attention que des puissances étrangères étaient intéressées par ce secret. Nous ne savons pas avec précision comment cette connaissance leur est venue. Bien que nous en soyons les gardiens, nous ne sommes pas les seuls à connaître l'existence de ce secret. Dans la mesure où il est ancien, il est concevable que des fuites aient eu lieu il y a des générations.

Nous sommes maintenant au point où ces puissances étrangères ont envoyé leurs agents dans notre pays. Votre rôle sera de veiller à ce que le secret ne soit pas divulgué à ceux qui ne doivent pas le connaître. C'est cela, le plan Tigre. Vous mènerez cette opération sous mon commandement direct.

Sans déceler la moindre émotion sur les visages impassibles, le roi pouvait juger à la respiration de ses hommes combien ils étaient profondément émus. Il lui fallut toute la soirée pour expliquer minutieusement les détails du plan. Chaque section devait être mise au courant avec le plus grand soin de son rôle précis. Quand il fut convaincu que tout avait bien été compris, il renvoya ses hommes et regagna la capitale dans sa vieille jeep.

Le chef des gardiens de yacks se sentait mal à l'aise dans son nouveau rôle. Des jours durant, ils avaient laissé leurs beaux animaux paître et se repaître sur la rive austère du lac glaciaire. A cette époque de l'année, la végétation abondait. Des fleurs rouges, jaunes et bleu sombre émergeaient de l'herbe épaissie par les pluies de mousson. Le froid ne s'était pas encore manifesté bien qu'ils fussent à près de 3 000 mètres d'altitude. L'air sec et parfaitement clair de la montagne enveloppait le superbe paysage dans un état de paix absolue.

Pourtant, cette harmonie ne pénétrait pas le cœur de Norbu Gyaltsen. Ce n'était ni le voyage ni la mission en tant que telle, mais la lenteur des animaux qui le rendait nerveux. Il aurait éclaté de rire si quelqu'un lui avait prédit qu'un jour, il se retrouverait chef de gardiens de yacks. Après tout, ce n'était pas en vue de ce genre d'activités qu'il avait été entraîné à l'école militaire de

Pékin. Un officier de renseignements était néanmoins supposé se glisser dans n'importe quel rôle assigné par ses supérieurs.

Ses hommes avaient montré la même surprise, mais en tant que professionnels, ils avaient accepté la mission sans discussion. Le côté inhabituel de ce nouveau mode de vie avait même éveillé leur curiosité et semblait les amuser beaucoup. Il y avait d'ailleurs aussi quelques avantages : libérés de toute pression bureaucratique et de la paperasse, libérés aussi de la crainte continuelle d'être découverts et peut-être tués, ils avaient mené une existence tranquille au cours des quatre dernières semaines.

Au début, ça n'avait pas été facile. Ils avaient dû traverser la frontière sans se faire remarquer. Les patrouilles bhoutanaises avaient été un vrai casse-tête, il avait fallu un bon planning pour réaliser l'opération. Trois autres troupeaux de yacks avaient été conduits vers la frontière de façon plus que voyante, et ils avaient attiré l'attention des gardes sur eux. Un affrontement mineur avec des soldats chinois avait mis la touche finale au tableau. Leur groupe semblait avoir réussi à pénétrer au Bhoutan sans se faire repérer. Ils avaient troqué leurs vêtements tibétains pour les lourds habits en laine de yack de la population locale. Ils s'essayaient même consciencieusement à parler leur dialecte entre eux. Au début, cela les avait fait bien rire, mais la discipline de fer était redevenue la routine.

Ils en étaient à leur deuxième semaine de campement sous le col de Gophu, dans la région de Lunana. Le superbe lac turquoise était une invite au bain, mais la séduction tourna rapidement à la frustration, car cette beauté était de glace. Aucun amateur ne s'y risquait à deux fois, sauf pour un bref bain de pieds. Ce séjour au bord du lac fut l'occasion rêvée pour revérifier tout leur équipement.

Leur avance était déterminée par un contact radio quotidien. Chaque après-midi, à cinq heures pile, la transmission arrivait. Aucune montagne, eût-elle 4 000 mètres ou davantage, n'était en mesure de stopper les ondes radio transmises par satellite. Norbu s'étonnait souvent du fossé entre leur équipement de haute technologie et leur style de vie à côté des feux de camp. Les messages étaient clairs et brefs, comme leurs rapports de progression. De toute manière, il n'y avait pas grand-chose à dire.

La mise au courant à Pékin avait été étonnamment floue. Norbu soupçonnait les autorités d'agir sur la base d'informations plutôt vagues et fragmentaires. Néanmoins, cela ressemblait à une mission particulièrement importante, dans la mesure où il avait été décidé d'envoyer un groupe expéditionnaire fort de quinze hommes dans un pays voisin. Sans nul doute, il s'agissait là d'un acte des plus inamicaux. En outre, les hommes choisis se trouvaient être les meilleurs agents tibétains que connaissait Norbu.

A en juger par les récentes instructions, l'itinéraire semblait redevenir un peu plus logique. D'abord, on leur avait dit de prendre la direction de l'ouest, vers la capitale Thimphu. Ensuite, tout d'un coup, on leur ordonna de se diriger à nouveau vers le nord et d'aller vers l'est. Norbu avait le sentiment qu'ils revenaient sur leur cible.

Le soleil s'apprêtait à se coucher au-delà des cimes enneigées à l'ouest. L'heure du rendez-vous, comme chaque soir : la routine. Inhabituellement tendu, il s'approcha de la tente où était caché l'émetteur radio. Il pianota sur les touches froides. Les écouteurs firent exploser l'électricité statique dans ses oreilles, comme le staccato d'une mitraillette, le projetant de la paisible réalité de la vallée montagneuse dans un monde du secret et de la violence. L'enregistreur à haute vitesse, avec brouilleur incorporé, tournait à mesure que le message passait. Il semblait plus long que d'ordinaire. Il commença le décodage dès qu'il eût accusé réception, tout en gardant la ligne ouverte.

A la lecture de l'imprimé, son estomac se contracta :

Alerte rouge. Début de la phase finale. Laisser les animaux et l'équipement lourd sur place, avec trois hommes. Equipement complet de combat. Direction sud-est, destination Bumthang. But indéfini pour le moment.

« Au diable ! Encore ces incertitudes ! » songea-t-il. Mais au moins, on bouge à nouveau. Sa réponse fut brève, professionnellement neutre : « Bien reçu, alerte rouge. Partons Bumthang. Contact radio changé à trois par jour. Attendons description but. Terminé. »

Une excitation voilée régnait dans le petit camp, tandis qu'il battait le rappel de ses hommes pour les informer des nouveaux ordres. Aucune question oiseuse ne fut posée, puisque les hypothèses les plus diverses avaient été envisagées en long et en large pendant les longues soirées autour du feu. La déception des trois agents, assignés au camp, était compréhensible. Mais ils n'avaient pas perdu la face, car le choix s'était fait à la courte paille.

La nuit fut courte. Avant l'aube, les douze hommes se mirent en marche pour un long chemin solitaire vers les forêts méridionales, où ils espéraient trouver de bonnes cachettes.

Rinchen Namgyal en avait marre de chasser les innombrables cafards courant sur le plancher. Accablé, il s'écroula sur le lit, le seul meuble de la petite chambre sentant le moisi. Il lui avait fallu trois jours pour réaliser qu'il était suivi. Il ne s'en serait pas aperçu sans l'aide du Réseau. Après son arrivée tard le soir à Thimphu, Rinchen s'était installé dans un petit hôtel miteux près du Sunday Bazar. Au-delà de la place du marché, il y avait une ruelle sombre bordée d'échoppes à tissus essentiellement tenues par des Tibétains. Son contact était supposé le rencontrer là.

Le Réseau était un instrument d'usage dangereux pour Rinchen. Son but initial avait été d'aider les Tibétains vivant au Bhoutan, qui avaient connu des difficultés à s'adapter à la nouvelle réalité de l'exil. Au début, ils étaient unis. A mesure cependant que les années passaient, des options politiques divergentes avaient fait leur apparition dans la communauté tibétaine. La cause principale de la dispute portait sur l'attitude à adopter par rapport à leur statut de réfugiés. Certains avaient pris la nationalité bhoutanaise, dans l'espoir d'être mieux acceptés dans le pays hôte. Ils étaient considérés comme des traîtres par les plus durs qui rêvaient d'un retour au Tibet libéré de l'oppression chinoise. Ces divergences avaient été utilisées par des puissances étrangères pour infiltrer le

Réseau. La police bhoutanaise, les services de renseignement indiens et même des agents chinois gardaient un œil vigilant sur leurs activités à l'intérieur. Cela se savait dans l'entourage du dalaï-lama. Néanmoins, il n'avait jamais été possible de bâtir un réseau sûr et indépendant, dévoué au dalaï-lama. Sa couverture de marchand en visite dans sa famille donnait à Rinchen Namgyal la possibilité d'utiliser le Réseau avec prudence.

Il avait été surpris lorsque, au soir du troisième jour, ses deux contacts l'avaient informé que la police bhoutanaise l'avait à l'œil. Il avait espéré que son incursion chez le directeur du Tourisme était passée inaperçue. Tel devait d'ailleurs être le cas, sinon ils l'auraient certainement arrêté. Une question brûlante le tenait éveillé : pourquoi s'intéressaient-ils à lui ? « Ils ne peuvent rien savoir à propos de ma mission, se répétait-il. Ma couverture à Dharamsala était parfaite. Les procédures de contact ont été respectées à la lettre. Ils m'observent probablement comme n'importe quel Tibétain nouvellement arrivé, en raison de la récente effervescence dans la communauté. »

Les Tibétains qui n'avaient pas accepté la nationalité bhoutanaise, impliquant allégeance au roi, avaient subi des pressions. En guise de protestation, un mouvement de désobéissance civile s'était répandu parmi les jeunes têtes brûlées nationalistes. Ils avaient refusé de payer les impôts locaux et de suivre d'autres instructions des administrations de district. Ce qui, à son tour, avait provoqué des représailles du côté gouvernemental. Des échoppes furent fermées par la police.

Malgré ses suppositions, Rinchen Namgyal était soucieux. Son travail était sérieusement menacé, dans la mesure où il ne lui serait plus possible de surveiller à la fois l'Anglais et le groupe français avec la police bhoutanaise à ses trousses. « Je ferais mieux de partir directement au Bumthang, réfléchit-il en fixant les poutres de sa petite chambre sale et oppressante. Si j'y suis le premier, ils ne me soupçonneront pas de les suivre. Espérons que le camion promis par mon contact arrivera à temps. »

Il se leva et ouvrit sa valise. Il en tira une robe rouge de nonne bouddhiste et commença de se déguiser. Le cœur battant à grands coups, il descendit l'escalier pauvrement illuminé. Les deux policiers lui jetèrent un regard soupçonneux. Marchant à petits pas hésitants, Rinchen s'approcha d'eux. Tournant inlassablement un moulin à prières de la main gauche, sa main droite s'agrippait fermement au pistolet sous la robe ample. Il marmonnait sans fin un *Om Mani Padme Hum* en franchissant le seuil juste sous leur nez.

Résistant à la tentation de prendre ses jambes à son cou, il emprunta lentement la rue menant hors de la ville. Il n'osait pas regarder en arrière. Il lui fallut deux heures pour arriver sain et sauf à la planque. Examinant anxieusement les alentours, il attendit sous un arbre près de la route conduisant au col de Dorchu-la, où la grand-route nationale filait vers l'est à travers la première chaîne de montagnes en direction du Bumthang. Il entendit un gros camion se rapprocher du poste de contrôle. Quand il surgit au virage en dessous, il reconnut le chauffeur. Courant parallèlement à la route, il rattrapa le véhicule qui avançait lentement. La porte était maintenue ouverte par l'unique passager. Rinchen attrapa sa main et grimpa dans la cabine du camion en marche.

— Merci. Vous m'évitez bien des ennuis.

— De rien, je suis content d'aider un compatriote. Il y a peu de points de contrôle sur la route. Je vous préviendrai à l'avance, afin que vous puissiez couper par les bois.

Ajit Singh détestait le manque de sophistication de son équipement radio. D'habitude, la liaison avec Bagdogra n'était pas très bonne. La moindre perturbation météo faisait jaillir des grésillements. Aujourd'hui pourtant, il avait de la chance, même les brouilleurs semblaient fonctionner dans les deux sens.

Après le rapport détaillé d'Ajit, Kali, son correspondant, lui demanda de rester en ligne. Il lui fallut attendre une heure entière pour entendre à nouveau la voix du général. Le message était troublant :

— Il y a eu un incident mineur à la frontière dans la région de Lunana, avec des gardiens de yacks chinois. Il n'est pas certain que quelques-uns aient réussi à passer. Aucune indication portant à croire que cet incident frontalier soit lié à notre affaire. Un détachement de nos forces spéciales est en route pour vous épauler. Il va se faire passer pour un groupe de randonneurs. Une fois dans la région, vous pourrez communiquer avec eux sur la fréquence qui vous est assignée. N'utilisez que des transmissions codées. Partez immédiatement pour le Bumthang et faites rapport au QG ici. Les sauf-conduits nécessaires arriveront demain à Thimphu. Nous maintenons la fréquence pour des questions. A vous.

Il chercha fébrilement dans son esprit des problèmes immédiats. Toute la marche de son action avait été discutée à l'avance. Jusqu'ici, rien d'imprévu ne s'était présenté. Il se résigna à poser une question qui l'angoissait depuis le début :

— Y a-t-il quelque indication que ma couverture est percée ? A vous.

La réponse fusa, immédiate :

— Rien de ce genre ne m'a été rapporté. Avez-vous des raisons de le craindre ? A vous.

Bien qu'aucune émotion ne puisse être transmise par une conversation brouillée, Ajit perçut une menace dans le phrasé de la question.

— Rien de particulier. Mais mon séjour prolongé à Thimphu sans mission définie aurait pu éveiller des soupçons parmi nos hommes. A vous.

— Votre couverture est en béton. Dans la mesure où vous partez demain, cela ne vous concerne plus. D'autres questions plus pertinentes ? A vous.

— Rien, Kali ! Terminé.

Les doigts tremblants, il retira son casque et le jeta sur la table. Chaque fois qu'il parlait à cet homme, il sentait son cœur se glacer. Il prit une cigarette qu'il alluma d'une main hésitante. Aspirant profondément, il tâcha d'apaiser son agitation intérieure. Il devait rester calme et planifier soigneusement son jeu. Un départ précipité pouvait éveiller de nouveaux soupçons parmi ses collègues officiers. Mais un ordre est un ordre. S'il devait réellement arriver demain, cela lui servirait de paravent. Avec un soupir, il se leva et ferma la boîte radio. Il la rangea soigneusement dans son barda personnel. Epuisé, il se laissa tomber sur son lit et s'efforça d'attraper un peu de sommeil.

Le béret avait dangereusement glissé de sa nuque et ne devait la précarité de sa position actuelle qu'à la proéminence gauloise du nez de Virgile Machprot. Pourtant, même ce respectable support ne pouvait indéfiniment contrebalancer les terribles cahots que la route défoncée renvoyait à travers le véhicule brinquebalant jusqu'à la colonne vertébrale du malheureux professeur. Une fois que le bord du béret eut touché le bout du nez, un cheveu oublié et irrespectueux fit son chemin jusqu'à la muqueuse nasale, provoquant chez Virgile un formidable éternuement qui réveilla tout le monde, y compris le chauffeur. Ce fut d'ailleurs une heureuse initiative, en raison du précipice abrupt d'environ deux cents mètres sur le bord gauche de la route.

— Mon Dieu, quelle torture, cette route ! se plaignit Machprot. C'est encore loin, le Bumthang ?

— Désolé des conditions de la route, professeur, dit le chauffeur. Il ne sera sans doute pas possible d'arriver ce soir, il est déjà quatre heures. Il serait judicieux de s'arrêter à Tongsa, la capitale du district.

— Y a-t-il des hôtels convenables ? s'enquit Adèle. Je déteste dormir à la belle étoile, sauf si c'est absolument nécessaire.

— Ne vous faites pas de souci, madame, la rassura le chauffeur. Nous avons une auberge excellemment tenue dans la localité. Ce n'est plus très loin. Dans une dizaine de kilomètres environ, vous pourrez apercevoir les fortifications, le *dzong* de Tongsa. C'est assez spectaculaire.

— Dites-m'en davantage à propos des *dzongs*, fit Jean Dupont. Il semble y en avoir partout. A Thimphu, il y en a deux, en route nous en avons vu un à Wangdiphodrang. Je dois dire qu'ils sont plutôt impressionnants.

— Avec plaisir, monsieur Dupont. La plupart des *dzongs* sont très vieux. Celui de Tongsa, par exemple, a été bâti il y a environ cinq cents ans. C'était la forteresse des *penlops* de Tongsa, notre actuelle famille royale. Elle a quelque 450 mètres de long et à certains endroits, une bonne quarantaine de mètres de haut. Elle a été construite sans le moindre clou ni la moindre once de ciment. Une partie est habitée par les moines et l'abbé du district. L'autre partie est occupée par divers services administratifs gouvernementaux. Le pouvoir judiciaire y est également logé, et c'est là que se réunissent les assemblées de district.

A la sortie du virage suivant, Adèle s'exclama tout excitée :

— Quelle vue merveilleuse ! Est-ce qu'on peut s'arrêter un instant prendre des photos ?

— Tout à fait, mon amie. C'est un beau paysage, concéda Machprot.

Devant eux, de l'autre côté de la vallée, le puissant *dzong* de Tongsa, pareil à un tigre sur une petite crête, les saluait altièrement. Les murs blancs reflétaient intensément la lumière étincelante du soleil. Du fond de la vallée, on entendait monter le rugissement de la rivière Tongsa. Couvertes d'épaisses forêts, les montagnes à l'arrière-plan formaient un demi-cercle autour de l'endroit, aussi majestueux qu'imprenable.

Non sans fierté, le guide leur indiqua chaque détail du magnifique paysage :

— Jamais aucune puissance étrangère n'a réussi à occuper notre pays. Vous voyez pourquoi. Pour nous conquérir, l'ennemi aurait dû placer au moins deux soldats derrière chaque Bhoutanais.

— Vous êtes privilégié de vivre dans ce pays, s'exclama Machprot. Jamais je n'ai vu autre part pareille harmonie. J'espère que vous pourrez la préserver de la destruction.

— Combien de temps encore jusqu'à Tongsa ? – Jean Dupont coupa net son enthousiasme. Mes os en compote rêvent d'un bon lit.

— Cela semble près, répondit le guide, malheureusement, la route derrière la colline est pleine de lacets. Nous devons aller jusqu'à mi-vallée, jusqu'au pont. Il n'y a pas de voie plus directe d'ici. L'auberge n'est pas grande. Plus tôt nous y serons, plus facile il nous sera d'avoir des chambres décentes.

— En voiture ! lança Virgile, assurant au mieux son béret sur sa calvitie.

Soudain, ils entendirent une voiture se rapprocher rapidement.

— Quelqu'un se hâte vers le même endroit. Qui serait-ce ? s'étonna avec un brin de nervosité Jean Dupont.

— Probablement le forestier suisse, les informa le guide. J'ai entendu dire hier qu'il s'apprêtait à partir pour le Bumthang. Ça m'étonne qu'il soit parti si tard. D'habitude, il fait le voyage en un jour. Il a sans doute été retardé par l'Anglais.

— Quel Anglais ? sursauta Machprot.

Surpris, le Bhoutanais regarda le professeur :

— Vous ne saviez pas que Wiscott était censé visiter le Bumthang ?

— Ah oui, c'est vrai ! (Machprot s'efforça de masquer son irritation.) J'ai entendu quelque chose lors de la soirée chez votre directeur. Ça ne fait rien, continuons. Je n'ai pas envie de partager mon lit avec eux.

Le chauffeur sauta à sa place et mit le moteur. Avant qu'il ne puisse bouger, ils furent entourés d'un nuage de poussière, tandis que le véhicule de Limonada les doublait sur le côté.

— Salauds ! Ils vont nous battre ! Dépêchez-vous ! Tâchez de les dépasser ! pressa Jean Dupont.

— Impossible ! La route est trop dangereuse et trop étroite pour essayer. De surcroît, Limonada est un chauffeur épouvantable. Il n'aime pas du tout qu'on le dépasse. Je vais leur laisser un peu de champ, sinon nous serons pleins de poussière.

— Ce n'était pas très poli, lâcha Adèle de Sainte-Fleur.

— Oh, ça va ! Nous ne sommes pas dans un salon parisien ici, ne put s'empêcher de relever Jean Dupont.

— Ça, c'est sûr, car des gens de votre espèce ne sont pas admis dans ces milieux ! répliqua-t-elle.

— Allons, allons les enfants ! Paix sur terre ! Si vous n'arrêtez pas de vous chamailler, vous devrez partager la même chambre ce soir, comme punition ! dit Machprot en riant.

— Seigneur, dans ces conditions, je préfère me taire ! lança Adèle d'une voix pointue.

— Bof, vous ne savez pas ce que vous perdez, madame ! insista Jean Dupont.

Après cet échange, un silence maussade s'installa dans la voiture. Juste avant d'arriver à Tongsa, la route traversait une zone dangereuse, à pic à flanc de montagne. De grosses pierres menaçantes surplombaient la petite route. Chaque été pendant la mousson, elle était emportée à plusieurs reprises.

Le chauffeur n'avait pas l'air rassuré. Priant en silence, il accéléra.

— Que se passe-t-il ? s'enquit Machprot.

— C'est un passage dangereux. De l'autre côté de la vallée, je l'ai examiné avec vos jumelles. J'ai vu que cette partie de la colline bougeait lentement. J'espère que nous passerons sans encombre.

A ce moment, Jean Dupont cria :

— Attention ! Des pierres tombent juste devant !

Tout agité, il montrait la montagne à vingt mètres devant eux.

— Mon Dieu ! On dirait que toute la colline s'est mise en mouvement ! La route va être emportée ! Arrêtez la voiture, au nom du ciel ! hurla Machprot.

— Trop tard ! répondit le chauffeur en criant. La montagne glisse derrière nous. Cramponnez-vous, nous allons juste passer !

— Et si nous ne passons pas ? cria Adèle.

Poussant le moteur à fond, le chauffeur fit tanguer le lourd véhicule en frôlant dangereusement le virage. Les passagers voyaient l'hallucinant spectacle du glissement de terrain s'approcher inexorablement de la route devant eux. Encore trois mètres à peine, et il serait sur la route. Ils avaient encore six mètres à parcourir quand les roues se mirent à patiner dans la boue. A tombeau ouvert et en virtuose, le chauffeur passa sur double traction. Une nouvelle puissance les projeta en avant. La voiture gémit quand l'éboulement s'abattit sur la route. L'arrière grinça, tandis que la route commençait à s'effondrer. D'un geste désespéré, le chauffeur parvint à redresser la voiture. Poussé à l'extrême, le moteur permit aux roues avant de s'agripper solidement au sol. Juste à temps, ils s'arrachèrent à la masse de pierres et d'arbres déracinés qui dévalait. Sans un regard en arrière, le Bhoutanais les sortit de la zone périlleuse.

— Merci, Seigneur, murmura-t-il silencieusement en ralentissant lentement jusqu'à arrêt complet. Il se pencha sur son volant et sanglota en silence. Personne ne parlait.

Les jambes flageolantes, Jean Dupont sortir de la voiture et s'étira. En se retournant, il vit les visages blêmes de ses compagnons de voyage le regardant, les yeux vides. Il sentit la chaleur du soleil dans son dos, il entendit distinctement le chant de chaque oiseau et perçut la senteur de la forêt. Avec un sourire hésitant, il lança :

— Quelle sensation incroyablement merveilleuse que de se sentir vivant !

En arrivant à Tongsa, Limonada se tourna vers Wiscott pour lui dire :

— Mieux vaut aller d'abord à l'auberge. Autrement, les Français prendront toutes les chambres. Si cela ne vous fait rien, nous pouvons partager une chambre.

— Parfait pour moi. Ils servent à manger là-bas ?

— Oui, mais ce n'est pas bon. Je connais un autre endroit, où officie une Tibétaine, en bas près du marché. Très simple, mais on y rencontre une foule de personnages intéressants.

Grimpant la route pierreuse vers l'auberge officielle, ils passèrent devant l'usine électrique où un générateur diesel produisait davantage de pollution que de courant. Sur leur droite, ils dépassèrent un grand bâtiment avec une inscription de fière allure sous une croix rouge, le signalant comme hôpital de district.

Une superbe vue sur le *dzong* et la vallée vers le sud était la principale attraction de la modeste auberge. Des hameaux étaient éparpillés sur le flanc des montagnes aux alentours. Hans arrêta sa Toyota devant la maison.

— Eh, *chowkhidar* ! cria-t-il. Je suis sûr que ce fainéant est encore en train de jouer aux cartes avec ses copains !

Il essaya d'ouvrir, mais la porte était close.

— Essayons la sonnette, ça devrait le faire venir. Il ferait mieux d'être par là, si les types du tourisme estiment qu'il ne fait pas son boulot, il sera viré sur-le-champ.

Au bout de dix minutes de sonnerie ininterrompue, un vieil homme d'origine népalaise, misérablement vêtu, descendit en courant la colline. Il avait entortillé une écharpe autour de sa tête et fumait l'habituelle *bidi* qu'affectionnent les Népalais.

— Oui, *sahib*... Entrez, s'il vous plaît. Vous voulez deux chambres ?

— Non, je crois que nous n'en prendrons qu'une seule. Un autre grand groupe du département du Tourisme va arriver incessamment.

— Oh, c'est qui, ce groupe ?

— Je ne sais pas. Mais vous feriez bien d'avoir la maison briquée.

— Oui, oui, merci, *sahib* !

Les deux hommes avaient commencé à décharger leurs affaires quand le groupe français arriva.

— Oh, regardez-les ! Ils ne semblent guère apprécier les routes bhoutanaises ! se gaussa Hans Limonada.

Souriant faiblement, Jean Dupont expliqua :

— Vous avez parfaitement raison. Nous n'avons pas vraiment apprécié l'état de la route. L'ennui, c'est que soudain, il n'y a plus eu de route du tout. La route avait cessé d'exister.

— Que voulez-vous dire par « cessé d'exister » ?

— Simplement qu'elle n'était plus là, effondrée dans le ravin. Il y a eu un fort glissement de terrain juste avant Tongsa.

— Mon Dieu ! Et vous étiez sur le chemin quand ça a commencé à bouger ?

— Tout à fait, nous avons eu cet honneur.

— Oh, je suis absolument désolé de ce que j'ai dit. Voyons, laissez-moi vous aider à décharger. Après, on prendra un verre ensemble, j'ai acheté un bon cognac français au magasin du gouvernement. Cela vous aidera sûrement.

En un rien de temps, tout le monde fut casé. Le *chowkhidar* s'activa comme jamais auparavant. Il se débrouilla même pour faire chauffer de l'eau. Après une bonne douche, ils se retrouvèrent tous dans le petit jardin devant la maison. Tout en servant généreusement chacun, Hans Limonada les amusait avec les petites histoires des débuts du projet suisse au Bumthang :

— Vous ne devinerez jamais comment tout cela est parti. Il y avait un industriel suisse distingué, qui voulait faire un cadeau à feu le roi du Bhoutan lors d'une visite de ce dernier en Suisse.

« Bien, dit le roi, pourquoi n'amèneriez-vous pas un expert agricole au Bhoutan pour apprendre à nos paysans l'agriculture moderne ? Les conditions au Bhoutan et en Suisse sont assez proches. » L'entrepreneur helvétique réfléchit à la proposition et trouva quelqu'un désireux de partir au Bhoutan. C'était un maître fromager. Le fromage suisse est connu dans le monde entier, si bien que l'idée sembla bonne. Mais quand le fromager arriva ici, il s'aperçut que les vaches bhoutanaises donnaient à peine un demi-litre de lait par jour. C'était le hic, car le brave homme n'avait même pas suffisamment de lait pour faire les trous du fromage ! Le meilleur moyen de faire démarrer le projet... Mais l'homme venait de Berne, où les gens sont réputés avoir la tête particulièrement dure. Il décida donc de faire de l'élevage et de soigner son bétail. Maintenant, vingt ans plus tard, nous avons des bêtes croisées, qui donnent assez de lait pour faire du fromage et du beurre dont vous vous régalerez, j'espère, durant votre séjour au Bumthang.

Chacun se détendait lentement autour de la table où une malheureuse bouteille de cognac livrait son dernier combat désespéré contre l'annihilation totale.

— Bon, n'oublions tout de même pas la bouffe, reprit Hans. Je connais un petit bistrot au bazar où nous pourrions avoir un *curry* décent et des *puris* avec un délicieux *tumba*.

— C'est quoi, le *tumba* ? s'enquit Wiscott.

— C'est de la bière tibétaine à base de millet. Vous verrez, ça réchauffe le corps et l'âme. On y va ?

Adèle de Sainte-Fleur fut prise à la gorge à l'entrée dudit restaurant de Tsering Doema. Non qu'elle se soit attendue à un palace cinq étoiles, mais c'en était vraiment très loin. Ils traversèrent d'abord une échoppe remplie de toutes sortes de choses douteuses. Les sacs ouverts de sucre, de riz et de céréales étaient régulièrement examinés par des chiens pelés qu'éloignait un vendeur fatigué. Ils passèrent derrière le comptoir, vers l'arrière-boutique où une petite porte donnait sur la taverne. La pièce était noire de la fumée d'un feu brûlant toute la journée dans le *chulo*, le four traditionnel ouvert. On y servait à manger, les gens venaient y vendre toutes les marchandises possibles ; quelques poules appartenant à Tsering appréciaient la chaleur du feu, la resserre familiale se trouvait dans un coin, le grand-père somnolait sur une banquette tout en berçant un bébé dans ses bras, des gens jouaient aux cartes, et il y avait même quelques voyageurs tranquillement attablés en train de faire un sort à leur dîner.

C'était un endroit plein à la fois d'agitation et de calme. C'était surtout un endroit débordant de chaleur humaine grâce à la personnalité de Tsering Doema. Sa longue chevelure noire encadrait sans apprêt un visage rond sans grande beauté. Un sourire ouvert et malicieux ne semblait jamais quitter son visage de madone tibétaine, lui conférant un éclat intérieur dont sont souvent dépourvus les visages parfaitement sculptés. Son corps était trapu, plutôt rond. Un sein pointait souvent hors de la *chuba*, prêt à servir au petit dernier chouchouté dès qu'il avait faim. Cela n'empêchait pas Tsering Doema de préparer les repas, de laver les plats, de s'occuper du feu, de servir les mets, de bavarder avec ses hôtes, de chasser les chiens, de crier après son mari, ni surtout de sourire, de sourire sans fin comme pour exprimer sa joie de vivre et d'être heureuse.

Hans semblait être un habitué très apprécié de cette Cour des miracles. Une table et deux bancs furent immédiatement prêts pour lui et son groupe. Le mari de Tsering en personne s'activait pour ces invités de marque.

— Tsering, elle est comment ce soir, ton inqualifiable bière ? demanda Hans. La police ne l'a pas encore confisquée ?

— Non, Hans. Je leur ai dit, je leur ai même promis que je n'en vendrais qu'à toi. Ils étaient contents d'apprendre qu'aucune vie bhoutanaise ne serait en danger. Si bien qu'ils me l'ont laissée !

Un rire joyeux accueillit ces propos à la table d'à côté, où trois policiers levèrent leurs pots de *tumba* pour trinquer avec Hans.

— Ne vous en faites pas, monsieur Limonada. Nous avons contrôlé le breuvage, il est excellent.

— Merci, messieurs, leur lança-t-il, puis se tournant vers ses compagnons, il ajouta à mi-voix : C'est aussi ça, le Bhoutan. Cette boisson est officiellement interdite par le gouvernement. Mais comme vous le voyez, les fonctionnaires semblent l'apprécier. Je crois qu'il n'existe guère de loi dans ce pays qui ne soit au moins un peu contournée. Les seules exceptions sont peut-être des règles imposées par les traditions religieuses. Je n'ai jamais eu vent, par exemple, d'un suicide.

— Comment cela ? La vie ne paraît pas très facile pourtant, s'étonna Jean Dupont.

— C'est peut-être justement la raison. Dès que les gens ont le loisir de se contempler le nombril, ils deviennent malheureux de leur malheur. Mais cela mis à part, le suicide est considéré comme l'un des plus grands sacrilèges par les bouddhistes.

Arrivant avec le *tumba*, Tsering Doema interrompit leur discussion. Bientôt, les visages rougirent sous l'effet conjugué de la boisson forte et de l'agréable température de la pièce. Ils s'installèrent confortablement sur leurs banquettes, laissant la fatigue légèrement enivrante d'un long voyage leur envahir le cerveau. Quand Tsering revint avec les plats, même la réserve d'Adèle s'estompait. Elle attaqua la nourriture de bon appétit.

Ils ne remarquèrent même pas que la porte de la salle à manger s'ouvrait. Au beau milieu d'une gorgée de *tumba*, Hans sentit soudain une lourde main s'abattre sur son épaule.

— Hello, Hans, sale coupeur d'arbres ! Qu'est-ce que tu manigances autour de Tongsa ? cria à son oreille une joyeuse voix de baryton, le faisant à moitié s'étrangler en buvant.

— Salut, prêtre de mon cœur ! Chaque fois que j'ai du bon temps avec des amis, il faut que tu rappliques. Quel damné saint t'envoie par ici, vieux copain ? répliqua-t-il en sautant sur ses pieds pour étreindre frère Mac.

— Comme tu t'en doutes, je suis surtout ici en quête de quelque chose à me mettre sous la dent. Je ne pouvais pas deviner que j'allais devoir partager la place avec toi. Oh là là, que je suis heureux de te revoir, grand chevalier de l'Arbre coupé !

— Laisse-moi te présenter à mes compagnons. Voici, mes amis, frère Mac, de la fameuse Compagnie de Jésus. Depuis de nombreuses années, il s'efforce désespérément de gagner quelques malheureuses âmes au Bhoutan oriental et les amener un jour sur un meilleur chemin. Mais tu ne voyages pas seul, on dirait...

— Exact. Celui-ci, madame et messieurs, c'est padre Fulvio, de la même Compagnie convertisseuse des âmes, comme l'a dit Hans.

Après les présentations, tout le monde se rassit et se remit à manger. Tsering s'empressa de servir les nouveaux arrivants.

— Par où êtes-vous passés ? Nous n'avons pas entendu dire que vous étiez à Thimphu, ou bien y allez-vous ? interrogea Hans.

— Pas du tout. Nous venons de Geylephug, puisque notre sauf-conduit nous autorisait à prendre la route du sud...

— Que se passe-t-il en Assam ?

— Ça va. Nous sommes passés sans trop de difficultés, mais nous avons évité tous les points chauds.

— Et vous allez vers l'est ?

— Lentement. Nous avons l'intention de nous arrêter un moment au Bumthang. Mon collègue, padre Fulvio, est très intéressé par une visite de l'endroit.

— Vous avez l'intention de rester longtemps au Bhoutan, padre ? demanda Jean Dupont.

— Ce n'est pas encore décidé. Il ne s'agit pas d'une mission à long terme, comme frère Mac ou le père John. Officiellement, je suis ici pour évaluer les méthodes d'enseignement dans les écoles de Khaling et de Tashigang, où œuvrent mes deux collègues.

— Et quelle est la raison officieuse, padre, de votre séjour ici ? s'enquit abruptement Machprot.

Surpris, le jeune prêtre regarda le chercheur. D'une voix douce, il répondit :

— Comme vous, je m'intéresse à la tibétologie. J'estime qu'il s'agit d'un monde fascinant, de grande profondeur philosophique.

— Peut-être est-ce là la vraie raison de votre voyage ? insista le professeur.

— Pourquoi demandez-vous cela, professeur ? Même si tel était le cas, cela ne vous intéresserait pas particulièrement, n'est-ce pas ?

— Non, vous avez raison. Je demandais par curiosité professionnelle. Vous savez comment sont les chercheurs. Toujours du flair et un peu jaloux de ceux qui arpentent le même terrain. Désolé si mes questions vous ont indisposé.

Adèle se tourna vers le jeune prêtre :

— Cela doit être fort intéressant de voyager à travers le monde et d'examiner les divers systèmes d'enseignement. Il doit y avoir de grandes différences. Avez-vous visité d'autres endroits en Asie ?

— J'ai passé quelques mois à l'école des jésuites de Kalimpong. Je suppose que les différences entre l'Inde et le Bhoutan seront assez marquées. Il s'agit de deux sociétés différentes en termes de développement et de religion. Mais c'est encore et toujours le même continent. Les différences sont nettement plus flagrantes entre les diverses régions du monde.

— Où avez-vous déjà travaillé, padre ? interrogea Machprot, apparemment par pure politesse.

— Mon poste précédent était en Afrique. Au Rwanda, pour être plus précis.

Le professeur faillit s'étrangler en prenant une gorgée de *tumba*. La dernière précision le stupéfia. Extraordinaire coïncidence ! Se pouvait-il qu'il eût devant lui ce spécialiste en tibétologie qui avait suscité des remous à la Curie quand il s'était enquis de la Lettre de Soie de l'impératrice Ming, et qui avait aussitôt été muté au Rwanda sur ordre du pape lui-même ? Il saisit le regard paniqué d'Adèle, qui paraissait être arrivée à la même conclusion.

Ils ne réalisèrent même pas que cet échange de regards et leurs réactions étaient soigneusement suivis par Timothy. Cela suffisait à Wiscott pour inclure padre Fulvio sur la liste des concurrents potentiels dans sa quête.

Heureusement pour les Français, le forestier suisse et frère Mac se mirent à raconter des histoires du temps de leurs premières expériences bhoutanaises. Et chacun de rire de bon cœur de celle du prêtre réincarné qui s'en va voir sa propre tombe et la trouve occupée de manière tout à fait pacifique...

Il était tard quand ils se levèrent finalement et se dirigèrent un peu titubants vers leurs voitures. Personne ne remarqua le grand commerçant tibétain qui quitta les lieux peu après eux. Même Tsering Deoma ne le connaissait pas. Curieux, tous ces inconnus qui passaient par Tongsa ces temps-ci.

Timothy fut tiré de son sommeil par des voix agitées devant sa fenêtre. Il regarda sa montre : quatre heures du matin ! A quoi peuvent donc bien penser ces gens ? Il avait besoin de dormir après un voyage aussi épuisant. Une légère gueule de bois n'arrangeait pas les choses. Il se leva et se traîna jusqu'à la porte. A la faible lumière de l'aube, il distingua le groupe français en conversation animée avec leur chauffeur.

— Que se passe-t-il ? interrogea-t-il.

— Quelqu'un a forcé notre voiture, répondit Machprot. Le chauffeur a entendu du bruit et est sorti voir. Une ombre a jailli du véhicule et s'est enfuie. Il a essayé de l'attraper, mais l'autre a filé beaucoup trop rapidement.

— A-t-il volé quelque chose ? demanda Wiscott.

— C'est ce qui est bizarre. Rien ne manque. Soit notre chauffeur est arrivé trop tôt, soit l'autre se contentait de fouiller. Tous nos bagages ont été ouverts, dit Jean Dupont.

— Vraiment curieux, concéda Timothy. Qu'est-ce qu'il pouvait bien chercher ?

— Nous ne le savons pas. Il semblait intéressé par nos notes.

— Qu'est-ce qui vous fait croire cela ? demanda Timothy.

— Il n'a pratiquement touché aucune boîte de nourriture ou de vêtements. Nous avons quelques livres avec nous, et bien sûr mes notes d'études. Tout était éparpillé dans la voiture.

— Mais qui donc pourrait s'intéresser à vos notes ? observa Wiscott.

— C'est précisément ce que nous cherchons à savoir. Il ne semble pas que ce soit quelqu'un de l'auberge. Nous allons vérifier, déclara Machprot, le visage sombre.

— Merci du compliment, professeur ! grommela Hans. Notre association de voyage semble être placée sous le signe de la confiance mutuelle !

— Ne vous offusquez pas, Hans. Admettez tout de même que l'incident est troublant. Je veux dire, qui dans ce pays, à l'exception de spécialistes dans le même domaine, peut être intéressé par ce que nous faisons ?

— Etes-vous sûr que ce soient les notes ? Peut-être cherchait-il de l'argent dissimulé parmi vos papiers ? suggéra Hans.

— Je ne crois pas. J'ai été tellement remué par le désordre dans nos papiers qu'automatiquement, j'ai pensé qu'il s'agissait de ça.

— Est-ce qu'il manque quelque chose ? interrogea padre Fulvio en les rejoignant.

— Adèle ramasse tout, déclara Machprot. Nous verrons. Je proposerai que nous vérifiions tous nos voitures, pour être sûr qu'il ne manque rien.

Ils se mirent tous à examiner chacun leur véhicule. Cela leur prit une demi-heure.

— Il ne semble pas qu'ils aient forcé ma voiture. Mes bagages sont intacts, annonça Hans.

— Pareil pour nous, constata frère Mac. Depuis vingt ans que je voyage par ici, jamais je n'ai entendu parler d'un vol dans une voiture. Je me demande s'il ne faudrait pas en parler à la police. Peut-être ont-ils entendu parler d'un voleur rôdant dans les parages ?

— Peut-être n'est-ce pas une si bonne idée, murmura Dupont.

Les autres le regardèrent, surpris.

— Que voulez-vous dire ? interrogea Adèle vivement. Après tout, ils ont forcé notre voiture !

— C'est vrai, admit Jean. Mais cela va nous retarder. Il faudra remplir plein de paperasses, et cela attirera l'attention sur nous, ce qui me paraît tout à fait inutile. De surcroît, nous aurons quitté le district dans quelques heures. Alors, pourquoi se soucier de ce que font les voleurs à Tongsa ?

— Hum, vous avez peut-être raison, réfléchit le professeur. De plus, ils n'ont rien volé, n'est-ce pas, Adèle ?

— C'est vrai. A ce que je vois, il ne manque rien.

— Bon, si cela est réglé, pourquoi ne pas tenter d'avoir un petit déjeuner ? proposa le forestier toujours très terre à terre. Désireux de complaire à ses hôtes distingués, le *chowkhidar* leur apporta de l'eau chaude, des œufs durs, des tables devant la maison et trouva même du lait de chèvre frais.

Tandis qu'ils s'asseyaient, la brume nocturne commença à se lever. Un soleil timide risqua un rai au levant, à la cime de la montagne. L'air avait une clarté de cristal. Graduellement, les premiers rayons solaires calmèrent les esprits autour de la table. Le troublant incident de la nuit perdit de son poids oppressant. Des blagues sur l'écriture indéchiffrable de Machprot poussant le voleur à renoncer commencèrent à fuser.

De la lisère de la forêt, bien caché dans un épais fourré, Rinchen Namgyal observait le groupe de l'auberge à la jumelle. Il était furieux contre lui-même. « Pourquoi diable ce maudit chauffeur a-t-il dû vider sa vessie pendant que j'étais dans la voiture ? songeait-il. Je me demande s'ils vont appeler la police. »

Il décida d'attendre pour voir. Aussi longtemps qu'ils prenaient leur petit déjeuner, il avait le temps de réfléchir à son prochain coup. Soudain, les gens se levèrent et entreprirent de charger les bagages dans les voitures. Le soleil était déjà haut quand chacun s'installa à sa place. Les trois véhicules se mirent ensemble en mouvement, les Français en tête.

Pour lui, il était temps aussi de partir. Son camion avait été bloqué par l'éboulement de terrain, aussi dut-il prendre le minibus des transports publics bhoutanais. « Ce ne sera pas très confortable, comme voyage, avec cette vieille guimbarde, songea-t-il. Peut-être qu'une voiture particulière me prendrait en stop. » Alors qu'il se rapprochait de la route, il vit un petit véhicule s'essouffler à grimper. «Probablement des gens de l'Indian Border Road Task Force, se dit-il. Ils ne me prendront pas. »

Il rabattit la visière de son chapeau et poursuivit lentement sa marche à côté de la route. Le moteur ne ralentit pas tandis que le véhicule passait près de lui. Il jeta un rapide coup d'œil dans la cabine : des militaires indiens et un officier à la fenêtre gauche. « Seigneur, murmura-t-il. C'est le même type qui était posté devant la maison du directeur du Tourisme ! »

Rinchen Namgyal baissa rapidement le nez. Le véhicule poussif continua lourdement sa route, en soulevant un nuage de poussière qui le fit tousser. Ayant trop chaud dans son coupe-vent rouge, il s'arrêta pour apaiser les battements de son cœur et rassembler ses pensées.

— L'Anglais, les trois Français, probablement les deux prêtres et maintenant l'Indien en plus ! compta-t-il à haute voix. Le jeu se complique.

Des gouttes de sueur dégoulinèrent le long de son cou. Il ôta sa veste et la roula autour de sa taille. Il se résigna à emprunter le minibus des transports publics.

Fulvio était content de se retrouver seul avec frère Mac. Ils pouvaient enfin parler librement.

— Il semble que nous ayons de la compagnie dans nos recherches, dit padre Fulvio. Les Français paraissent en quête des mêmes documents.

— Cela ne nous rendra pas la chose plus facile, releva frère Mac.

— Je ne sais pas, ça peut nous aider, objecta Fulvio. S'ils savent où chercher ces documents, nous n'aurons qu'à les suivre.

— Qu'est-ce qui vous dit avec autant de certitude qu'ils sont à la recherche de la même chose que vous ? demanda frère Mac.

— Les instructions que vous m'avez apportées ! dit Fulvio. D'après Rome, le gouvernement français est au courant de leur existence.

— Comment le savent-ils à Rome ?

— Aucune idée ! reconnut Fulvio. Comme vous le savez, le Vatican est l'une des puissances les mieux informées de cette planète. Cela expliquerait pourquoi j'ai dû soudainement me hâter d'arriver ici. La course est engagée!

— Quelqu'un d'autre semble être au courant de leur mission, ricana frère Mac. Après tout, ce n'était pas vous hier dans leur voiture ?

— Comment pouvez-vous imaginer une chose pareille, frère Mac ?

— Oh, ça va ! Ne jouez pas à l'innocent avec moi. Si Rome vous a choisi pour cette mission, c'est qu'ils pensent que vous pouvez en garantir le succès.

— Vous me flattez, répondit Fulvio. Je vous assure cependant que ce n'était pas moi. Je me pose la même question : qui est au courant des intentions des Français ?

— Pensez-vous que ce puisse être Wiscott ? s'étonna frère Mac. Il est étrange. Il dit qu'il est ingénieur forestier, mais ça ne lui ressemble pas.

— Il faut le mettre sur la liste des suspects, admit Fulvio. Mais je me demande comment il aurait pu se glisser dans la maison sans être vu. J'ai examiné la maison par-derrière. Toutes les fenêtres ont des barreaux de fer. Il n'y a que la porte qui donne dans la chambre du *chowkhidar*, et elle était fermée quand j'ai essayé de l'ouvrir.

Retournant dans leur tête l'incident du petit matin, ils roulèrent en silence sur la route récemment asphaltée que les gros camions n'avaient pas encore réussi à défoncer. De Tongsa au Bumthang, la route montait par le col de Yütü-la jusqu'à plus de 4 000 mètres. Pour l'essentiel, elle était creusée à même le roc presque vertical, et il n'y avait aucune balustrade pour retenir le malheureux voyageur qui pouvait tomber dans le ravin sans provoquer le moindre écho, en y disparaissant à jamais. Les forêts luxuriantes des vallées basses se raréfiaient pour céder la place à une végétation plus alpine, où même les pins bleus devenaient moins denses et plus rugueux. Quelques rares camps de cantonniers s'agrippaient à flanc de montagne.

— Ces gens ont vraiment l'air misérables dans leurs huttes, releva padre Fulvio. Je ne vois que des Indiens ou des Népalais.

— Juste. Un Bhoutanais ne s'abaissera jamais à travailler sur les routes. Ils trouvent cela indigne d'eux, expliqua frère Mac. Les travailleurs sont amenés ici par l'Indian Border Road Task Force. Ils mènent une existence malheureuse dans une relation de maître à esclaves avec leurs contremaîtres.

— Comment cela ? s'étonna Fulvio.

— Ils sont recrutés en Inde par des rabatteurs qui leur prêtent une grosse somme d'argent, avancée sur leur futur salaire. N'ayant jamais eu autant d'argent, la plupart de ces pauvres diables le dépensent en un rien de temps. Incapables de le rendre, ils doivent suivre le contremaître au Bhoutan ou aller en prison en Inde. Les deux voies mènent en enfer.

— Mais une fois qu'ils ont remboursé, ils peuvent s'en aller ? demanda Fulvio.

— Il y a une astuce, répondit frère Mac. Les Indiens ont mis au point un vilain truc : à partir du moment où le travailleur doit de l'argent à son contremaître, son salaire est remis à ce dernier. Sans argent, les malheureux doivent à nouveau emprunter, avec des intérêts élevés, bien entendu ! S'ils veulent acheter quelque chose, ils doivent le faire par l'entremise du contremaître. Celui-ci ajoute une commission jusqu'à cinquante pour cent du prix qu'il a payé pour la marchandise au marché.

— Scandaleux ! s'exclama padre Fulvio. Les autorités bhoutanaises n'interdisent pas ces pratiques ?

— Elles sont au courant. Mais dans la mesure où toute la construction de la route est offerte par le gouvernement indien et où l'Inde est seule responsable, en fait, le Bhoutan n'a pas juridiction sur ces gens. Il doit y avoir un accord du genre « c'est à prendre ou à laisser ».

— Je suppose que les Bhoutanais ne sont pas très contents, dit Fulvio.

— Je pense que c'est le cadet de leurs soucis de savoir ce qui arrive à ces pauvres diables, soupira frère Mac. Mais citez-moi un seul pays où les travailleurs étrangers soient décemment traités !

En arrivant au col, ils entendirent soudain un vacarme devant eux. Une grande ombre brune jaillit des bosquets du bord de la route. Un yack immense apparut. La grosse bête s'arrêta pile et les regarda. Frère Mac s'arc-bouta sur les freins et stoppa le véhicule. A ce moment, tout un troupeau de yacks émergea de la forêt et se mit à traverser la route sous leurs yeux.

— Belles bêtes ! remarqua padre Fulvio. Incroyable comme leurs mouvements sont gracieux en dépit de leurs dimensions. Pas du tout comme des vaches !

— Pourtant, ils paraissent appartenir à la même famille, fit frère Mac. Ici, c'est l'un des rares endroits où l'on peut voir de ces bêtes à cette époque de l'année. Il semble que tout le monde est passé. Allons-y !

— Il n'y a personne avec eux ? s'intéressa padre Fulvio.

— Ces animaux sont à demi sauvages, répondit frère Mac. Il doit y avoir dans les parages un camp de bergers. Mais ces gens ne sont pas très liants.

Il remit le moteur en marche et tandis qu'ils descendaient lentement en direction de la prochaine vallée, la végétation s'étoffait.

— Nous devrions arriver au Bumthang vers midi, annonça frère Mac. Il y a encore un petit col à passer. Il peut être assez mauvais par temps de pluie, car la route devient glissante comme une pente savonneuse.

— Ne m'en dites rien ! Nous avons eu assez d'émotions jusqu'ici pendant ce voyage !

Sans incident, la fidèle Land Rover les mena jusqu'au Kiki-la. Padre Fulvio ne put retenir un cri d'admiration à la vue de l'immense vallée se déployant devant eux. Le panorama en haut du col était à couper le souffle. Après avoir voyagé jusque-là par de petites vallées oppressantes, c'était un soulagement que d'arriver en vue d'un vaste paysage ouvert. Il était encadré par deux chaînes de montagnes doucement vallonnées, culminant par des cimes enneigées pointées vers le ciel. Le fond de la vallée, large de près de trois kilomètres, se rétrécissait en diagonale nord / sud sur plus de vingt kilomètres. De la fumée montait des cheminées des maisons disséminées en petits groupes dans les champs mauves et jaunes. Une rivière torrentueuse s'évadait de ce jardin d'eden. Sur la gauche, padre Fulvio remarqua un grand bâtiment blanc.

— C'est quoi, ce grand château sur la colline là-bas ?

— C'est Jakar Dzong, le QG administratif du Bumthang.

— Quel endroit béni ! Il paraît si paisible...

— Il l'est vraiment, admit frère Mac. Chaque fois que je viens ici, j'envie ces gens qui vivent dans ce petit Shangri-la. Je peux comprendre pourquoi Bouddha a choisi ce lieu pour y vivre onze ans dans sa réincarnation en tant que Padma Sambhava.

— Je vois ! C'est l'endroit où Guru Rimpoché a pris pied quand il est venu sur son tigre volant, releva padre Fulvio.

— Vous savez vos leçons, constata frère Mac. Il y a un *stupa* près de l'hôpital de Wangdichoeling qui commémore l'événement. Bouddha a vécu à Kurje, un peu plus haut dans la vallée au-dessus du *dzong*. Peut-être pouvez-vous apercevoir l'endroit à la jumelle. C'est un point blanc au loin, là où la rivière fait un coude à droite. C'est juste à gauche de l'eau. Vous le voyez ?

— Oui. Il y a deux bâtisses qui ressemblent à des monastères, dit Fulvio. Donc, c'est le lieu le plus sacré du Bhoutan ?

— Oui.

— Cela semble un bon endroit pour entreprendre nos recherches, déclara Fulvio.

— Hum, commencer nos recherches, fit frère Mac en écho. Et comment allons-nous faire ? Vous allez vous rendre là-bas, taper sur l'épaule du premier moine venu et lui dire : Salut, l'ami ! Me voici, moi, padre Fulvio de Rome, qui suis venu ici pour apprendre vos secrets. Pourquoi ne pas me montrer tout de suite vos jolis petits documents ?

— Vous ne semblez pas très optimiste quant à mes chances de trouver quoi que ce soit ! dit Fulvio en riant.

— Je crains que vous ne les mettiez mal à l'aise avec vos questions.

— Pourquoi ? interrogea le jeune homme.

— Ils ne vous connaissent pas. N'importe qui peut monter là-haut et poser des questions saugrenues. Nous devrions établir un plan, quelque chose qui ressemble à une approche lente et souple.

— Vous pensez réellement qu'il puisse être délicat de parler de ces documents ?

— Les Bhoutanais savent être très secrets, souligna frère Mac. Nous sommes sur une affaire délicate. Si ces documents sont aussi explosifs que vous le dites, ils le sauront et préféreront garder le secret pour eux.

Poursuivant la discussion, ils descendirent doucement le col, arrivant au bout de la vallée en une demi-heure. De grands bosquets d'azalées bordaient la route. Les gens qui moissonnaient le blé et récoltaient les pommes de terre dans les champs les regardaient passer en faisant des signes amicaux. Un troupeau de vaches brunes paissait tranquillement autour de quelques maisons solitaires.

— Ces animaux ne ressemblent pas aux autres vaches que nous avons vues jusqu'ici, nota Fulvio.

— C'est vrai, ce sont des croisées du projet suisse. C'est au village que vous voyez là-bas.

— On va s'installer là ? Ou bien il y a une auberge quelque part ?

— Non, on va aller jusqu'à l'hôpital de Wangdichoeling, répondit frère Mac. Je connais le médecin suisse et sa femme. Ils ont quelques chambres d'amis dans l'enceinte de l'hôpital. C'est un coin assez marrant, vous verrez. Autour du bâtiment central, il y a une cour pleine de vie. Tout le monde s'y arrête soit pour une consultation, soit simplement pour demander des nouvelles de connaissances. Les gens qui y travaillent sont très gentils. Et surtout, le médecin suisse a une douche chaude qu'il a installée chez lui, et sa femme est un fameux cordon-bleu. Je leur apporte des légumes frais du marché de Geylephug et quelques douzaines d'œufs.

— J'espère qu'ils sont là, vous me mettez l'eau à la bouche.

— Pas de souci à se faire, je leur ai envoyé un télégramme il y a quelques jours, ils nous attendent.

Le médecin suisse et sa femme n'étaient pas les seuls à les attendre. Nombre d'inconnus vagabondaient dans la vallée. Les gens du Bumthang n'y comprenaient rien. Des explications leur avaient été données, mais cela n'empêchait pas les rumeurs de gonfler comme des rivières pendant la mousson.

Le déploiement des Tigres s'était fait très rapidement. Leur équipement avait été chargé depuis plusieurs semaines déjà. Les véhicules étaient prêts au QG militaire de Wangdiphodrang. De grandes lettres jaunes peintes des deux côtés des jeeps spécialement camouflées disaient : *Etude géologique du Bhoutan*. C'était la couverture choisie pour détourner l'attention du but réel de leur mission.

Leur commandant, Dorji Drukpa, s'assit devant la radio en parlant d'un ton animé au micro, son corps musclé penché sur la table. La tension se lisait sur son visage rectangulaire, tandis que son regard courait de la radio à la carte déployée sur la table et que sa fine moustache noire se crispait nerveusement.

— Oui, Votre Majesté, dit-il au micro. Nous sommes presque prêts. Les trois premières sections sont en place au centre de la vallée. Kurje est sous la surveillance de la section 4. L'entrée et la sortie de la région sont sous contrôle, et si nécessaire, peuvent être bloquées par Kungen et ses hommes. Trois autres groupes se dirigent lentement vers le monastère de Tang.

Il écouta respectueusement un moment et répondit :

— Pour l'instant, nous n'avons remarqué aucun mouvement douteux de quiconque. Le groupe français et l'Anglais sont arrivés hier. Ils se sont installés à l'auberge du projet suisse. Les deux prêtres sont arrivés à midi et se sont logés à l'hôpital. Il semble que l'agent indien se trouve sur place depuis quatre jours. Il n'a rien entrepris de particulier. Le Tibétain est censé arriver vers le soir par minibus public. Dès qu'il sera là, le groupe de Tongsa se déplacera pour inspecter le nord de la vallée.

Le silence régna dans la tente alors que les instructions complémentaires étaient transmises.

— C'est fort ennuyeux. N'est-il pas possible de les garder à Thimphu ou les envoyer ailleurs ?

Il pianota fébrilement sur le récepteur.

— Bon, si la demande émane du ministère du Tourisme lui-même, c'est évidemment très difficile de la refuser. Il n'empêche que cette histoire est suspecte. C'est très inhabituel que pareille expédition soit annoncée si peu de temps à l'avance. Ils sont combien dans ce groupe de randonneurs ?

La réponse le mit encore plus mal à l'aise. Il évalua rapidement ses propres forces par rapport à cette nouvelle menace.

— Je propose respectueusement d'amener une autre section des gardes royaux. Officiellement, nous pouvons dire qu'ils sont envoyés pour une chasse à l'ours. Il y a effectivement des informations selon lesquelles un groupe de quatre ours rôde dans la vallée de Chokoerte et dévaste les champs de maïs.

Il attendit derechef que le roi lui fournisse les derniers détails de l'opération en cours.

— Oui, Votre Majesté, je vous informerai immédiatement, dès que les différents groupes commenceront à s'approcher du but. Vous devez être à même de nous joindre par hélicoptère sans problème. Les conditions météo sont excellentes. Merci et terminé.

Exténué, le gardien de l'auberge s'assit près du fourneau dans sa cuisine. Quel groupe d'agités ! Ces Français étaient réellement de drôles de numéros. La dame en particulier. Quel mal pouvait bien faire un charmant petit cancrelat à un vieux farfadet ? Elle s'attendait à quoi ? Et maintenant, il était censé laver ses affaires ! Il décida de tout jeter dans un chaudron et de le faire bouillir avec un peu de savon. La délicatesse des tissus français lui échappait totalement.

Il repêcha non sans surprise la blouse naguère jaune. Elle ressemblait maintenant à un mouchoir bleu-vert. Les sous-vêtements imposants de Mlle de Sainte-Fleur pouvaient désormais être aisément vendus à Copacabana comme slip tanga. Les trois paires de chaussettes ne pouvaient plus servir à rien, faute d'imperméabilité.

Les traits tirés, il suspendit le tout sur un fil dans le jardin. En rentrant à la maison, il entendit soudain quelque chose bouger sous une réserve. Nerveusement, il regarda autour de lui : serait-ce encore le même ours qui visitait à nouveau son potager ? Il avait presque réussi à abattre la bête la nuit dernière... Il n'entendait plus rien. Haussant les épaules, il attrapa le panier et s'en retourna vers le bâtiment central. En franchissant la porte, il jeta un rapide coup d'œil en arrière. Personne en vue. Il ferma la porte et rentra dans sa chambre.

Une ombre se glissa de derrière la réserve de bois vers le bâtiment de la cuisine et s'arrêta quelques secondes.

L'intrus examina la place devant lui. Il était trop dangereux de s'approcher de la maison de front. Précautionneusement, il battit en retraite vers les fourrés bordant le potager. Ainsi à couvert, il s'approcha de la maison par l'autre côté.

Seule une lumière brillait. Ajit Singh demeura sans bouger, à scruter les alentours. Comme un ressort, il se lança en avant et s'aplatit à terre à côté du mur. Rien ne bougeait. Il pouvait entendre des voix assourdies. Avec un soin infini, il se mit à monter un escalier raide menant à la véranda jouxtant la fenêtre allumée. Le cœur battant, il réussit à s'approcher jusqu'à deux pas de la fenêtre ouverte.

Maintenant, Ajit pouvait percevoir les voix plus clairement. A son grand dam, la conversation se déroulait en français. Il décida néanmoins de rester. Il saisit quelques mots qui revenaient sans cesse dans la discussion animée : « Kurje, monastère, document, révélation, vallée du Bumthang, secret... » Cela le confirma dans ses soupçons que les Français ne voyageaient pas innocemment. Il se courba en avant, vers la fenêtre, pour jeter un coup d'œil dans la pièce. Elle était chichement illuminée par une lampe à pétrole projetant des reflets vacillants sur deux hommes installés à une table. Ils étaient penchés sur un papier. Un coup frappé à la porte les fit sursauter.

— Qui est-ce ? interrogea Machprot, surpris.

— C'est moi, Hans, répondit une voix de l'autre côté de la porte. Je vous ai entendus parler. Comme je n'arrivais pas à dormir, je me suis demandé si vous ne partageriez pas un moment avec moi.

Dissimulant rapidement le papier dans le tiroir de la table, Jean Dupont répondit :

— Entrez ! La porte n'est pas fermée.

— Salut, j'espère ne pas vous déranger.

— Pas du tout, cher Hans ! sourit Machprot, masquant son déplaisir.

— Bon, alors ça va. Puis-je vous offrir une eau-de-vie locale de pomme ? Vous appelez ça comment, en France ?

— Ce serait du calvados, dit Machprot, un peu radouci par la perspective de goûter une bonne liqueur.

— J'espère que vous ne serez pas déçus. Nous n'atteignons pas encore votre perfection dans ce domaine.

Il remplit trois verres à ras bord. Il fallut à Machprot et à Jean Dupont une bonne dose de maîtrise de soi pour ne pas faire la grimace alors que le tord-boyaux leur brûlait le gosier.

— Disons, fit Machprot, que nos méthodes de préparation ne doivent pas être rigoureusement les mêmes.

— Ha, ha, je le savais, s'exclama Hans en riant. Pardonnez-moi, c'est si drôle de voir la tête des gens quand ils boivent notre breuvage pour la première fois ! C'est une blague entre nous. Je sais, son goût est épouvantable. Mais ça réchauffe durant les longues soirées d'hiver ici au Bumthang. Nous ne tenons pas forcément à le mettre sur le marché...

Les deux Français se détendirent quelque peu. Vidant péniblement leurs verres, ils commencèrent à ressentir une légère euphorie. Oubliant sa réserve, Machprot s'adressa à Limonada :

— Comme vous le savez, nous sommes ici pour étudier d'anciens écrits religieux. Vous vivez ici depuis plusieurs années. Savez-vous quelque chose des bibliothèques monastiques au Bumthang ?

— Je ne suis pas spécialiste en la matière, répondit Hans. Mais pour autant que je sache, il existe des documents fort anciens au monastère de Kurje. Vous recherchez quoi comme textes ?

— Rien de spécifique, vous savez, éluda Jean Dupont. Pourquoi cette question ?

— Parce que je suis curieux, tout simplement. Si vous me donnez davantage de précisions, je pourrai peut-être vous aider plus efficacement.

— Comment, si vous n'êtes pas un spécialiste ? demanda Machprot.

— Il se trouve que je connais deux Rimpochés qui vivent par ici.

— Vous voulez dire deux lamas qui se sont consciemment réincarnés et qui vivent ici ? interrogea Jean Dupont vivement intéressé.

— Parfaitement. L'un vit à une heure d'ici dans la montagne. L'autre, un gamin d'une quinzaine d'années, habite dans un petit monastère près du marché.

— C'est difficile de rencontrer ces gens ? s'enquit le professeur.

— Ça dépend s'ils sont occupés à des *pujas*, les cérémonies religieuses. Je peux essayer de le savoir, s'offrit Hans.

— C'est très aimable à vous de nous aider, dit Machprot. Mais vous n'y êtes pas obligé !

— Cela m'amuse de vous aider. Vous savez, il ne se passe pas grand-chose par ici, expliqua Hans. Mais vous devriez être plus précis dans vos indications, je ne peux pas leur demander de mettre toute la bibliothèque sens dessus dessous pour vous.

Les deux Français s'entre-regardèrent. Machprot dit avec hésitation :

— Pourquoi, de votre côté, cet intérêt pour cette affaire, Hans ? Ou bien, vous vous intéressez principalement à ce que nous faisons ?

— Vous essayez de cacher quelque chose ? fit candidement Hans.

— Vous le pensez ? lui lança Dupont à brûle-pourpoint.

— Pour être franc, oui, je le crois ! répondit Hans en leur versant un autre verre. Vous arrivez ici et toutes les portes s'ouvrent comme par magie. Jamais je n'ai vu un groupe d'étrangers voyager aussi facilement dans ce pays. D'ordinaire, les Bhoutanais hésitent beaucoup à laisser les étrangers courir où bon leur semble. Plus encore, vous avez commencé vos recherches sans en définir clairement l'objet. Curieuse manière de se comporter !

— Vous êtes bien romantique, sourit Machprot, et vous exagérez. Il se trouve simplement que mon groupe travaille sur un thème qui intéresse aussi le gouvernement bhoutanais. C'est pourquoi les gens nous aident. Ni plus ni moins, je le crains.

— Bon, alors dites-moi dans quel domaine exactement vous travaillez, insista Hans.

— D'accord. Mais je dois vous prier de le garder pour vous. Pouvez-vous le promettre ? demanda Machprot.

— Vous pouvez compter sur moi, répliqua Hans, excité à l'idée d'en apprendre davantage au sujet de cette quête mystérieuse.

Au bout de quelques minutes, Ajit avait compris que les Français chassaient sur le même terrain que Timothy. Rien d'autre ne ressortit de la discussion, car le forestier suisse ne semblait pas en savoir très long sur le sujet. Craignant d'être découvert, Ajit se retira. Comme un chat, il se glissa sur la véranda, descendit l'escalier et fila dans les fourrés. Il n'entendit pas les hommes de l'unité des Tigres informer par radio leur commandant de sa visite nocturne à l'auberge.

Au début, leur progression vers le sud avait été rapide. Les ordres transmis par radio les y avaient poussés. Néanmoins, il y a deux jours, Norbu Gyaltsen avait reçu l'ordre de ralentir et d'éviter tout contact avec la population locale. Il n'était pas facile d'avancer dans ce coin sans être tôt ou tard repéré. Tout voyageur éveillait l'intérêt parce que rares étaient ceux qui allaient du nord au sud ces temps-ci. C'était différent autrefois, quand la frontière était ouverte avec le Tibet. Maintenant, la vieille route des caravanes était abandonnée.

Gyaltsen se tenait à l'orée de la forêt, scrutant la vallée à ses pieds. Son visage étroit était couvert par une barbe miteuse, vieille de trois jours, et ses cheveux pendaient en désordre sur ses épaules. La journée était parfaitement claire. Un couple de grues suspendu haut dans l'azur descendait lentement vers la vallée. Ils étaient en route vers l'Inde, pour échapper à la rigueur de l'hiver au Tibet. Ils n'avaient pas besoin de se cacher ni d'expliquer leur présence ici.

« Ces créatures sont partout bienvenues », songea-t-il avec une pointe d'amertume, se mouvant dans la lourde senteur des pins brûlés de soleil. Depuis plusieurs jours, il ressentait comme un léger malaise. Il n'était pas habitué au rôle de proie, d'ordinaire c'était lui le chasseur. Il essayait bien de dissimuler ce sentiment à ses hommes, mais ils ne riaient plus guère entre eux. Il était temps d'en finir avec l'attente.

Il inspecta le terrain en contrebas. Le village était à peine à trois kilomètres. Il pouvait distinguer les villageois en train de moissonner les champs petits et pierreux. Dans le silence, il perçut le grincement des moyeux et le crissement des arbres qui tombaient. Il se retourna et s'adressa à ses hommes qui attendaient dans le sous-bois :

— Il semble que nous allons entrer dans une zone habitée. A partir de maintenant, finis les feux, finie aussi la chasse, il faudra vivre sur nos rations. Un groupe comme le nôtre attire l'attention si nous sommes découverts, si bien que mieux vaut nous séparer. Vous connaissez la géographie du district du Bumthang. Nous allons déterminer l'itinéraire de chaque groupe et décider de possibles points de rencontre. Nous communiquerons par talkie-walkie, mais uniquement en cas d'urgence. Nous avons certes des brouilleurs, mais ils trahiront notre présence si les transmissions sont interceptées. D'ordinaire, il n'y a guère d'activités radio dans cette région.

Ils s'assirent autour d'une carte détaillée de la région. Il fut décidé qu'un groupe allait agir à découvert, afin de pouvoir prendre contact avec le mystérieux agent de Dharamsala. Ils savaient qu'il s'agissait d'une taupe de grande valeur infiltrée là-bas depuis de nombreuses années. Pour le reconnaître, ils n'avaient qu'une vieille photo et son nom.

Norbu Gyaltsen ordonna à ses hommes de prendre un peu de repos. Il préférait qu'ils se déplacent la nuit. Son sommeil fut rapidement interrompu par une espèce de glapissement. Il sauta sur ses pieds et saisit son fusil. Les autres hommes se jetèrent à plat-ventre, l'arme prête.

— C'est un ours ou un groupe d'ours, murmura l'un d'eux. J'espère qu'ils n'ont pas de petits avec eux, ça rend les mères terriblement agressives.

Une ombre brune allait d'un arbre à l'autre. La distance était inconfortablement courte. Leur chance voulut que le vent poussât l'odeur des animaux dans leur direction, et non le contraire. Si près, les ours auraient certainement attaqué. Les hommes osaient à peine respirer tandis que trois mâles imposants, suivis de leurs femelles, passaient lentement. De temps à autre, ils s'arrêtaient pour manger des baies dans les fourrés. Ce n'est qu'au bout d'une heure interminable que la petite troupe s'éloigna.

Après, le sommeil ne revint pas. Ils décidèrent de se préparer au départ. Sans entrain, ils mâchouillaient leurs rations. Ils étaient moroses à l'idée de devoir marcher toute la nuit dans la forêt hostile, sans savoir quand et où ils pouvaient rencontrer une autre bande de bêtes sauvages.

Recherches

Pour la première fois depuis deux ans, il se sentait heureux. Emergeant du sommeil, padre Fulvio laissa son esprit vaquer paresseusement. Lentement et à regret, il revint à la réalité. L'aube et les premiers bruits du petit matin dans la cour déchiraient le dernier voile du sommeil. Ses yeux firent doucement le tour de la pièce à laquelle les murs crépis de blanc conféraient une simplicité monacale. Les deux lits n'étaient que quelques planches assemblées, destinées à protéger les étroits matelas des rats. Une table et deux chaises de rotin complétaient un mobilier plutôt modeste.

Frère Mac ronflait tranquillement. L'odeur de fumée venue d'un foyer ouvert à la cuisine rappela à Fulvio la promesse faite hier par la femme du médecin : « Si vous venez assez tôt, vous aurez du pain frais, de la confiture et du délicieux beurre de yack au petit déjeuner. » Ce souvenir le tira du lit. Il s'approcha de son compagnon et lui tapota légèrement l'épaule :

— Frère Mac, murmura-t-il, il y a du pain frais, de la confiture et du beurre qui nous attendent. Réjouissez-vous ! Ce sont des tentations auxquelles il ne faut pas résister !

L'autre sourit, remuant les mâchoires dans son sommeil. Il s'étira, ouvrit précautionneusement un œil et grommela :

— Donc, c'est bien vrai. Nous sommes au Bumthang. Dieu soit loué !

— Ce matin, en me réveillant, je me suis senti heureux, répondit padre Fulvio. Vous m'en avez fait comprendre la raison : nous y sommes !

Il regarda pensivement la cour :

— Quelle vie paisible semblent mener ces gens, observa-t-il. Ils n'ont pas l'air de beaucoup se soucier des affaires du monde. J'espère que notre mission ne détruira pas la paix de cet endroit.

— C'est à Dieu d'en décider, rétorqua frère Mac. Nous y avons déjà songé. Mon point de vue n'a pas changé. Si les plus hautes autorités de notre Eglise veulent que nous allions de l'avant, je le ferai.

— Amen, dit moqueusement Fulvio. Je vous envie votre foi sereine, frère Mac.

— Peut-être devriez-vous dire : ma foi de charbonnier. C'est probablement plus vrai que vous ne le croyez, répondit l'autre avec une nuance d'amertume dans la voix.

— Non, s'il vous plaît, frère Mac ! plaida Fulvio. Détrompez-vous ! La complexité de la tâche me trouble. Je ne suis pas en position de juger si c'est bien ou mal.

— Peut-être ne le savez-vous pas, dit frère Mac. Mais eux, à Rome, ils savent. Ils s'abreuvent à la plus vaste source d'informations de l'humanité. Deux mille ans d'histoire sont emmagasinés là-bas.

— Je suis heureux de vous avoir avec moi. Vous réussissez toujours à écarter les nuages de mon âme.

— Très bien, sourit frère Mac. Maintenant, n'oublions pas pourquoi nous nous sommes levés si tôt. Il y a du pain frais qui nous attend !

Les deux hommes s'habillèrent rapidement et descendirent dans la cour de l'hôpital de Wangdichoeling. Les employés les accueillirent avec un large sourire. Le cuisinier, comme à l'accoutumée jamais lavé, arriva en courant :

— Bonjour, messieurs ! Vous êtes très matinaux. Dois-je vous servir le petit déjeuner ?

— Ne vous en préoccupez pas, sourit frère Mac. Nous devons le prendre chez le médecin. C'est très aimable à vous.

Quittant le bâtiment, ils empruntèrent un petit chemin bordé d'une clôture de bambou et empierré.

— Comment se fait-il que dans un coin aussi perdu, il y ait un chemin pavé ? demanda Fulvio.

— Il reliait autrefois le palais de Wangdichoeling, la résidence d'été de feu le père du roi, à sa maison d'hôtes, l'actuel hôpital.

— Nous avons donc dormi dans une maison d'hôtes royale, releva Fulvio. Pourquoi ces beaux bâtiments ne sont-ils pas utilisés comme hôtel ?

— Les Bhoutanais ne veulent pas encore de tourisme par ici, expliqua frère Mac. Cette région est très peu peuplée. Elle perdrait son identité culturelle et religieuse en moins de temps qu'il n'en faut pour le dire, si les touristes envahissaient les lieux. Voyez ce qui se passe au Népal !

— Je pense que vous avez raison, concéda Fulvio alors qu'ils arrivaient à la maison du médecin.

Une délicieuse odeur de pain frais embaumait l'air.

— Bienvenue ! les salua le Dr Lautinger. Asseyons-nous pour prendre le petit déjeuner.

— Madame, c'est un grand privilège que de goûter les qualités culinaires de votre cuisine, dit galamment padre Fulvio à l'hôtesse. Je suis sûr que vous nous gâtez à tel point que nous pourrions revenir !

Flattée par le compliment, elle les invita à s'installer. Elle entassa devant eux maintes bonnes choses que les deux hommes n'avaient plus goûtées depuis des mois.

— Servez-vous et ne laissez rien, les convia-t-elle.

Oubliant la bénédiction coutumière de la nourriture, les deux prêtres commencèrent à se régaler comme des affamés.

— Ravie de voir que votre quête spirituelle puisse être épaulée de cette manière bien terre à terre, se moqua-t-elle gentiment.

Rougissant légèrement de son appétit flagrant, padre Fulvio répliqua :

— Le Créateur s'est plu à unir les besoins spirituels et physiques dans l'homme.

— Cela ne va pas toujours sans problèmes, observa le médecin.

— Votre accueil est bien trop cordial pour que vos remarques nous troublent, répondit en riant Fulvio. C'est assez vrai que ces forces contradictoires nous posent de gros problèmes. Mais je pense que c'est valable pour nous tous, plus ou moins. N'est-ce pas pareil pour vos patients ?

Le Dr Lautinger sourit de la subtile manière jésuite de détourner la conversation.

— Je ne crois pas vraiment que vous ayez fait tout ce long chemin pour discuter d'affaires aussi prosaïques avec un médecin ignorant. Dites-nous plutôt quels sont vos plans ici, au Bumthang ?

Fulvio ne perçut pas la moindre animosité sur le visage ouvert du médecin. Il décida néanmoins de ne pas mettre le couple dans son secret :

— Je suis censé visiter nos écoles au Bhoutan oriental. Je suis spécialiste des méthodes d'enseignement. Comme vous le savez, mon ordre est très impliqué dans les activités d'éducation dans les pays en développement.

— Une manière élégante d'être proche des futures élites de ces pays, observa l'hôtesse.

— C'est juste, madame, reconnut Fulvio. Il ne faut cependant pas croire que nous cherchions à acquérir un pouvoir mondain ou quelque autre influence.

— Conquérez les cœurs des enfants, et l'esprit des adultes vous sera acquis, dit-elle.

— Tant mieux pour nous, si c'était le cas. Mais je dois vous décevoir. Nombre d'entre eux ne viennent chez nous que pour apprendre. Plus tard dans leur vie, ils se retournent contre nous.

— Peut-être parce que vous êtes encore un symbole. Le pouvoir paternaliste, le pouvoir des anciennes puissances coloniales qui continuent de les opprimer par leur dictature économique.

— Après un repas si délicieux, il n'est pas dans mes intentions d'argumenter à ce propos. Je ne nie pas que vous ne puissiez avoir en partie raison, mais les choses sont infiniment plus complexes.

— C'est fort complexe, en vérité. En tant que médecin, je vois ces contradictions jusque dans mes propres activités. Ma présence ici amène de nouvelles habitudes. Notre médecine s'est développée sur des bases culturelles entièrement différentes. Dans nos raisonnements, nous utilisons la logique déductive. Par comparaison, les Bhoutanais ont une approche plus phénoménologique des problèmes. C'est particulièrement évident dans le domaine religieux. Les anciens textes sacrés sont répétés à l'infini par les moines, comme exercice à l'autodiscipline. Sous cet aspect, il en est peu qui comprennent le sens profond de ce qu'ils lisent.

— Comment cette pratique de la religion se maintient-elle au Bhoutan ? lança doucement Fulvio.

— Il y a un certain nombre de maîtres religieux dans le pays, dit le médecin.

— Et d'où ces maîtres tiennent-ils la sagesse ? insista Fulvio.

— Je suppose, de leurs propres maîtres et par la méditation des anciens textes sacrés.

— Donc, ils ont des bibliothèques pour perpétuer les anciens enseignements, conclut Fulvio. Dites-moi, y en a-t-il dans la vallée ?

— Vous trouverez de vieux textes dans chaque monastère. Je suppose qu'il y a beaucoup de documents de ce genre dans un endroit comme Kurje.

— Ces documents sont-ils accessibles à d'autres que les moines ? s'enquit padre Fulvio, une petite pointe d'excitation dans la voix.

Surpris, le médecin et sa femme regardèrent leur hôte.

— Pourquoi êtes-vous tellement intéressé par ce genre de documents ?

— Désolé, je ne vous ai pas encore parlé de mon intérêt particulier pour le bouddhisme tantrique, dit padre Fulvio. Je me demande si vous pouvez nous aider à prendre contact avec les moines de Kurje.

— Il n'est pas facile de gagner leur confiance, releva l'hôtesse. Votre demande leur paraîtra inhabituelle. Aucun chercheur étranger ne vient jamais jusqu'ici étudier les textes anciens. Vous pensez rester combien de temps au Bumthang ?

— Ce n'est pas encore décidé. Mais je suis prêt à prolonger mon séjour si nécessaire, dit Fulvio d'une voix neutre.

— Bon. Il pourrait y avoir un moyen, dit-elle. La femme d'un médecin traditionnel qui travaille à l'hôpital s'est prise d'amitié pour moi. J'irai lui rendre visite. Elle convaincra certainement son mari d'intercéder en votre faveur si je le lui demande. Il est presque moine par son apprentissage et il a des liens très étroits avec le monastère de Kurje.

— Ce serait merveilleux ! s'exclama Fulvio. Nous ne voulons pas abuser de votre temps, car nous savons que vous avez une journée très chargée.

Quand les prêtres eurent quitté la maison, le médecin se tourna vers sa femme et lui dit :

— Curieux, ce père Fulvio. Il cache quelque chose.

Descendant lentement la colline escarpée de l'auberge de Karsumpe, Timothy s'arrêta sur le sentier pour contempler le vaste paysage de l'ensemble de la vallée, creusée dans la montagne par la Bumthang Chu. Ses eaux étaient brunes et torrentueuses, gonflées par la mousson.

On lui avait dit que dans les vallées basses du Bhoutan méridional, la rivière roulait des eaux telles que des régions entières étaient complètement coupées du monde durant l'été. Les forces de la nature étaient présentes dans l'esprit du Bhoutanais à chaque moment de sa vie. Graduellement, Timothy Wiscott en était arrivé à partager cette conscience. D'abord, il s'était senti mal à l'aise, car dans sa confortable existence en Angleterre, il n'avait jamais été exposé à des forces défiant sa compréhension ou son contrôle. Il réalisait maintenant avec angoisse qu'il n'avait d'autre choix que d'être partie de cette réalité en vivant simplement son *karma*, prenant élan du mouvement qu'il percevait dans le rythme vital de la nature qui l'entourait. Le désir de s'accorder à cette subtile symphonie sapait doucement, mais inexorablement, les bases de son esprit rationnel, pénétrant lentement sa conscience comme des gouttes d'encre, en donnant consistance à un fluide autrement invisible.

«Jusqu'où serai-je entraîné au cours de ce voyage ?» s'interrogea-t-il à voix haute. Tout en poursuivant son chemin, Timothy focalisa peu à peu ses pensées sur des problèmes immédiats. Il était désormais sûr que les Français cherchaient les mêmes documents que lui. Leurs informations paraissaient moins précises que les siennes. Il semblait qu'ils aient été gentiment mis sur la piste par les Bhoutanais. Et si la thèse de Limonada était juste ? Troublant. Encore un problème qui échappait à son contrôle. « Mieux vaut se promener au Bumthang et surveiller les Français, devisa-t-il. Mais les jésuites ? Que font-ils dans le tableau ? Ce serait une bonne idée que d'aller leur rendre visite à l'hôpital. Il peut toujours y avoir une chance d'en savoir davantage sur leurs intentions. »

Alors qu'il entrait dans un hameau près de la rivière, un grand cri interrompit les réflexions de Timothy :

— Attention, sir ! Un de nos taureaux a brisé son licou ! Attention, il est très dangereux !

Timothy regarda avec anxiété autour de lui. Il entendit des pas pressés et des cris.

— Comment allez-vous l'attraper ?

Le jeune homme répondit en souriant :

— Je pense que nous allons amener une vache ou deux...

— Une vache ?... Oh, je vois !

Plaqué derrière une maisonnette pour se dissimuler, Timothy perçut soudain un grand bruit monter dans son dos. Il se retourna et le souffle chaud de l'animal lui explosa au visage. Les yeux rouges et vicieux s'abaissèrent vers le sol, mettant les cornes à hauteur de ses cuisses. Timothy ressentit une douleur cuisante et brève, le taureau redressa la tête et le projeta en l'air. Comme en rêve, il se sentit rouler dans l'espace. Cette sensation s'interrompit en un choc sourd tandis qu'il s'écrasait sur le toit de bois de la petite maison où il avait tenté de se cacher. Atterrissant sur une timide Bhoutanaise, il perdit conscience. Le taureau demeura pétrifié, sans comprendre comment son adversaire avait disparu.

Quand Timothy revint à lui, la chambre était pleine de gens s'interpellant vivement en gesticulant. La jeune fille avait été relevée sans une égratignure. Dans la cacophonie qui l'entourait, le mot « docteur » le ramena à la réalité. Il sentait une douleur aiguë à la cuisse gauche. Un regard vers le bas lui permit de découvrir son pantalon déchiré et ensanglanté.

« Mon Dieu, songea-t-il, j'espère que rien d'essentiel n'est atteint. »

— Sir, comment vous sentez-vous ? demanda quelqu'un.

Timothy parvint à répondre faiblement.

— Ne vous en faites pas ! La corne ne vous a éraflé que superficiellement, puisque vous avez été projeté en l'air. Nous avons appelé le médecin. Il sera là dans un petit moment.

— Merci bien. Avez-vous vu M. Limonada ?

— Oui, il revient tout de suite. Il a aidé à rattraper ce maudit animal.

— Ils ont réussi ?

— Oui, heureusement. Il est attaché dans son étable.

La porte s'ouvrir et le Dr Lautinger entra avec une infirmière.

— Désolé de faire votre connaissance dans des circonstances aussi pénibles, lui dit le médecin.

— Heureux de vous rencontrer de toute façon, répondit Timothy.

Le médecin examina la blessure, interrogea Timothy sur d'autres douleurs ailleurs, tapota par-ci par-là, tira et poussa les os. Satisfait de constater qu'aucun autre organe n'était atteint, il commenta :

— Vous semblez avoir beaucoup de chance. A part la cuisse, tout le reste paraît en ordre, mais la blessure doit être nettoyée et désinfectée. Vous aurez également besoin d'une dose d'antibiotiques et d'une piqûre antitétanique. Je vous emmène à l'hôpital dans ma jeep ambulance.

Wiscott fut porté sur un brancard. Il y avait foule autour du véhicule. En criant très fort, les deux employés de la ferme qui portaient le blessé parvinrent à fendre la foule et à l'installer dans l'ambulance. La brève course jusqu'à l'hôpital fut un enfer, les bosses de la route provoquant plus de douleurs que la blessure elle-même. Arrivé à l'hôpital, Timothy fut transporté sur le brancard jusque dans le bâtiment. Il était étendu sur une banquette quand le médecin se pencha sur lui :

— Je crains que ce soit tout ce que je puis vous offrir comme salle d'opération.

Timothy regarda autour de lui : une petite chambre blanche et simple, avec un sol en ciment. Au-dessus de lui pendait une lampe d'opération aux allures aventureuses. Elle avait été bricolée avec trois lampes de chevet.

— C'est vous qui l'avez faite ? demanda-t-il.

— L'un de mes prédécesseurs. Il aimait bricoler. Elle répond parfaitement à son but et donne une très bonne lumière claire, sans ombre. Elle fonctionne grâce au petit générateur à pétrole. C'est ce bruit que vous entendez.

Tranquillement, le médecin poursuivit ses préparatifs. Il prit de la xylocaïne pour l'anesthésie locale. Sur un chiffon stérile, il déposa quelques instruments. Quand tout fut prêt, il s'assit sur un petit tabouret. Après la piqûre, Timothy ne ressentit plus la moindre douleur. Systématiquement, le médecin excisa les tissus lésés et les nettoya à l'eau oxygénée. Ne trouvant rien de suspect, il referma la blessure couche après couche :

— Combien d'agrafes ? interrogea Timothy.

— Hum, c'est drôle, tout le monde pose la même question, ironisa le Dr Lautinger. Ce n'est pas tellement le nombre d'agrafes qui compte, mais bien plutôt la nature de la blessure. C'est-à-dire, si un organe vital est atteint ou si un os est à vif ou fracturé.

— Mais quand même, dites-le moi ! Pour un patient, ça compte, puisque ça fera mal encore une fois quand vous ôterez les agrafes !

— Bon, je vous le dis : j'ai dû en mettre sept.

— Un chiffre qui porte chance, plaisanta Timothy.

— L'humour anglais ne saurait être vaincu, fit le médecin en guise de compliment.

Une fois le pansement terminé, Timothy fut ramené dans sa chambre. Le Dr Lautinger lui dit en le raccompagnant :

— Je pense que vous connaissez déjà vos voisins. Frère Mac et le père Fulvio sont dans la chambre d'à côté.

— Dites-moi, j'en ai pour combien, d'être alité ? demanda Timothy.

— Ne vous faites pas de souci. Demain vous pourrez vaquer un peu par ici. Vous aurez besoin de béquilles pendant quelques jours. Moins vous utiliserez vos muscles, plus vite la blessure guérira. Il y aura aussi moins de risques de complication par infection. Prenez ce calmant. A midi, on vous apportera votre déjeuner.

— Merci de votre aide, dit Timothy en s'étendant sur le lit. Le médecin quitta la pièce en fermant doucement la porte.

Seul face à son nouveau problème imprévu, Timothy se mit à analyser la situation. Dans ces conditions, il avait eu de la chance. La corne aurait pu le blesser à un endroit plus dangereux. Il aurait même pu être tué sur le coup. Il frissonna à cette idée et décida de ne pas persévérer dans cette direction.

« Après tout, c'est le *karma* ! soupira-t-il. Mais c'est un bon moyen d'avoir les deux prêtres à l'œil. »

Le puissant calmant commença lentement à opérer son petit miracle. Il s'assoupit et glissa dans un rêve très agréable où il se sentait flotter sur un petit nuage rose.

Emmenés par Hans Limonada, les trois tibétologues français s'engagèrent en hésitant sur le pont suspendu, au-dessus de la Bumthang Chu. Adèle de Sainte-Fleur remercia Dieu de n'avoir pas été là une heure plus tôt, quand le taureau était encore lâché. La vie et la santé paraissaient si précaires dans les circonstances actuelles ! Sans la volonté et le moral de Virgile Machprot, elle aurait probablement tout laissé tomber. Pour l'instant, rien ne prouvait que les documents fussent dans les parages. Néanmoins, la présence du padre Fulvio au Bumthang ne pouvait pas être une simple coïncidence.

« Toute cette affaire est pleine de coïncidences bizarres, songea-t-elle. Du moins, c'est ainsi que les choses apparaissent en surface. Y aurait-il une logique cachée derrière les apparences ? »

Ces jours derniers, elle avait été surprise de voir comment leur groupe avait été gentiment conduit jusqu'à la vallée du Bumthang. Comme si leurs recherches étaient guidées par quelqu'un d'autre : un maître des marionnettes qui tirait les ficelles pour les faire danser, tout en s'émerveillant des événements qui se déployaient devant eux. Il y avait aussi cette impression d'être sous surveillance et mis à l'épreuve. Mais par qui ? Pour quoi ? Le « pourquoi » et ses implications étaient ce qui la troublait le plus :

« Comment peut-on appréhender la réalité immédiate en pleine conscience quand on est aveuglé par la recherche obsessionnelle de la causalité ? se dit-elle. Essayer de tout expliquer fait croire que l'explication est la vraie réalité, alors que ce n'est qu'une représentation subjective du monde environnant. Bien sûr, la recherche du « pourquoi » n'est pas mauvaise ni entièrement inutile, dans la mesure où la logique déductive est un puissant outil pour percer les secrets de la nature. Mais percer un secret n'est pas le partager. Peut-être devrais-je simplement ouvrir mon âme à la réalité, là, devant mes yeux, et regarder ce qui se passe, sans m'interroger sur pourquoi ça se passe. Je me demande ce que nous allons entendre chez le jeune Rimpoché... »

Il leur fallut une demi-heure pour arriver au village où vivait le jeune homme. Les villageois avaient bâti un petit monastère en son honneur. C'était un Rimpoché, la réincarnation d'un grand lama qui avait vécu dans la région une vingtaine d'années auparavant. Il n'avait que quinze ans, et pourtant sa sagesse était sereine, ses manières aimables et sa vie très simple. Son éducation formelle de moine avait été très brève. Comme il avait progressé avec une célérité étonnante, son maître n'eut plus rien à lui apprendre au bout de deux ans. Il avait donc décidé de retourner chez lui, à l'endroit où, dans sa vie précédente, il avait déjà répandu l'amour et la sagesse du Bouddha. En les menant à la maison du lama, Hans Limonada leur avait raconté son histoire. Le Rimpoché devait avoir touché au cœur la personnalité profonde de Hans, jusqu'au tréfonds de son âme. Sinon, pourquoi le forestier parlerait-il de lui avec tant d'admiration ?

Les enfants accoururent dès que Hans et le groupe français entrèrent au village. Ils connaissaient tous le Suisse, puisqu'il vivait au Bumthang depuis six ans. Avec bonne humeur, il répondait à toutes leurs questions. Quand ils apprirent que le groupe allait rendre visite au Rimpoché, un respect certain se manifesta parmi eux. Ce n'était plus la foule bruyante et collante, c'était devenu une escorte amicale et attentive. Quand ils arrivèrent en vue du monastère, Adèle fut surprise par le bâtiment à la fois simple et imposant.

— C'est grand pour un seul homme, murmura-t-elle à l'oreille de Machprot. Après tout, il n'est peut-être pas aussi modeste que cela.

— Ne jugeons pas trop vite, chère Adèle, ironisa le professeur. N'oubliez pas qu'il n'a rien demandé. Ce sont les villageois qui ont construit.

— Quel endroit étonnant, remarqua Jean Dupont quand ils s'arrêtèrent devant le haut mur entourant la cour. Ils passèrent sous un porche impressionnant, qui pouvait être fermé par deux lourds vantaux de bois aux serrures forgées.

— On dirait une forteresse, observa Adèle.

Ils suivirent une petite allée flanquée de deux murs de pierre, conduisant à l'entrée du temple. Une multitude de moulins à prières colorés étaient fixés dans de petites niches. De chaque côté de l'entrée, un moulin à prières haut d'au moins deux mètres et de plus d'un demi-mètre de diamètre, tournait avec une lenteur majestueuse. Aucune force visible ne justifiait leur mouvement.

Machprot rejeta son béret en arrière et se gratta le crâne avec étonnement. Il tourna autour du miracle sans pourtant trouver d'explication valable. Hans sourit de la surprise des trois Français.

— Ne vous en faites pas ! Je n'ai pas été plus malin la première fois que je suis venu ici. Surprenant, n'est-ce pas ? Je suppose que vous aimeriez savoir comment ça marche. Si je vous dis que c'est un miracle, me croirez-vous ?

— Ça va, Hans ! Pas pour nous ! répondit Jean Dupont, quelque peu perplexe. Vous nous avez dit qu'ils n'ont pas l'électricité dans ce coin de la vallée...

— Non, il n'y en a pas. Je peux aussi vous dire qu'il n'y a pas de malheureux esclave à l'intérieur en train de pédaler comme un âne pour faire tourner la roue.

— Dites-nous, Hans ! le pressa Adèle.

— Eh bien, simplement, ils ont détourné une partie d'une petite rivière venant de Lama Gompa dans un canal souterrain. L'eau coule à près de deux mètres au-dessous de nous, juste sous la maison. Elle tombe dans une roue à aubes, reliée au moulin à prières par une longue poutre. C'est le son léger que vous pouvez percevoir à travers les madriers.

— Magnifique ! s'exclama Machprot. Une solution très élégante.

— Chaque cylindre est rempli de milliers de petits rouleaux de papier portant des prières, et à chaque tour de roue, le moulin expédie ces prières au ciel, ajouta Hans pendant qu'ils s'approchaient de l'entrée.

Un vieux moine apparut sur le seuil. Il s'inclina légèrement et d'un geste aimable montrant ses paumes ouvertes, les invita à entrer.

Le bruit et l'agitation du monde extérieur semblaient se figer à l'entrée de ce havre de foi et de spiritualité. Personne n'osait parler. Ils échangeaient seulement des regards, tout en suivant le moine qui les conduisit dans un oratoire. Leur attention fut immédiatement attirée par une statue du Bouddha délicatement sculptée, qui leur souriait du mur en face. Son visage avait été minutieusement ciselé, ses yeux paraissaient vivants tant son regard semblait suivre les mouvements des visiteurs. Son troisième œil était un rubis, scintillant chaleureusement dans la lumière dispensée par une multitude de lampes à huile disposées au pied de la statue. Les mains du Bouddha étaient en posture d'enseignement. De fines écharpes de soie rouge, jaune et blanche couvraient son corps assis. Sur l'autel devant la statue, se trouvaient quatorze bols d'argent remplis d'eau fraîche. Deux vases décorés d'or portaient des bouquets de plumes de paon, au centre du petit autel il y avait une clochette et le sceptre-foudre de bronze, symbole de l'éclair.

Le vieux moine murmura quelque chose à l'oreille de Hans. Se retournant vers les Français, il dit :

— Il me demande de vous expliquer que cette statue du Bouddha Maitreya a été sculptée par le jeune Rimpoché lui-même. Il a accompli ce travail en trois mois seulement. Personne ne comprend comment il a pu faire ce chef-d'œuvre si vite. Cela renforce la croyance de la population locale, selon laquelle Rimpoché est doué d'une puissance mentale hors du commun.

— Il y a en effet une qualité de vie certaine dans ce chef-d'œuvre, constata le professeur Machprot. Quand ces yeux me regardent, j'ai l'impression d'être observé par un être conscient. Très impressionnant, n'est-ce pas, Jean ?

— Je dois reconnaître que je ressens une impression étrange dans cette pièce, admit Dupont. Ni déplaisante, ni menaçante, mais... comment dirais-je ? Hum, une manière de singularité qui est presque... mystérieuse, si vous voyez ce que je veux dire.

Adèle ressentit un choc : elle éprouvait exactement la même chose. Se tournant vers Machprot en quête d'avis, elle l'interrogea :

— Que pensez-vous de l'idée de Jean, Virgile ?

— Rien pour l'instant ! les prévint-il à mi-voix en jetant un regard anxieux à Hans pour voir s'il écoutait ou non leurs propos. Le Suisse semblait absorbé dans la contemplation de vieux *thangkas* pendus au mur, certains masqués par de somptueuses soieries. Ils étaient finement peints dans des tons de brun, blanc, rouge et vert pâle.

Le vieux moine les pria de le suivre. Les visiteurs quittèrent l'oratoire et montèrent un escalier de bois tout raide jusqu'au premier étage. Après avoir traversé un long couloir, ils aboutirent dans une vaste chambre. Une délicieuse senteur de cire d'abeille flottait dans l'air. Une brise chaude faisait tournoyer la fumée des herbes aromatiques qui brûlaient dans de petits pots disséminés dans toute la pièce. Au milieu du plancher se trouvait un tapis tibétain bleu et blanc, orné d'un tigre rouge.

Le jeune Rimpoché était assis sur un coussin élevé près de l'une des deux fenêtres. Son regard examina rapidement chacun des visiteurs dès l'entrée. Sans mot dire, il leur offrit des *khatas*, l'écharpe blanche de bienvenue, et les pria de prendre place devant lui. Le calme émanant du jeune homme semblait arrêter le flux du temps. Il ne dominait ni ne jugeait, il était simplement là, à l'écoute de toute réalité offerte à son intense contemplation. Son attention dépourvue de préjugé et son pouvoir non dissimulé d'observation les stupéfièrent.

Ils furent distraits par l'arrivée de deux moines apportant des cruches remplies de *suja*, le thé beurré et salé. Jean Dupont commença à transpirer à l'idée de devoir boire ce breuvage : du sel et du beurre, ce n'était pas vraiment sa tasse de thé. Et pourtant, la coutume voulait que chaque hôte soit servi à trois reprises... Une fois que ses invités eurent bu le thé et mangé du *zan*, du riz sucré grillé dans du beurre, le Rimpoché s'adressa à eux en tibétain :

— C'est un grand plaisir de recevoir des amis de Hans chez moi. On m'a dit que jusqu'ici, votre voyage a été difficile. J'en suis fort marri et j'espère que le Seigneur Bouddha bénira vos actions.

Le professeur Machprot inclina la tête et répondit dans son meilleur tibétain :

— Vénérable Rimpoché, nous vous sommes très reconnaissants de nous permettre de passer un moment en votre présence. Pour mes amis et moi-même, c'est un grand privilège que de parler à une personne aussi versée que vous dans les enseignements du très respecté Seigneur Bouddha.

Ravi de converser avec ses visiteurs en tibétain, le Rimpoché battit des mains en s'exclamant :

— Pour une fois, Hans n'en a pas rajouté quand il m'a dit que vous étiez un véritable érudit en ce qui concerne notre religion.

Confus devant cette appréciation flatteuse, Machprot inclina à nouveau la tête et répondit :

— Nous en savons peu. Nous savons surtout parler tibétain, mais nous savons si peu de la signification profonde et cachée de vos enseignements.

Les deux autres moines étaient radieux de voir le jeune Rimpoché aussi content. Ils remplirent à nouveau les bols des visiteurs et les pressèrent de prendre encore du *zan*.

— Le moine qui nous a menés à l'oratoire nous a raconté votre exploit, de sculpter la statue en trois mois seulement, poursuivit Machprot.

— Le mérite ne m'en revient pas. La force de le faire venait du Bouddha. Comme tout ce que nous accomplissons sur terre, nous existons par lui, comme nous agissons et finalement mourons de la sorte.

— Il existe de bien belles histoires à propos de personnes au Tibet qui ont accompli des choses qu'aucune créature humaine normale ne pouvait faire, dit le professeur. Je songe aux coureurs en transe, à ceux qui vivaient dans des grottes pratiquement sans vêtements ni nourriture. Et que dire de Milarepa, quand il envoyait des orages de grêle sur le village où vivait son oncle, ou quand il bâtissait et reconstruisait la tour que son maître Marpa lui avait demandé d'ériger ?

— C'est vrai, que dire d'eux ? – le jeune Rimpoché sourit. Il y a beaucoup de choses dans le monde que nous ne pouvons pas comprendre tant que nous les regardons les yeux et l'esprit fermés. Le sage ne dira jamais : « Cela ne peut exister parce que je ne l'ai pas vu moi-même. » Il écoutera et ira ensuite dans le monde pour regarder. Mais il écoutera également son âme. Finalement, quand la question lui semblera suffisamment importante, il ira quérir l'aide d'un maître. Le maître l'acceptera comme disciple, s'il estime que son cœur est pur et son esprit ouvert à l'enseignement.

Le Rimpoché s'interrompit pour inviter les deux moines à reservir du thé. Comme il ne reprenait pas ses explications, le professeur Machprot dit :

— Je vous en prie, dites-nous en davantage à propos de cet enseignement ! Les vieux textes sont pleins de sagesse, mais leur signification profonde doit être expliquée, car il est souvent dit qu'elle ne peut être révélée en raison de son appartenance à l'enseignement secret. C'est une expérience très frustrante pour nous autres chercheurs.

Le jeune homme sourit, prenant son temps pour répondre.

— Il existe divers niveaux de conscience que peut atteindre l'être humain. A mesure que sa conscience s'élargit, sa compréhension croît. Il change durant ce processus, qui va au-delà des capacités de notre esprit tel que nous le concevons dans la vie quotidienne. Cette expérience ne peut pas être racontée avec les mots de l'esprit de tous les jours qui vit dans le *samsâra*, ou *maya*, le monde temporel de l'illusion. Parce qu'il faut utiliser des forces autres que le pur intellect, nous l'appelons l'enseignement secret. Il ne peut être donné que par un maître à son disciple, une fois que le disciple est prêt à transcender le *samsâra*. Il n'y a pas de secret en tant que tel. Ce n'est un secret que pour l'esprit ordinaire.

Machprot retourna cette explication dans sa tête. Il avait souvent abordé ce thème avec des chercheurs orientaux, mais chaque fois, il était arrivé à la même conclusion, toujours aussi frustrante : il existait une limite à la transmission ordinaire de la connaissance. A partir d'un certain point, un changement de paradigme devait avoir lieu dans l'observateur lui-même, sinon il ne pouvait plus appréhender l'enseignement. La vérité si simple des propos du jeune Rimpoché lui faisait prendre douloureusement conscience de son refus, jusqu'ici, d'accepter cette dimension de la recherche. Pour la première fois de sa vie, les fondements mêmes de l'esprit intellectuel de Machprot étaient ébranlés.

Il fixa les yeux calmes et sans fond du jeune Rimpoché. La fascination et la crainte de l'urgence du plongeon dans le tréfonds de ce regard extraordinaire fouaillèrent son âme. Sentant cette tempête intérieure, le jeune Rimpoché se pencha en avant et lui toucha délicatement le bras.

— Ne soyez pas mortifié ! Le temps venu, les choses deviendront claires à chaque âme. Bouddha a refusé d'entrer en *nirvâna*, il est devenu *bodhisattva* afin d'aider les autres à atteindre à la bouddhéité. Le jour où toutes les âmes seront éveillées, il deviendra le Bouddha de l'avenir, le Bouddha Maitreya ou le Seigneur Jampa. Le temps viendra quand votre *karma* sera mûr.

Ces mots apaisèrent Machprot, qui respira profondément avant de répondre :

— Je sens que vous devez avoir raison. Excusez, je vous prie, mon manque de discernement du nœud du problème. Je suis encore prisonnier du monde des phénomènes. Il serait peut-être bon d'abandonner une recherche scolaire de la vérité.

— Non, non, pas du tout ! s'exclama le Rimpoché. Je ne veux pas que vous abandonniez votre travail. Il est de la plus haute importance que les gens d'Occident connaissent nos écrits. Nous en avons été les gardiens depuis si longtemps ! Nombre d'entre nous ont perdu la capacité de les comprendre pleinement. Certains ne font que répéter mécaniquement la sagesse ancienne. Vous avez un esprit critique. Si vous pouviez y ajouter la disponibilité de vous en remettre au Bouddha, vous seriez bien plus utile qu'en renonçant à tous vos attachements antérieurs !

Surpris par la réponse du jeune lama, Machprot insista :

— Je ne comprends pas très bien. Il semble y avoir contradiction entre vos premiers et vos derniers propos.

— Il n'y a pas de contradiction. Pour vous, il semble y en avoir, parce que votre esprit divise. Selon vous, c'est vrai ou faux, noir ou blanc. Mais ces divisions ne sont en réalité qu'une seule et même chose, comme les facettes d'un diamant.

Avec un geste d'impuissance, Machprot répliqua :

— J'ai encore un bout de chemin à parcourir dans le *samsâra* avant de parvenir à l'éveil ! Dites-moi néanmoins, pourquoi avez-vous choisi d'ériger une statue du Bouddha Maitreya ?

— C'est le Bouddha des temps à venir, commenta le Rimpoché. N'est-il pas vrai que tout dans l'univers converge vers l'unité dans l'avenir, quand tout sera un ? Laissez-moi vous expliquer. J'ai fait un rêve pendant que mon maître m'instruisait. Dans ce rêve, j'ai eu une vision du Bouddha Maitreya, vers qui convergeaient tous les *bodhisattvas*. J'ai vu son visage si clairement que cela m'a donné la force de réaliser son effigie en aussi peu de temps. C'était comme si ses mains guidaient mon corps et mon esprit.

Machprot était surpris de constater combien les explications du Rimpoché lui devenaient aussi plausibles qu'évidentes. Une puissance incontestable émanait du jeune homme. Sa pureté mettait Machprot mal à l'aise à l'idée de porter la conversation sur le sens de leurs recherches. C'était comme une désacralisation d'un échange profond. Il fut pétrifié quand, soudain, le Rimpoché l'interrogea doucement :

— Dites-moi, professeur, quelle est la question que vous brûlez de me poser ?

Machprot rougit, tandis qu'il répondait à voix basse :

— Comment se fait-il que vous lisiez si bien dans mon esprit ?

— Nombre de choses me sont encore inconnues, mais j'ai appris à lire les émotions des gens. Vous avez quelque chose d'important à l'esprit et vous ne savez pas comment l'exprimer. Sentez-vous libre de me dire ce qui vous préoccupe.

C'était comme si on lui avait ôté un poids de la poitrine. Machprot avait distinctement l'impression qu'il pouvait avoir pleinement confiance dans le jeune homme. Cherchant des yeux l'assentiment d'Adèle, il fut soulagé de voir qu'elle donnait son agrément tout en l'encourageant d'un léger sourire :

— Il est fondamentalement bon, je le sens.

Il tourna à nouveau son regard vers le Rimpoché.

— Impossible de vous cacher quoi que ce soit, Précieux Maître. Eh bien voilà, nous sommes à la recherche d'un ancien document très particulier, un document de révélation...

Les yeux attentivement fixés sur le professeur, le lama ne perdait pas un mot de l'histoire miraculeuse qui lui était contée. Jean Dupont était fasciné par l'éloquence du vieil érudit, même s'il ne comprenait pas tout. Le visage du moine demeura impassible durant toute la narration. Quand Machprot eut terminé, le silence prit possession de la pièce. Le Rimpoché continuait de fixer le professeur. Les minutes passaient, personne ne bougeait dans ce temps soudain suspendu. La voix claire du Rimpoché les tira de leur engourdissement.

— Vous ne savez pas exactement ce que vous cherchez. Vous ne savez pas où chercher. Vous êtes venu me demander conseil ?

Machprot baissa la tête et répondit à mi-voix :

— D'abord, nous n'étions pas vraiment venus vous demander conseil. Nous espérions plutôt obtenir de vous des informations en vous posant des questions apparemment innocentes. Mais c'est impossible avec vous, parce que je ne peux ni mentir ni vous cacher quelque chose. C'est pourquoi finalement je vous demande un avis.

— J'accepte votre réponse, répliqua le Rimpoché. Votre quête est difficile, je vais y réfléchir. Si votre recherche est honnête et vos intentions pures, je vous aiderai. Sinon, je vous empêcherai de poursuivre. Il faut que je fasse moi-même quelques recherches, n'étant familier ni du document que vous avez étudié ni de celui que vous cherchez. Avez-vous une copie du document que votre ambassadeur a reçu en Inde ?

— Oui, j'en ai une avec moi. Au cas où..., murmura le professeur.

— Laissez-la-moi. Je vais l'étudier et vous donnerai une réponse dans les délais les plus brefs.

D'un signe, Machprot invita les autres à se lever. S'inclinant profondément, ils quittèrent la pièce.

Il écumait de rage. Depuis quatre jours, ils étaient bloqués à Thimphu. Il avait fallu tout son sang-froid à Birandra Das pour ne pas gifler la jolie secrétaire. La garce s'opposait à le laisser rencontrer ne fût-ce que son patron, le directeur du Tourisme.

— Ecoutez, mademoiselle Wangmo, plaidait-il, vous le savez, l'Indian Mountaineering Association bénéficie du plein soutien de l'Office indien du tourisme. Mon ministre l'a clairement dit dans sa lettre : un voyage d'exploration dans le Bhoutan central serait un grand stimulant à l'amitié entre nos deux pays.

— Nous sommes parfaitement conscients de l'importance de votre expédition, monsieur Das, admit la secrétaire. Croyez-moi, nous sommes véritablement navrés de ce retard. Ce matin encore, mon ministre me disait : « Faites de votre mieux pour permettre à ces messieurs de l'Organisation indienne de randonneurs... »

— Indian Mountaineering Association, s'il vous plaît !

— Désolée, pardon ! Voyez comme je suis confuse ! Quoi qu'il en soit, il m'a dit : « Faites tout ce qui est en votre pouvoir pour les mettre sur la route du Bumthang... »

— Alors, qu'attendez-vous si vous avez l'accord de votre ministre ? la pressa-t-il.

— Il m'a dit aussi de vous assurer les meilleurs véhicules. Nous avons trois superbes jeeps Toyota à votre disposition au ministère.

— Merveilleux !

— Le seul problème, c'est que la pompe à essence de l'une d'elles est cassée et que nous n'avons pas de pièces de rechange. J'ai couru tout Thimphu hier pour en trouver une. En vain ! lui dit-elle, des regrets plein les yeux en regardant au plafond.

Elle faisait un effort surhumain pour ne pas éclater de rire devant la mine déconfite du chef de la soi-disant équipe de montagnards.

— Ça ne fait rien, nous pouvons nous serrer dans deux voitures, suggéra-t-il.

— Oh, j'en suis sûre, élancés comme vous êtes. Mais c'est que la deuxième jeep a un petit ennui avec la boîte de vitesses. Elles sautent à peu près tous les dix mètres, et je ne pense pas qu'un seul véhicule puisse vous suffire.

Les muscles du visage pointu de Birandra se crispaient de nervosité. Ses yeux noirs brillaient du désir de clouer la secrétaire au mur : elle le faisait tourner en bourrique. Dieu, que cela lui plaisait de se jouer de lui ! Il se leva de sa chaise et se pencha sur le bureau :

— Ecoutez-moi. Je n'ai pas une année devant moi pour cette expédition. Pourquoi ne pas nous donner la troisième voiture qui, je l'espère, est en état de marche, et mon groupe se scindera en deux. La moitié partira en avant avec l'équipement, le reste suivra quand n'importe quel moyen de transport sera disponible.

« Voilà qui va la calmer, se dit-il. Impossible pour elle de me dire que la troisième voiture non plus ne marche pas. »

— Oh, quelle bonne idée, monsieur Das ! Laissez-moi vérifier rapidement auprès du garage quand le véhicule peut vous être amené.

Pendant qu'elle composait le numéro, Das se rassit en tambourinant impatiemment sur le bureau. Ses ordres étaient clairs : aller au Bumthang, ne pas griller la couverture, aider Ajit Singh par tous les moyens, pas d'incident avec les officiels bhoutanais tant que les documents n'étaient pas en sécurité entre leurs mains.

Après une longue conversation au téléphone, la jeune fille posa le récepteur et se tourna vers lui :

— Parfait, votre voiture est prête et peut vous être amenée quand vous le souhaitez.

— Très bien, dit-il en se levant.

— Une seconde, s'il vous plaît, monsieur Das, que je demande juste au ministère de l'Intérieur si l'accès à cette région est ouvert, annonça-t-elle d'une voix suave en reprenant le combiné.

— Hein ?! fut le seul son qui franchit ses lèvres.

— Détendez-vous et asseyez-vous ! lui sourit-elle. Un tout petit instant. Puis, dans le microphone : Bonjour, le QG de la police ? Ici Kesang, du Tourisme. Puis-je parler à quelqu'un de la section des permis de voyage ? Merci, j'attends, pas de problème ! Couvrant le micro, elle murmura à l'Indien : Vous voyez, pas d'inquiétude ! Nous aurons immédiatement la réponse, je connais les gens là-bas !

Das acquiesça faiblement, plaçant tout son espoir dans ce coup de fil. Il entendit sa réponse :

— Oh, salut, c'est Ugen ? Je ne vous ai guère entendu ces derniers temps, comment va ?... Oh, mais c'est fantastique ! Vous devez absolument m'en dire davantage.

Quand elle vit que son visiteur était sur le point d'exploser, elle revint à ses moutons :

— Ecoutez, Ugen, pourquoi ne pas en discuter une autre fois ? Je vous appelais parce que nous avons besoin d'un sauf-conduit pour un groupe indien qui aimerait aller randonner du côté du Bumthang. Le drapeau est toujours baissé pour cette région ?

...

— Vous dites qu'ils n'ont toujours pas attrapé les ours?

...

— Je vois. Donc, vous attendez le feu vert des soldats.

...

— Pas avant demain, vous pensez ?

...

— Mais écoutez, c'est un grand groupe. Vous ne croyez pas que c'est risqué ?

...

— Bien entendu. Dans la mesure où ils vont explorer les possibilités de randonnées, ils iront naturellement dans les forêts et Dieu sait où encore...

— Trop risqué, alors. Bon, je pense que nous devrons attendre que vous ayez la confirmation du Bumthang. Merci beaucoup de votre aide.

Tandis qu'elle raccrochait, Birandra Das se levait et se rasseyait alternativement. Il ne se sentait pas très bien.

— Ne vous en faites pas, monsieur Das, lui dit-elle gentiment. Comme vous l'avez entendu, ça ne prendra pas plus de deux ou trois jours. Je vous le ferai savoir dès que possible. En attendant, nous allons essayer de réparer les deux autres voitures afin de ne pas perdre de temps.

Excédé, il quitta le bureau.

Avant de partir pour le Bumthang, Rinchen Namgyal avait renoncé à son déguisement de marchand. Il avait décidé de se glisser dans le rôle d'un émissaire officieux de Sa Sainteté le dalaï-lama. La communauté tibétaine au Bhoutan avait des sentiments mitigés à leur égard. Les nationalistes durs les détestaient, parce que Dharamsala ne soutenait pas leur politique. Aux autres, ils rappelaient désagréablement leur allégeance au dalaï-lama. Cependant, leur prestige était tel qu'aucun service ne leur était refusé.

Son logis au bazar n'était pas très confortable, mais c'était dans une gargote où venaient beaucoup de gens qui se soûlaient et racontaient toutes sortes d'histoires folles. Rinchen passait beaucoup de temps là-bas, les encourageant à boire et à parler. C'est ainsi qu'il eut vent de toutes ces rumeurs. Personne ne savait réellement ce que faisait là ce groupe de recherches géologiques. Tout le monde était néanmoins surpris, car une enquête analogue avait été menée il y a juste une année. L'opinion générale voulait que le gouvernement ait de l'argent à dépenser. Rinchen avait organisé une filature des divers groupes. L'accident de l'Anglais lui avait été immédiatement rapporté par le charpentier tibétain travaillant à l'hôpital. L'homme lui avait également dit que Fulvio et frère Mac avaient eu un long entretien avec le médecin traditionnel à propos d'une visite au monastère de Kurje.

Il s'apprêtait à sortir quand quelqu'un frappa à sa porte.

— Qui est-ce ? cria-t-il.

— Quelqu'un demande à vous voir, fit la voix aiguë de la femme du patron à travers le porte.

— Qui donc ?

— Je ne sais pas, je ne l'ai jamais vu.

Rinchen glissa un couteau dans sa ceinture et le cacha sous sa large veste. S'approchant d'un petit meuble, il dissimula son pistolet dans une boîte en bois.

— Il ressemble à quoi ?

— A vous et à moi. De plus, il parle tibétain. Je peux le laisser entrer ?

— D'accord, cria-t-il en se demandant qui cela pouvait bien être.

L'homme qui entra était aussi nerveux que lui. Fermant la porte derrière lui, il posa un doigt sur ses lèvres et s'adressa à Rinchen :

— Salut, je suis Norbu Gyaltsen, et je vis actuellement au Bhoutan oriental. Quand j'ai entendu qu'un compatriote de Dharamsala était dans les parages, j'ai pensé qu'il serait sympathique de le rencontrer. Vous savez, nous sommes assez isolés ici au Bhoutan. Comment vont les choses en Inde ?

Tout en poursuivant son bavardage, il glissa un petit bout de papier dans la main de Rinchen. Sans l'écouter, Rinchen lut le bref message : *Nous avons la même mission et nous devons en parler ensemble*.

A haute voix, il répondit :

— C'est gentil à vous de venir. Je m'apprêtais justement à sortir, j'avais l'intention de rendre visite à quelques-uns de mes amis qui travaillent dans la forêt près de Kurje. Si vous avez le temps, pourquoi ne pas faire un bout de chemin ensemble ?

— Bonne idée ! De toute manière, je n'avais rien de prévu pour ce matin.

Bavardant comme de vieux amis qui se retrouvent depuis des lustres, ils traversèrent le restaurant et sortirent du marché. Marchant sans se presser, ils quittèrent le petit village. Quand ils eurent laissé loin en arrière les dernières maisons, Rinchen dit :

— Vous me devez une explication. Mieux vaut qu'elle soit bonne, sinon ça pourrait mal aller pour vous !

Sans tourner la tête, Norbu répondit :

— Je vous apporte des salutations du Sikkim !

Rinchen sentit son estomac se nouer. Encore une fois ce code ! Et sans crier gare. Il avait cru comprendre qu'il serait entièrement seul au Bhoutan.

— Le Sikkim est bien loin d'ici, répliqua-t-il automatiquement. Qui peut envoyer des salutations à cette époque de l'année ?

— Toute époque de l'année est appropriée pour les salutations d'un ami, vint la réponse.

— C'est vrai, mais est-il approprié d'en recevoir n'importe quand de n'importe qui ?

— Elles viennent des nuages et sont portées par le vent.

C'était donc ça. Le code avait été correctement délivré dans son entier. Norbu Gyaltsen ne lui laissa pas le temps de rassembler ses pensées :

— Je suis désolé d'être aussi direct, mais je n'ai pas beaucoup de temps.

En quelques mots, il informa Rinchen de la présence de son groupe et de sa mission. Quand il eut fini, Rinchen garda le silence quelques minutes, réfléchissant aux implications possibles. Finalement, il se décida :

— Je suis un peu déçu par ce que vous m'avez dit. Le QG n'a guère d'informations plus précises au sujet de notre mission ?

— Je le crains, c'est tout ce qui m'a été dit jusqu'ici. Et pourtant, nous avons un contact radio tous les jours.

— Oh, vraiment ? Vous avez un contact quotidien ?

— Même trois fois par jour !

— Croyez-vous qu'il me serait possible d'utiliser cette liaison ?

— Hum, ce serait plutôt dangereux. Ce n'est pas programmé. Je pense qu'il faudrait demander l'autorisation au QG, répondit Norbu.

Cela rappela cruellement à Rinchen son passé bureaucratique. Aucune initiative n'est jamais laissée aux échelons inférieurs de la hiérarchie.

— Demandez, s'il vous plaît, et contactez-moi dès que possible. Pour l'instant, je n'ai pas d'autre plan que d'aller à Kurje. Je veux savoir ce que manigancent ces deux prêtres.

— Avez-vous trouvé quelque chose à propos de l'Anglais ? s'enquit Norbu.

— Pour le moment, rien quant à ses intentions. Son voyage au Bhoutan et au Bumthang est parfaitement plausible en raison de ses occupations professionnelles. Je me demande si nous ne suivons pas une fausse piste avec lui, répondit Rinchen. A propos, pendant que j'étais au bazar, j'ai entendu un tas de rumeurs. Un groupe de recherches géologiques se trouve dans la vallée. Les gens sont étonnés de voir une enquête en cours un an après la précédente. Surveillez-les, juste au cas où...

— Merci bien ! Je vais rejoindre mon groupe et contacter le QG. Je reprendrai contact avec vous.

— Très bien. J'espère que nous y verrons bientôt un peu plus clair, dit Rinchen tandis qu'ils se séparaient.

La tension devenait peu à peu apparente au sein de l'équipe. A l'exception de l'observation des divers groupes, l'inaction commençait à leur peser. La perspective de l'arrivée imminente de leur commandant suprême aidait les hommes à supporter l'épreuve. Dorji Drukpa, le commandant adjoint de l'unité des Tigres, était soulagé en déposant les écouteurs. Il avait rapporté les événements du jour au Druk Gyalpo, le roi du Bhoutan. Il semblait que la phase finale de l'opération Tigre fût sur le point de démarrer. Le contact avait été établi avec le commandant du groupe de la garde royale se faisant passer pour des chasseurs d'ours. Ils étaient chargés de surveiller le groupe indien de « montagnards » qui devait arriver dans la soirée au Bumthang.

Dorji Drukpa avait finalement réussi à en savoir davantage sur les intentions des divers groupes. Il attendait une rencontre avec le jeune Rimpoché qui s'était entretenu avec les Français. Il tenait le jeune lama en haute estime. Arranger le rendez-vous n'avait posé aucun problème, le Rimpoché ayant été averti auparavant de cette possibilité par le roi lui-même. Il s'émerveilla une nouvelle fois de la perspicacité du jeune souverain.

Comment avait-il pu deviner à l'avance l'évolution complexe de ce plan ? Sa dévotion pour le jeune monarque s'approfondissait chaque jour. Il se leva et sortit de la tente. Il prit un puissant émetteur avec lui et ordonna à deux de ses hommes de l'accompagner.

Le crépuscule était déjà bien avancé quand ils se mirent en marche. Lentement, une nuit claire descendait sur la haute vallée, les étoiles éclairaient brillamment leur chemin. L'air glacé remplissait leurs poumons. Dorji Drukpa s'arrêta soudain et montra le ciel. Aucun mot ne fut échangé entre lui et les deux soldats à ses côtés, ils étaient tous trois perdus dans la contemplation de l'infini se déployant devant leurs yeux.

Dorji Drukpa se sentait incroyablement petit, et pourtant, en même temps, il ressentait une exaltation croissante à mesure que sa conscience s'ajustait à l'inconcevable vastitude du ciel au-dessus, et de l'univers au-delà. Il était spirituellement à l'aise avec lui-même, grâce à sa connaissance des textes sacrés de sa religion qui expliquaient que chaque âme dans le cosmos était partie du tout, de l'Un : personne n'était jamais seul ou séparé du reste de l'univers.

« Pareille pensée pourrait être effrayante », songea-t-il. Avec un profond soupir, il détourna son regard des étoiles et se remit lentement en marche, laissant à ses hommes le temps de se détacher du spectacle. « Nous avons la chance et le privilège d'être les témoins de cette perfection et de cette beauté. J'espère que nous pourrons aider à les préserver. » Les deux hommes acquiescèrent avec ferveur dans l'obscurité, ayant eux aussi éprouvé le même sentiment d'exaltation.

En approchant du village du Rimpoché, ils se séparèrent, observant attentivement les parages pour s'assurer que personne ne les avait suivis. Au bout de quelques minutes, Dorji Drukpa ordonna à ses hommes de se regrouper près du jardin potager du monastère. Tous trois, quasiment invisibles dans leurs uniformes noirs, se coulèrent en profil bas pour traverser le champ et se matérialiser à la porte du monastère. Un signal rythmé frappé à la porte de bois la fit pivoter. Sans un mot, un moine les invita à le suivre. Les hommes se hâtèrent de traverser la cour intérieure et entrèrent dans le bâtiment principal. L'oratoire, vivant d'une impalpable qualité secrète d'existence, était éclairé par quelques lampes à huile. La lumière vacillante projetait des ombres dansantes sur les murs et les *thangkas*. Les yeux du Bouddha regardaient droit dans leur âme, son visage passant d'un sourire bénin à une grimace féroce sous les reflets mouvants des lumières.

Les trois hommes se sentirent déconcertés par cet examen. Leurs visages restaient impassibles, mais leurs regards passaient rapidement d'un coin à l'autre. Ils traversèrent vite la pièce et suivirent le moine dans l'escalier, heureux de quitter ce monde de réalité suspendue dans l'au-delà. Ils furent directement conduits chez le Rimpoché. S'inclinant profondément, ils attendirent que le jeune homme leur dise de s'asseoir. Le Rimpoché lut le message du roi que lui remit Dorji. Examinant soigneusement le sceau royal, il dit :

— Quel est le but de votre visite ?

— Guru Rimpoché voyageait sur un tigre, répondit Dorji Drukpa. Nous sommes les Tigres qui défendent l'héritage de notre roi.

Souriant chaleureusement, le Rimpoché répliqua :

— Les Tigres sont toujours les bienvenus dans cette maison.

Les deux hommes se détendirent, le code secret ayant été correctement échangé. D'un signe, le Rimpoché les invita à prendre place. Personne ne dit rien jusqu'à ce que le moine intendant ait servi le thé et se soit retiré.

— Excusez-moi, Précieux Maître, dit Dorji Drukpa, mal à l'aise. Mais j'ai des ordres stricts de vous parler seul à seul. Mes deux hommes doivent veiller dehors à ce que nulle oreille indiscrète n'écoute notre conversation.

Aucune émotion ne perça sur le visage du Rimpoché devant ce manquement à l'étiquette.

— Bien sûr, je comprends votre requête. Suivez les ordres du roi, dit tranquillement le jeune homme.

Soulagés, les deux soldats se levèrent et se dirigèrent vers la porte. Avant qu'ils n'y parviennent, un frôlement de pieds nus courant sur le plancher fut perceptible. L'un des soldats ouvrit rapidement la porte et se précipita hors de la pièce. Il n'y avait personne. Sur ordre de son commandant, il s'immobilisa, puis revint.

— Appelez cinq hommes, dit Dorji Drukpa. Qu'ils surveillent tout le corps de bâtiments à distance avec les jumelles à infrarouge. Postez-vous immédiatement dans la cour et veillez à ce qu'entre-temps, nul ne sorte d'ici. Y a-t-il un endroit dans la maison d'où l'on puisse avoir une vue d'ensemble du complexe monastique ?

— Oui, répondit le jeune moine. Si nous montons à l'étage supérieur, il y a une pièce ouverte des quatre côtés d'où l'on a une vue panoramique.

— J'espère que cela ne vous fera rien de changer de place, s'enquit poliment Dorji.

— Pas le moins du monde, rétorqua le jeune moine, une étincelle de malice dans les yeux. Cette rencontre devient tout à fait excitante !

— Heureux de voir que vous le prenez ainsi, commenta Dorji tandis qu'ils grimpaient l'escalier raide menant à la pièce sous le toit. Des sacs de riz s'empilaient haut, les réserves de bois s'entassaient, des piments rouges séchaient sur des nattes de bambou. En s'asseyant à même le sol, ils entendirent des courses effrénées.

— Comme vous le percevez, nous nourrissons de nombreuses souris, observa le Rimpoché. Des chats sauvages nous rendent aussi visite, ils peuvent devenir très agressifs s'ils sont acculés.

— Ça ne fait rien, nous chassons un gibier autrement plus dangereux. Assurons-nous que le coureur aux pieds nus ne se cache pas par ici. Avez-vous une idée de qui c'était ?

— Si vous pensez que c'est l'un de mes moines, je puis vous assurer que tel n'est pas le cas. Ils ont reçu des ordres stricts de ne pas écouter, dit calmement le Rimpoché.

— Votre parole est au-dessus de tout soupçon, Précieux Maître. Nous devons alors admettre que quelqu'un d'extérieur s'est faufilé dans votre monastère.

— Je crains que ce ne soit l'unique possibilité, répondit le prêtre.

— Vous n'avez pas surveillé la maison et la cour pour l'éviter ?

— Si, nous l'avons fait. Mais nous ne sommes pas des professionnels dans ce domaine ! Nous sommes entraînés à lire et à comprendre les vieux textes sacrés, je crains cependant que la cape et l'épée ne soient guère de notre ressort !

— Désolé, ce n'était pas le moins du monde une critique, dit vivement Dorji Drukpa.

Il ne se sentait pas vraiment à l'aise de converser de façon si peu conventionnelle avec un lama hautement respecté. Il lui fallait se faire violence pour se soumettre à la discipline militaire, afin de surmonter ses scrupules et parler sans fioriture au saint homme.

— Ne vous en faites pas pour moi, commandant ! s'esclaffa le jeune homme. Je peux lire votre malaise même si vous le dissimulez extrêmement bien. Votre mission prime le respect de ma personne. Je suis conscient de son importance et de ses implications.

A ces mots, Dorji se sentit soulagé et remercia chaleureusement le Rimpoché. Il tira une petite lampe de sa poche et en balaya tous les recoins. Soudain, une voix monta de la radio fixée à sa ceinture :

— Tigre 5 à Tigre 2. Vous m'entendez ? A vous.

Il attrapa son émetteur et répondit :

— Allez-y, Tigre 5.

Portant l'écouteur à son oreille, son visage marqua la surprise. Il baissa la tête et prononça quelques mots dans le micro. Se penchant vers le Rimpoché. il lui chuchota à l'oreille :

— On me dit qu'il y a quelqu'un qui se cache sur le toit. Mes hommes sont arrivés sur la colline en face du monastère et ont inspecté les lieux à l'infrarouge. Il semble que la personne que nous avons entendue courir s'est échappée vers le toit où elle s'est aplatie. C'est un agent indien que nous filons depuis deux semaines.

— Vous voyez, il ne pouvait s'agir de mes gens, constata le jeune moine avec vivacité. Qu'allons-nous faire maintenant ?

— Nous allons faire la conversation pour ses oreilles, parler en termes généraux.

— Vous ne voulez pas l'arrêter ? s'étonna le Rimpoché.

— C'est trop tôt. Nous avons besoin de lui pour le moment. De toute façon, je serais très surpris qu'il comprenne grand-chose, je ne pense pas qu'il entende notre langue.

Se rasseyant, Dorji reprit la conversation à voix haute :

— Bon, il semble que le type se soit échappé. Pourquoi ne pas rester ici pour discuter ? Nous pouvons voir tous les bâtiments d'ici.

— Pour moi, c'est parfait, dit le Rimpoché.

— Nous allons garder à l'œil les divers visiteurs étrangers. Leur intérêt pour d'anciens documents religieux a attiré notre attention. Comme vous le savez, le gouvernement de Sa Majesté a entrepris un grand effort afin d'éviter le vol de nos trésors culturels.

— Oh, vous pensez que ces gens cherchent à voler d'anciens documents ? s'exclama le Rimpoché, feignant l'étonnement.

— Mettons que je ne pense pas vraiment qu'ils s'apprêtent à les voler. Disons les choses autrement : ce sont certainement des chercheurs honnêtes véritablement intéressés par d'anciens écrits. Après les avoir étudiés, ils rentrent chez eux et écrivent sur ce thème. D'autres personnes moins recommandables lisent ces commentaires et commencent à s'y intéresser pour des raisons fort différentes.

— Quelle autre raison pourrait-il y avoir, sinon les lire ? interrogea le moine, cette fois-ci réellement surpris.

— Peut-être ignorez-vous qu'il existe un marché international d'anciens objets de culte et de livres religieux. Des prix fantastiques sont payés pour les choses les plus extravagantes. Nous ne devons pas seulement protéger nos statues et d'autres objets comme les *thangkas*. A en croire nos collègues népalais, il semble que les bibliothèques des monastères soient systématiquement visitées par ces agents. Parfois, ils proposent de payer pour de vieux parchemins, d'autres fois, ils les dérobent simplement.

— C'est affreux ! s'exclama le jeune moine.

— N'est-ce pas ? acquiesça Dorji. C'est pourquoi Sa Majesté nous a ordonné de les avoir à l'œil. Dites-moi, ils s'intéressaient à quelle sorte de documents ?

Au bout de quelques minutes de discussion, Dorji fit comprendre qu'il fallait mettre fin au jeu et redescendre.

— J'espère que nous pouvons compter sur vous et que vous ne leur montrerez aucun document de grande valeur que vous pourriez garder dans votre monastère.

— Vous pouvez compter sur moi. C'est aussi notre intérêt de préserver notre précieux héritage. Voulez-vous que nous redescendions ?

Ils regagnèrent la chambre du Rimpoché. Un soldat prit position derrière la porte. Dès que Dorji fut seul avec le Rimpoché, il en vint directement à l'essentiel :

— Maître respecté, dites-moi ce que veulent ces Français.

— Comme Sa Majesté m'en avait correctement informé, ils semblent être à la recherche d'un document particulier contenant une fort curieuse révélation, répondit le Rimpoché. Il raconta en détail à Dorji Drukpa la conversation qu'il avait eue avec eux.

Regardant le Rimpoché, Dorji dit d'un ton grave :

— Cela prouve pour la première fois que l'opération Tigre est bel et bien en marche. Elle s'approche même de sa phase finale, en ce qui concerne notre contribution.

— Je suis parfaitement d'accord avec vous, constata le Rimpoché.

— Bon, dans ce cas, je vais transmettre l'information à Sa Majesté sans délai. Je vous remercie de votre précieuse aide.

Il se leva, s'inclina et se dirigea vers la porte.

— Je prierai pour le succès de votre mission, commandant, dit le jeune moine.

— Soyez-en profondément remercié. Nous aurons besoin de toutes les protections possibles.

Il se hâta de quitter le bâtiment avec ses deux hommes, sans laisser à Ajit Singh la moindre possibilité de les suivre.

La discussion avec le médecin indigène n'avait pas été très concluante. Il leur avait été difficile de se faire comprendre, même avec le concours d'un interprète. Fulvio n'était pas très sûr que sa requête et ses idées aient été fidèlement traduites. Le médecin n'en avait pas moins été d'accord pour aller trouver les moines de Kurje.

Fulvio attendait impatiemment le retour du messager. Il arpentait fébrilement la petite chambre. Allongé sur son lit, frère Mac posa le livre qu'il lisait et regarda le jeune prêtre. L'expression de Fulvio était tendue, ses doigts tambourinaient sur ses manches tandis qu'il ne cessait de regarder par la fenêtre. Se retournant d'un coup vers frère Mac, il explosa :

— Comment pouvez-vous rester couché et lire placidement ?

— Comment pourrais-je lire avec un satellite qui ne cesse de tourner dans la chambre ? rétorqua moqueusement frère Mac.

— Vous avez raison, admit Fulvio. Désolé, mais attendre me rend nerveux. Je n'ai jamais été aussi près du but de ma quête que maintenant. Et pourtant, je me sens à des années-lumière de la solution. Nous croyons tous deux que le document doit se trouver quelque part dans le voisinage. Aussi longtemps que nous ne l'aurons pas localisé avec précision, nous pourrions tout aussi bien être allongés sur une plage à ne rien faire !

— Oh, arrêtez ! Inutile de se torturer ainsi ! – frère Mac tenta de le calmer. Nous progressons régulièrement. Vous êtes venu de loin. N'essayez pas de bousculer les choses ! J'ai confiance dans le fait que nous sommes sur la bonne voie et que nous aurons bientôt accès aux documents.

— J'espère que vous avez raison, dit Fulvio, dubitatif. Je crains que les autres Européens ne nous coiffent au poteau. Les Français sont certainement sur la même piste que nous. Ils ne semblent pas savoir avec précision où chercher. Je suis moins certain du rôle de Wiscott. Après tout, sa présence ici est tout à fait plausible. Mais dans la mesure où nous ne sommes pas sûrs, il faut compter avec lui. Supposez qu'ils aient le document avant nous ! Ce serait terrible !

— Pourquoi serait-ce si terrible ? interrogea frère Mac. Ne pouvons-nous pas parvenir à une manière d'accord avec eux et partager la connaissance ?

— Je crains que ce ne soit pas possible, répondit Fulvio.

— Pourquoi ? insista frère Mac.

— Je ne vous ai pas encore tout dit au sujet de l'appel téléphonique de Rome, soupira Fulvio. Le saint-père lui-même m'a donné clairement l'ordre de mettre la main sur ce document par tous les moyens. Vous m'avez correctement entendu... par tous les moyens ! Sous aucun prétexte, il ne veut qu'il tombe aux mains de quelqu'un d'autre. Je n'ose songer aux conséquences de son ordre, si les autres s'emparent de ces documents.

— Je n'avais pas réalisé que c'était aussi sérieux, commenta frère Mac, stupéfait. Et pourtant, je suis sûr que dans sa sagesse, il vous a donné cet ordre pour de bonnes raisons.

— Je l'espère ! soupira Fulvio. Il m'a même promis de prier personnellement pour le salut de mon âme immortelle. Je ne puis vous dire l'effet que cette idée m'a fait !

— Hum, je peux le comprendre, agréa frère Mac.

Les deux hommes restèrent silencieux. Fulvio se détourna de la fenêtre et s'allongea, se tournant et retournant sans pouvoir dormir durant une longue heure avant que son agitation intérieure ne s'apaise. Il somnola, avant de glisser de la réalité au sommeil et au rêve. Par moments, il se sentait flotter, visitant des lieux de son passé récent. Il tenta de fixer son attention sur des événements particuliers, mais ils s'estompaient au bout de quelques secondes. Soudain, un rêve intensément réel s'imposa à son esprit vagabond.

Debout sur une colline, Fulvio se penchait sur un muret bâti au faîte d'une pente raide. Il contemplait une plaine aride s'étirant sur des kilomètres. Une ville s'étendait au pied de la colline, la rattachant à la plaine comme un gond de porte. La ville était petite, ses maisons blanches et rectangulaires n'avaient qu'un étage. Le regard de Fulvio balaya lentement la ville et la plaine. Pas le moindre mouvement dans les ruelles étroites, il ne voyait personne, pas le moindre être vivant. Les maisons silencieuses cachaient quelque chose, le protégeant. Nul son non plus ne montait de la ville. Les champs environnants étaient desséchés, personne ne les cultivait. Pourtant, ces champs étaient là, prêts à porter des fruits, attendant d'être à nouveau utiles. Personne ne marchait dessus, les caressant de ses bottes. Pas le moindre souffle de vent pour porter un cri d'oiseau, une graine ou la senteur d'une fleur. L'air était pétrifié et pesant. Fulvio sentait son poids peser sur ses épaules, rendant sa respiration difficile. Soudain, il entendit une voix derrière lui. Il tenta de se retourner, mais la voix le figea sur place :

— Fulvio, écoute-moi. Inutile de me regarder, je ne suis pas important. Tu l'es. Voici ce que je te demande : peux-tu voir le pays au pied de la colline ?

Fulvio acquiesça. La voix poursuivit :

— Ce pays était le nôtre. Il nous a été pris. Que vois-tu d'autre ?

— Je vois une ville, mais sans vie.

— Et quoi encore ?

— Les maisons sont fermées, elles semblent cacher quelque chose.

— C'est juste !

— Que cachent-elles ?

— Nos âmes, par exemple. Que vois-tu d'autre ?

— Le terrain autour de la ville est vide. Il pleure votre absence.

— La terre n'est pas cultivée comme elle le devrait. Comme tu dis, elle nous pleure. Tu perçois les choses. Je vais te dire maintenant pourquoi les choses sont ainsi. Cette terre était libre autrefois, et ses habitants plus ou moins heureux, même s'ils étaient pauvres pour la plupart. Quelques-uns étaient riches parce qu'ils avaient pris aux pauvres. Le pays avait un roi absorbé par les affaires spirituelles. Formant un mur infranchissable autour de lui, les riches ne le laissaient pas voir que les pauvres gens devenaient de plus en plus nécessiteux. Ils lui disaient : « Tout va bien, regardez-nous, nous sommes heureux et bien nourris ! » Il le voyait, et satisfait, il poursuivait sa quête spirituelle. Le pays était libre, et libres les hommes d'être pauvres. Dans le pays voisin, vivait un souverain qui était au courant de la situation. Il envoya des agents auprès des pauvres, leur offrant son aide pour renverser le roi. Il leur promit qu'après, ils seraient riches. Ils l'écoutèrent, mais oublièrent de lui demander si après, ils seraient libres. Ils finirent par le savoir. Mais c'était trop tard : le pays n'était plus libre, et ils restèrent pauvres. Maintenant, ils se cachent, et une bonne partie de leur ancienne sagesse est aussi cachée. Un petit fragment en a été emporté hors du pays par l'ancien roi, quand il a dû fuir. Des bribes de connaissance avaient été envoyées à l'avance, avec des hommes de confiance hautement respectés, dès avant la fuite. Va et cherche sa trace, peut-être retrouveras-tu cette sagesse !

Alors que la voix s'estompait, la réalité du paysage commença à se dissoudre et Fulvio se sentit comme glisser à travers d'épaisses couches de nuages gris. Il lutta désespérément pour reprendre conscience du pays. A mesure qu'il le sentait s'éloigner de lui, il bandait toute son énergie pour s'accrocher aux paroles que la voix avait criées à son oreille à la fin de son discours.

— Fulvio, Fulvio, qu'est-ce qui se passe ? entendit-il.

Ce n'était plus la même voix, et pourtant, elle lui était familière.

— Allez, allez, doucement !

— C'est Lhassa, j'ai vu Lhassa ! cria Fulvio baigné de sueur.

— Que criez-vous là ? Qu'est-ce que c'est que ces bêtises à propos de Lhassa ? La voix calme de frère Mac le tira de son rêve. Fulvio ouvrit les yeux et se retrouva dans la petite chambre de l'hôpital de Wangdichoeling.

— Désolé, j'ai fait un rêve des plus étonnants, dit-il en s'asseyant sur le lit. Il faut que je vous le raconte. Peut-être allons-nous y trouver une signification quelconque. C'est comme si ce rêve voulait me rappeler quelque chose que j'ai oublié durant ces trois dernières années.

— Qu'avez-vous vu ? interrogea frère Mac.

— Je me le demande. Il y avait une ville qui paraissait morte. Il y avait une voix qui me disait quelque chose à propos de la ville et du pays autour. Mais rien qui semblait lié à notre mission ! s'étonna Fulvio.

— Pourquoi ne pas essayer de vous rappeler le rêve dans tous ses détails ? insista frère Mac.

— Vous avez raison. Peut-être pourrons-nous en tirer quelque chose, concéda Fulvio.

Frère Mac écouta avec attention sans interrompre. Quand Fulvio eut fini, il se pencha et dit :

— C'était la voix de qui ?

Padre Fulvio le fixa, les yeux grands ouverts, et chuchota :

— C'était la voix du moine que j'ai rencontré au Potala pendant mon voyage au Tibet. Il m'a donné l'information qui a déclenché toute ma recherche !

— Cela semble intéressant, releva frère Mac. Essayez bien fort de vous rappeler la conversation que vous avez eue avec lui.

Le jeune prêtre se prit la tête dans les mains et se concentra. D'une voix monocorde, il relata leur dialogue.

— Il m'a parlé de ces anciens documents. Nous avons discuté de leur contenu, leur signification et leurs possibles implications. Je lui ai dit qu'à mon avis, ils avaient probablement une valeur symbolique. Il a réfuté cette interprétation et m'a assuré qu'il fallait les prendre à la lettre. J'ai été choqué quand j'ai compris qu'il était parfaitement sérieux. Il était très préoccupé de savoir que je le croyais. Je lui ai demandé s'il pouvait s'arranger pour que je puisse voir ces documents. Il m'a expliqué qu'ils n'étaient plus à Lhassa. Et alors...

— Qu'a-t-il dit ? coupa frère Mac. Essayez de vous souvenir avec précision, c'est capital.

Comme en transe, Fulvio répondit :

— Il m'a dit... qu'ils étaient d'une importance telle qu'ils avaient été mis en sécurité par une personne de confiance hautement respectée, avant que le dalaï-lama ne s'en aille...

Surexcité, frère Mac s'exclama :

— Mais c'est exactement ce que la voix vous a dit

dans votre rêve ! La sagesse a été mise sous bonne garde par des hommes de confiance hautement respectés. N'est-ce pas ?

— C'est vrai, constata Fulvio, surpris.

— Vous avez trouvé quelque chose de très important, insista frère Mac. L'homme que vous avez réellement rencontré vous a-t-il parlé de cette personne et où elle s'en était allée ? Essayez de vous en souvenir. Vous avez là une clef, je le sens !

Padre Fulvio fit un effort surhumain pour se rappeler la scène en détail :

— Je l'ai interrogé à propos de cet homme, mais ses réponses étaient évasives. Il a juste mentionné un haut dignitaire religieux vivant maintenant dans un autre pays.

— Rien de plus précis ? demanda frère Mac. Il ne vous a pas dit où ce dignitaire était-il parti ?

— Malheureusement, je ne m'en souviens pas. Comme je vous l'ai dit, il est devenu très vague à ce point de la discussion. Peu après, il a disparu. Les jours suivants, j'ai désespérément cherché à le repérer à Lhassa. En vain. Je ne pouvais tout de même pas aller trouver les autorités chinoises, et je ne connaissais pas suffisamment de Tibétains en qui j'avais confiance.

— Dommage. Nous avions presque la solution. Il ne manque qu'une seule pièce, observa le prêtre plus âgé. Que faire maintenant ?

— Ma tête ressemble à une fourmilière, constata Fulvio. Les idées partent dans tous les sens !

Soudain, il se frappa le front.

— Je suis vraiment idiot ! Pourquoi ne pas essayer de retrouver qui des dignitaires religieux a rendu visite au dalaï-lama en cette période critique, juste avant qu'il ne s'échappe du Tibet en 1959 ?

— Et comment envisagez-vous de procéder ? s'étonna frère Mac.

— J'ai amené avec moi un livre récent et intéressant sur l'histoire tibétaine, dit Fulvio. Jusqu'ici, je n'ai guère eu le temps de le regarder. Peut-être y trouverons-nous quelque chose d'utile.

Padre Fulvio alla chercher dans son sac de voyage, d'où il tira un livre. S'asseyant près de la fenêtre, il jeta un coup d'œil à la table des matières :

— Hum, ce pourrait bien être le chapitre qui nous intéresse. Il s'intitule « Crise à Lhassa ».

Frère Mac attendit patiemment que Fulvio feuillette le chapitre, priant silencieusement pour le succès de leur mission. Tournant une page, Fulvio marmonna :

— Serait-ce l'homme que nous cherchons ? Il est dit que le dalaï-lama ordonna au ministre adjoint des Affaires religieuses de se rendre à New Delhi.

— J'en doute, dit Mac. Vous dites que c'était un dignitaire hautement respecté. Croyez-vous que ce ministre adjoint était suffisamment de confiance ?

— Je ne sais pas vraiment. Voyons, il y a encore quelques pages à ce chapitre.

Il reprit sa lecture. Soudain, il sauta en l'air et s'exclama:

— C'est lui ! Je suis sûr et certain que c'est lui !

— Dites-moi ! le pressa frère Mac.

— Sa Sainteté le *karmapa* ! Il a rendu visite au dalaï-lama avec d'autres dignitaires de haut rang peu avant qu'il ne parte pour l'Inde.

— Mais le *karmapa* n'appartient pas à la même école du bouddhisme, objecta frère Mac. Il n'est pas *gelug-pa*, il est *kagyu-pa.* Dans leurs enseignements, leurs opinions diffèrent sur nombre de thèmes fondamentaux.

— C'est peut-être vrai en ce qui concerne les enseignements. C'est tout à fait différent dès lors qu'il s'agit d'une personnalité marquante de chacune des sectes, insista padre Fulvio. Chaque *kagyu-pa* respecte le dalaï-lama en tant que réincarnation de l'autorité suprême. C'est aussi vrai pour le *karmapa.* Leur estime mutuelle est particulièrement grande. Je suis sûr que c'est lui. Ecoutez ce que dit le livre à son propos : *Le dalaï-lama pressa le* karmapa *de retourner au Sikkim, car il sentait que sa sécurité ne pouvait plus être assurée par les troupes tibétaines. Le* karmapa *aurait voyagé vers le sud à travers le Bhoutan, puisque la vallée de Chumbi menant au Sikkim était déjà occupée par les forces chinoises.*

— Oui, après tout, vous pourriez bien avoir raison, reconnut frère Mac. Nous devrions maintenant nous renseigner sur son itinéraire.

— Cela ne devrait pas être très difficile, supputa Fulvio. Nous connaissons les endroits qui n'étaient pas encore occupés par les Chinois, quand le *karmapa* est parti vers le sud. Les frontières centrales et orientales avec le Bhoutan étaient encore contrôlées par les troupes du dalaï-lama. Comme vous le savez certainement, la route des caravanes passait par le Bumthang !

— Fantastique ! s'exclama frère Mac. Maintenant, nous savons au moins que nous sommes au bon endroit !

— Exact, concéda Fulvio. Maintenant nous savons quel genre de questions nous aurons à poser aux moines quand nous irons au monastère de Kurje.

— Si nous pouvons aller les voir, répliqua l'autre comme pour calmer son enthousiasme.

Toute la matinée passa avant qu'ils ne reçoivent un message du monastère. Ce fut la femme du médecin qui vint leur apporter la bonne nouvelle :

— Bonjour ! Il semble que ce soit une journée faste pour vous. Un Rimpoché de très haut rang de Thimphu est en visite à Kurje. Il a accepté de vous recevoir.

— Ce sont vraiment d'excellentes nouvelles, dit Fulvio. Quand pouvons-nous le voir ?

— Quand vous voulez. Il sera à Kurje tout l'après-midi.

— Merveilleux. Pourquoi ne pas y aller tout de suite ? proposa frère Mac.

— Voulez-vous que je vous y conduise en voiture ? offrit-elle.

— C'est extrêmement aimable à vous, mais je pense qu'une petite promenade ne nous fera pas de mal. Qu'en pensez-vous, frère Mac ?

— D'accord. Nous avons passé presque toute la journée assis. J'aimerais faire un peu d'exercice.

— A pied, c'est loin le monastère ?

— A peine une demi-heure.

— Parfait, juste ce qu'il nous faut. Merci infiniment de votre aide ! Nous l'apprécions profondément.

— Très bien. On pourrait alors se voir ce soir, viendriez-vous dîner à la maison ?

— Impossible de refuser, madame. A plus tard, donc.

Les deux hommes mirent leurs manteaux et sortirent. Ils ne purent pas voir le sourire de Timothy, qui avait passé presque tout son temps à tendre l'oreille de l'autre côté de la mince cloison séparant les deux chambres.

Padre Fulvio marchait d'un bon pas, difficile à suivre pour le prêtre plus âgé qui l'accompagnait. Suant d'abondance, frère Mac lança :

— Doucement ! Le monastère ne va pas s'envoler ! Vous oubliez que j'ai presque vingt ans de plus que vous.

— Navré, j'avais complètement oublié. Je suis si excité à l'idée de discuter avec ce Rimpoché !

— Espérons le meilleur, dit frère Mac. D'après ce que je sais, ce Rimpoché a environ soixante-cinq ans. Je ne l'ai jamais rencontré, mais il est très connu au Bhoutan. D'ordinaire, il réside près de Thimphu. J'ai entendu dire qu'il voyageait parfois aux Etats-Unis, en Europe, et aussi au Sikkim.

— Vous voulez dire qu'il rendrait visite au *karmapa* dans sa résidence près de Gangtok ? s'exclama Fulvio.

— Je ne sais pas exactement, mais c'est fort probable. Il y a des chances qu'il soit au courant de la fuite du *karmapa* de Lhassa.

— Aurait-il par hasard voyagé avec lui? demanda Fulvio.

— Pas que je sache. Nous devrions essayer de le savoir.

— Vous croyez qu'il nous le dira si nous lui posons la question directement ?

— Il a l'esprit très ouvert. A la suite de ses voyages en Europe et aux Etats-Unis, il est habitué à la manière occidentale de poser brutalement des questions. Néanmoins, il serait peut-être plus sage de ne pas aborder notre problème de front.

— Que conseilleriez-vous ?

— De commencer par des généralités sur le Bhoutan, l'Europe et votre intérêt pour le bouddhisme en général. Vous pourrez ensuite être plus précis et relater votre aventure à Lhassa. Quoi que vous disiez, tout dépendra de si vous lui plaisez et de ce qu'il a envie de dévoiler.

Au loin, ils voyaient des gens moissonner les champs mauves de sarrazin. Ils rencontrèrent un groupe de Tibétains ressemblant à des fermiers. Ils échangèrent les salutations d'usage, sans réaliser que l'élevage n'était pas vraiment l'occupation principale de ces hommes. Après avoir traversé une forêt de bouleaux, Fulvio et Mac arrivèrent sur un plateau, où un vaste pâturage s'étendait jusqu'au monastère au pied d'une petite colline. Au milieu du pâturage, il y avait un *stupa* solitaire.

— C'est le tombeau de feu le roi. Il a été enterré ici au début des années soixante-dix, expliqua frère Mac, en montrant la structure de pierre blanche devant eux.

— Quel modeste monument pour un roi, s'étonna Fulvio. Il n'a guère plus de trois mètres de haut. Il est très élégant avec sa forme de flamme.

— Feu Sa Majesté n'aimait pas les splendeurs exagérées. Il était d'un caractère modeste. Comparé à celui de ses sujets, son style de vie était royal, mais jamais disproportionné. Il savait comment vivent les gens simples. Il aimait à se mêler à eux, surtout aux jeunes filles, prétend la petite histoire.

Alors qu'ils s'approchaient du monastère, deux jeunes moines vinrent en courant à leur rencontre. Fulvio s'adressa à eux dans son meilleur tibétain. Ils le regardèrent sans comprendre et répondirent en une langue qui ne lui était pas familière.

— C'est du *dzongka*, la langue officielle du Bhoutan, expliqua frère Mac. Je ferai la conversation.

Il leur demanda de les conduire, Fulvio et lui-même, chez le Rimpoché. Les deux prêtres suivirent les deux jeunes moines jusqu'à l'imposant bâtiment. On disait que ce monastère avait été érigé à l'endroit où Bouddha, dans sa réincarnation de Padma Sambhava ou Guru Rimpoché, comme l'appellent les Bhoutanais, avait choisi de vivre onze ans durant. Les murs blancs légèrement inclinés vers le haut avaient au moins trente mètres. Des ouvertures rectangulaires sombres brisaient l'austérité de la muraille uniquement sur la partie supérieure du bâtiment. Elles étaient encadrées de lourds madriers peints en rouge foncé. Une volée de marches de pierre menait du rez-de-chaussée au premier étage où se juchait l'imposante entrée principale. La porte était en chêne brun sombre, elle pouvait être close par de grosses lattes aux pesantes serrures de métal. Tout cela donnait au monastère une allure de forteresse.

En entrant dans le premier oratoire, Fulvio se figea devant une statue de Bouddha d'environ six mètres. Glissant de deux fentes du mur, de fins rais de lumière tombaient sur le parquet de la chambre enténébrée, illuminant au passage le visage du Bouddha. Ses yeux grands ouverts semblaient se darder sur Fulvio. La statue portait le chapeau rouge de cérémonie de la secte Nyingmapa. Un collier étincelant de coraux rouges et de boules d'or entremêlés de pierres précieuses vertes couvrait sa poitrine.

Dans sa main gauche, le Bouddha tenait un bol blanc-bleu de porcelaine chinoise. Son corps était paré de soieries brodées d'or. Plus surprenante était sa bouche, aux deux rangées de dents blanches. Fulvio avait l'impression que la statue était prête à bondir sur lui et à le dévorer.

— Je n'ai jamais vu de représentation aussi menaçante de Bouddha, chuchota-t-il à frère Mac.

— C'est vrai, j'ai ressenti la même chose quand je l'ai vue pour la première fois. Navré, j'aurais dû vous prévenir.

— Non, pas du tout ! C'est bien mieux ainsi. Les émotions fortes donnent les meilleurs souvenirs.

— Allons-y, le pressa frère Mac. Les deux moines nous attendent.

Ils furent conduits à l'étage dans une vaste pièce pleine de lumière. Deux murs étaient couverts de fresques vert pâle et rouge ocre, dépeignant les vies de Bouddha dans ses réincarnations antérieures de *bodhisattvas*. Une fresque du ciel et de la terre couvrait le troisième mur, du plafond au plancher. Pas le moindre meuble n'encombrait l'austère splendeur de la chambre. Une fragrance odorante de cire d'abeille émanait des lattes de chêne brillantes, brun clair. Un calme parfait en même temps qu'un mouvement incessant remplissaient l'air.

— Un lieu de méditation et d'échanges, songea Fulvio.

Près des grandes fenêtres s'ouvrant sur un panorama sans limite de la vallée du Bumthang, un lama était assis sur un tapis tibétain beige, en train de lire des prières dans un vieux manuscrit. Son visage était finement ridé, ses cheveux blancs coupés très court, un nez pointu entre deux yeux gris malicieux dominait des lèvres charnues. Remarquant la présence des deux prêtres, le Rimpoché sourit chaleureusement et, d'un signe, les invita à se rapprocher et à prendre place.

— Soyez les bienvenus, chers confrères, si je puis m'exprimer ainsi, les salua-t-il en un anglais parfait. Voyant l'expression perplexe de Fulvio, il poursuivit en souriant : Frère Mac, vous n'avez pas dit à votre ami que je parlais votre langue ?

— Excusez-moi, Vénérable Maître ! murmura frère Mac. Avec toute l'agitation de cette rencontre, j'ai complètement oublié de le lui dire !

— Ça ne fait rien. Nous aurons une agréable conversation sans avoir besoin d'interprète.

— C'est réellement de bon augure, répliqua Fulvio en un tibétain parfaitement coulant. Ce fut au tour du Rimpoché d'être surpris. Il frappa dans ses mains et s'exclama :

— Je suis sûr que nous n'aurons guère de difficultés à nous entendre.

Frère Mac et padre Fulvio s'assirent sur le tapis devant le Rimpoché. Un jeune moine apporta du *suja*, le traditionnel thé au beurre. Personne ne parlait, et pourtant, l'échange se faisait en silence. Etait-ce l'harmonie de la pièce ou la souriante affabilité du Rimpoché qui produisait pareil effet sur Fulvio et frère Mac ? Une fois ses visiteurs dûment servis, le Rimpoché reprit la parole :

— C'est un grand plaisir pour moi de rencontrer un érudit versé dans notre religion. Mieux encore, vous et frère Mac êtes prêtres. Je suis sûr que notre discussion sera enrichissante des deux côtés. Qu'est-ce qui vous intéresse en particulier de discuter avec moi ?

— Vénérable Maître, comme vous en avez été informé, mon intérêt particulier porte sur l'histoire et la philosophie du bouddhisme mahayana, répondit Fulvio. Durant mes recherches, j'ai trouvé maints documents fascinants. Je suis profondément persuadé que nos deux philosophies religieuses ont beaucoup de points essentiels en commun.

Le Rimpoché hocha la tête et dit :

— Je suis tout à fait d'accord avec vous. Il y a probablement davantage de points communs que de faits qui nous divisent. Force est cependant d'admettre, malheureusement devrais-je ajouter, que là où nos points de vue divergent, il s'agit de sujets essentiels.

Padre Fulvio demeura silencieux. Il fut surpris quand il entendit le Rimpoché souligner ses derniers propos :

— N'est-ce pas ainsi, padre Fulvio ?

— Oui, je crois que vous avez raison. C'est dommage, admit Fulvio.

Un petit sourire se dessina sur les lèvres du vieux moine tandis qu'il se penchait et fixait attentivement Fulvio dans les yeux.

— Voyez, il n'est pas si difficile de nous mettre d'accord!

Le silence retomba, donnant le temps au padre Fulvio de méditer ces derniers mots. Respirant profondément, il s'adressa au vieux lama :

— J'ai le sentiment que vous essayez de me dire quelque chose.

— Vraiment ?

Fulvio ne répondit pas, tout en fixant les yeux sans fond du vieux Rimpoché. Il avait l'impression singulière que ces yeux avaient vu tellement de choses qu'une seule vie ne suffisait pas à atteindre pareil degré de connaissance. Il y avait en eux de la lumière, de la tranquillité, de la compassion et de la perspicacité. Ils étaient ouverts, et pourtant, pour lui, au-delà de toute compréhension. Il soupira et répondit finalement :

— Peut-être pas. Il se pourrait aussi que vous essayez de me faire dire quelque chose.

Leurs regards étaient rivés l'un à l'autre. Un champ invisible de très haute tension et de puissance spirituelle s'érigeait entre les deux hommes. Aucun des deux ne se battait contre l'autre. Ils se mesuraient, la force des deux croissant dans l'épreuve. Frère Mac pouvait percevoir l'intensité de l'échange silencieux. Il n'osait ni se mouvoir ni parler. A ce moment capital, c'était leur mission qui se jouait.

Baissant les yeux, padre Fulvio articula à voix basse :

— Je vais vous donner la raison de ma quête.

Comme le Rimpoché demeurait sans réaction, Fulvio poursuivit :

— En Europe, il existe une vieille tradition de recherche de la pierre philosophale ou du saint Graal. Certains cherchent l'illumination dans la kabbale ou par d'autres méthodes secrètes. Peut-être est-ce là l'origine de ma propre curiosité. Toute ma vie, d'abord enfant, puis plus tard comme novice, j'ai été fasciné par l'idée qu'il devait y avoir un autre monde au-delà du miroir. Je n'ai jamais accepté le fait que la réalité n'était que ce que nous pouvons expérimenter dans notre vie quotidienne. La surface de cette manière de vie me semble à la fois trop lisse et trop ennuyeuse. C'est peut-être cette âme romantique qui m'a poussé à chercher. Mais ce n'était pas uniquement émotionnel, car je ressentais aussi vivement la nécessité de comprendre intellectuellement ce monde caché. D'aucuns disent qu'il faut croire pour comprendre. Je n'aime pas ce point de vue, il est trop dangereux. En Europe, nous avons eu l'Inquisition, le nazisme, le stalinisme et bien d'autres idéologies cruelles, sectaires, en raison précisément de ce type d'approche. Bien des malheurs en sont sortis, mais pas la moindre compréhension profonde ne s'en est dégagée. A cet égard, je suis comme saint Thomas : je préfère comprendre avant de croire. Une fois que j'ai compris, je peux croire et peut-être comprendre davantage, plus tard dans le cheminement.

— Croire et comprendre sont véritablement la même chose, répondit le Rimpoché pensivement.

Perplexe, Fulvio répliqua :

— Je dois reconnaître que cette idée m'est fréquemment venue dernièrement, surtout depuis que je suis arrivé dans votre pays. Pourtant, elle m'est encore inacceptable.

— Vous n'avez pas encore versé dans cette attitude tentatrice ? avança doucement le Rimpoché.

— Vous devez comprendre, plaida Fulvio, que je ne peux pas, comme ça, renoncer à la manière dont j'ai fonctionné ma vie durant. Je comprends néanmoins pourquoi vos propos semblent vrais de votre point de vue.

— Pourquoi seulement de mon point de vue ? interrogea le vieil homme.

— Dans votre quête de la vérité et de l'illumination, répondit Fulvio, vous passez par différents niveaux de conscience. Ce chemin est difficile. Vous devez trouver toutes les forces nécessaires en vous-même. Vous avez besoin d'avoir la foi, ou alors, vous n'aurez pas la force de livrer cette bataille.

— C'est vrai, cela exige de la force, concéda le Rimpoché. Je me suis souvent demandé d'où vous tiriez la force dans votre civilisation occidentale, quand vous vous débattez dans ces questions métaphysiques. Vous avez jeté un coup d'œil sur un coin de cette réalité miraculeuse par les révélations de vos Saintes Ecritures. Vous vous accrochez désespérément à cette connaissance bien-aimée, bien qu'elle soit en flagrante contradiction avec votre expérience de la vie quotidienne dans le *samsâra*, le monde de l'illusion. Même la foi la plus forte et la plus fervente ne vous rapprochera guère de la réalité transcendentale, sauf à détacher votre esprit de sa position d'observateur qui croit qu'il est en train d'observer un objet en dehors de lui. Tout est à l'intérieur comme à l'extérieur de soi. On est à la fois dedans et dehors. La foi n'est pas la cause de la compréhension, et la compréhension n'est pas la cause de la foi. C'est la même chose. C'est seulement dans le *samsâra* qu'il y a division.

Fulvio recevait ces propos comme autant de coups portés aux fondements même de sa foi aussi intellectuelle qu'ardente. Regardant droit devant lui sans rien voir, il dit d'une voix étouffée :

— J'ai souvent douté du message que je suis censé répandre, parce que mon énergie a été usée par l'observation et l'analyse critique. Et pourtant, il faut garder les yeux ouverts pour voir le mal.

— C'est tout à fait vrai, sourit le vieil homme. L'ennui, c'est que vos yeux ne sont qu'à demi ouverts, ou bien vous portez des lunettes de soleil dans une chambre obscure !

Fulvio ne put s'empêcher de sourire à cette dernière remarque. Combien le vieil homme avait raison ! En quelques minutes, il avait pénétré au cœur même du problème. Il venait de mettre à nu le combat secret que Fulvio menait depuis qu'il avait été ordonné prêtre.

— Croyez-moi quand je vous dis que je cherche ! supplia Fulvio. C'est mon souhait honnête que de gagner compréhension et foi en la réalité transcendentale dont vous parlez.

— Oh, je crois absolument que vous cherchez ! Mais *pourquoi* ?... Pourquoi cherchez-vous ? interrogea le vieil homme.

— Surtout parce que je veux renforcer ma foi, répondit Fulvio après un moment d'hésitation.

— Donc, en fin ultime, c'est pour votre propre bénéfice que vous avez entrepris cette recherche, releva le vieux lama d'un ton neutre.

Pétrifié par cette remarque aveuglante, padre Fulvio ne pouvait plus piper mot. Mal à l'aise, il changea de position avant de répondre à grand-peine :

— Je me dis toujours que ma motivation vient de mon désir d'aider les autres. Mais je ne saurais dissimuler à vos yeux que c'est un pieux mensonge, du moins un mensonge partiel. Bien sûr que j'aime aider. Mais le stimulant essentiel aura été le fol espoir de découvrir ce monde mystique pour mon propre bénéfice.

Comme un animal blessé, Fulvio regardait le vieux Rimpoché. Ils étaient arrivés au point crucial de leur conversation. Le sage avait maintenant les éléments nécessaires pour décider si oui ou non, Fulvio était digne de partager ses secrets. Dans le silence qui suivit, le temps se dilatait, ralentissant presque jusqu'à l'arrêt. La décision était suspendue à l'âme du vieux moine.

— *Ergo te absolvo !* annonça le Rimpoché en souriant.

Le soulagement soudain fut tel que les deux prêtres ne purent s'empêcher de rire de l'imitation pleine d'humour du prêtre bouddhiste, qui se joignit de bon cœur à eux. Quand ils eurent tous trois repris leur souffle, le Rimpoché dit :

— Maintenant que nous avons discuté l'aspect fondamental de votre quête, parlons de son aspect pratique. En quoi puis-je vous aider ?

— Je crois que vous avez souvent rencontré Sa Sainteté le *karmapa* et voyagé avec lui, se lança Fulvio, encore sous le coup de l'issue de leur conversation.

— Parfaitement. Pourquoi vous intéressez-vous à lui ?

— Le connaissiez-vous en 1959 ? demanda Fulvio.

— Oui, je le connaissais.

— Il était alors au Tibet.

— Oui, il y était.

— Y étiez-vous avec lui ?

— Oui, j'y étais.

— Où êtes-vous allés quand vous avez quitté Lhassa ?

— Nous sommes venus ici, au Bumthang.

— Tout droit ?

— A peu près.

— Ce qui veut dire ?

— Nous nous sommes arrêtés ici et là.

— Vous transportiez des documents importants, n'est-ce pas ?

— Oui.

— Quelle sorte de documents ?

La tension dans la pièce était aussi forte qu'une corde de violon prête à produire un son parfait, ou à se rompre, à la moindre sollicitation. Le Rimpoché scruta calmement Fulvio et répondit :

— Je crois que nous transportions les documents que vous cherchez. Mais pour en être sûr, il faut que vous m'en disiez davantage à propos de votre quête, et comment vous êtes parvenu à ces conclusions.

Padre Fulvio décida de relater toute l'histoire des recherches complexes qu'il avait menées jusque-là. Il ne fut pas interrompu une seule fois par le vieux moine qui écoutait les yeux clos, dans un état de concentration extrême. Quand padre Fulvio eut fini, le Rimpoché respira profondément et dit :

— Le saint-père de Rome vous a envoyé. Des centaines d'années se sont écoulées depuis que le premier contact a été établi avec Rome. Nous avons souvent craint que ce lien ténu puisse avoir été rompu. Nous avons souvent redouté que notre message puisse avoir été oublié et notre alliance, être morte. Cela me remplit de joie de voir que tel n'est pas le cas. Je suis heureux de trouver un messager comme vous : pur dans son impureté.

S'arrêtant un instant pour fixer intensément Fulvio dans les yeux, le Rimpoché reprit :

— Maintenant, écoutez attentivement ceci. Dans quelques jours, vous entendrez parler d'un événement tout à fait exceptionnel se déroulant dans les parages, dans une vallée appelée Tang. Quand vous entendrez cette rumeur, allez là-bas, mais faites attention. Il se peut que certains cherchent à vous empêcher de mener votre quête à terme. Vous trouverez facilement l'endroit. Il est sacré. Vous entendrez le message et recevrez le document que vous cherchez si votre cœur est encore pur à ce moment-là.

Padre Fulvio et frère Mac ressentirent un vif soulagement. Ils commencèrent à remercier profondément le Rimpoché, qui les arrêta :

— Nous avons besoin l'un de l'autre. C'est un échange.

Les deux prêtres se levèrent, s'inclinèrent devant le Rimpoché et s'en allèrent. La nuit scintillait d'étoiles.

La blessure de Timothy le tiraillait encore un peu. Il n'avait pas de fièvre, ce qui était bon signe d'après le Dr Lautinger qui avait examiné sa jambe le matin. Après deux jours de lit, il fut finalement autorisé à se promener avec des béquilles. Chaque fois qu'il était seul, il essayait de se tenir sur ses pieds malgré l'affolante douleur.

Les aisselles lui faisaient mal à cause des béquilles rudimentaires, tandis qu'il se traînait dans la cour de l'hôpital de Wangdichoeling. Il s'approcha lentement du porche pour regarder la route menant jusque-là. Pas le moindre véhicule en vue. Gardant son équilibre sur une béquille et sa jambe saine, il leva le bras gauche pour regarder l'heure. Même ce geste courant lui rappela douloureusement son handicap.

« Où est Hans ? se demanda Timothy. Il avait promis de venir après déjeuner, et il est près de quatre heures ! Il faut que je m'organise le plus vite possible. Avec cette sacrée jambe, je ne peux pas les battre à la course. Il faut que je parte avant qu'ils ne découvrent où chercher les documents. »

En revenant lentement sur ses pas, il entendit soudain une voiture approcher. Ça ressemblait à la Toyota de Limonada. Serrant les dents, il se hâta vers sa chambre : pas besoin de montrer au Suisse qu'il l'attendait avec impatience. Il était assis sur le lit quand la basse de Hans emplit la pièce :

— Salut, torero ! Comment ça va ?

— Oublie le torero ! Je me sens davantage comme le capitaine Jambe-de-Bois ! répondit Timothy amer.

— Je savais que tous les Anglais étaient des pirates, rit le Suisse. La Grande-Bretagne était la souveraine des mers, non ? Pas si facile de naviguer, hein, capitaine ?

— Qu'est-ce qu'un Suisse connaît à la navigation, je me demande ! répondit Timothy.

— Allez, allez, Timothy ! Ç'aurait pu être pis, tenta de le réconforter Hans. Nous sommes tous heureux que l'incident n'ait pas eu de conséquences plus graves. Même la jeune Bhoutanaise sur laquelle vous avez atterri a récupéré. Elle pense que vous étiez un peu pressé ce jour-là !

— Très drôle, grommela Timothy. Ce doit être de l'humour suisse... si ce n'est pas contradictoire en soi !

— Désolé, je n'ai pas étudié le latin, ironisa Limonada. Pas la peine de s'asticoter. J'ai parlé au médecin et je suis soulagé que vous soyez mieux aujourd'hui.

— Merci, dit Timothy. Pourquoi ne vous asseyez-vous pas ? J'aimerais vous montrer quelque chose qui pourrait vous intéresser en tant que forestier.

Hans prit une chaise et s'installa près de la table. Timothy attrapa son sac près du lit et en tira les photos par satellite que le premier secrétaire de l'ambassade britannique lui avait remises à New Delhi.

— Avant que je vienne ici, un ami m'a donné ces photos du Bhoutan, expliqua-t-il. Grâce à cette enquête par satellite, nous avons recueilli un tas de données géologiques et écologiques intéressantes.

— Vous voulez dire un satellite-espion, releva le Suisse.

— Appelez-le comme vous voulez, répliqua Timothy. Regardez celle-ci ! C'est une vue d'ensemble de tout le sous-continent indien. Ces oiseaux-là ont un équipement photographique d'une sacrée puissance à bord ! Des objets sur Terre pas plus grands qu'une poêle à frire peuvent être distingués à l'agrandissement photographique.

— Bon à savoir, commenta Hans, que vous pouvez être observé en train de vous gratter le nez !

— Je ne réalisais pas qu'il fût si grand !

— Je ne suis pas le seul à fourrer mon nez dans les affaires des autres !

— OK, autant pour la neutralité suisse ! concéda Timothy. Regardez donc cette photo, n'est-ce pas quelque chose ?

— Eh là, c'est le Bumthang ! s'exclama Hans. Mais cette photo n'a pas été prise par satellite !

— Si, dit fièrement Timothy. Vous pouvez voir chaque maison. En utilisant l'exposition à l'infrarouge et l'ordinateur, vous pouvez obtenir une analyse très détaillée des conditions écologiques d'une région comme celle-ci.

— Incroyable, l'efficacité de la technique ! s'étonna Hans. Ce serait drôlement intéressant pour mon travail.

— Voyons ce que nous avons ici, fit Timothy. Ah oui, c'est un agrandissement du Bumthang et de la région au nord. Ça s'appelle comment, cet endroit ?

— Hum, ce pourrait être la vallée de Tang, je suppose, dit Hans.

— Ah bon... Bien sûr, ces photos n'indiquent que les hauteurs, la position des forêts, les rivières, les champs et les maisons, observa Timothy. Pourquoi ne m'instruiriez-vous pas sur les conditions des forêts et le nom des villages ?

Pris au jeu, Hans se pencha sur les photos et commença à expliquer. Prudemment, Timothy se renseignait auprès du Suisse, limitant d'abord ses questions aux problèmes forestiers. Petit à petit, il l'amena à parler des endroits ressemblant à des hameaux.

— Là, ce doit être le village d'Ugen Choeling, avec son petit *dzong*, suggéra Hans. Oui, regardez, vous pouvez voir les deux collines et la rivière coulant à l'est.

Indiquant les lieux qu'il connaissait, Hans fournissait à Wiscott nombre de détails sur la contrée.

— Et c'est quoi, ce gros point noir tout seul sur la colline ? interrogea Timothy. Cela semble trop grand pour une maison.

— C'est une maison. Une maison très spéciale, répondit Hans. C'est le *lakhang* de Tang.

— Ça veut dire quoi, *lakhang* ? s'enquit Timothy.

— Monastère, ou temple, expliqua Hans.

— Je ne savais pas qu'il y avait un monastère à Tang, constata Timothy. Je croyais qu'ils se trouvaient tous au Bumthang.

— Non. Il y a ce sanctuaire à Tang, fit Hans. C'est un endroit fou. Vous devriez voir le bonhomme qui l'a construit ! Il s'appelle lui-même Rimpoché. C'est un type très spécial.

— Dans quel sens ?

— Physiquement d'abord. Il est bien baraqué. Bien plus grand que n'importe quel Bhoutanais. Il est à la fois jeune et vieux. Ses cheveux sont gris et probablement longs au moins d'un mètre. N'empêche qu'il a au moins trois épouses. Des jeunes, figurez-vous !

— Ce doit être, en effet, quelque chose à voir.

— Pas seulement à voir. Cet homme est habile. Il n'est pas de la région. En fait, personne ne sait d'où il est venu. Un jour, il était là, et les villageois ont bâti son monastère en moins de temps qu'il ne faut pour le dire. Tout le monde va lui demander conseil.

— Comment a-t-il fait pour que les gens travaillent pour lui, s'il n'est pas de la région ? s'étonna Timothy.

— On dit qu'il fait des miracles.

— Quels miracles ?

— Il guérit les gens et les animaux, prétend-on, expliqua Hans. Selon notre vétérinaire, il n'y a pas eu la moindre épidémie parmi le bétail dans la région depuis cinq ans, date à laquelle il a commencé son enquête.

— Quand ce Rimpoché est-il arrivé à Tang ? demanda Timothy.

— Nul ne le sait avec certitude. Mais il semble être venu dans les années cinquante.

— J'aimerais bien rencontrer cet homme ! s'exclama l'Anglais.

— Cela peut se faire, si vous voulez.

— Eh bien, puisque j'aimerais voir les forêts de votre district, pourquoi ne pas commencer par ce coin-là ?

— Pas de problème pour moi, répondit Hans. Comment va votre jambe ?

— Il faudra que je voie avec le médecin. Mais j'espère qu'il me permettra de sortir rapidement.

Tandis qu'ils continuaient à examiner les autres documents photographiques que Timothy avait amenés avec lui, Hans ne montra rien de sa surprise devant l'intérêt manifesté par Wiscott pour le Rimpoché de Tang.

L'autorisation de partir était enfin arrivée. Une secrétaire souriante avait apporté le sauf-conduit à Birandra Das. Même les pièces de rechange des deux jeeps endommagées avaient miraculeusement réapparu.

Birandra ordonna à ses hommes de charger les véhicules. Les trois chauffeurs bhoutanais les aidèrent à transporter le lourd équipement. En civil, nul ne pouvait reconnaître en eux des officiers de la police royale bhoutanaise.

— Ugen, auriez-vous l'amabilité de garder un œil sur les voitures ? demanda Birandra au chauffeur de sa jeep, une fois terminé le chargement des derniers bagages. Nous devons passer à la Maison de l'Inde.

Dès que les Indiens eurent le dos tourné, Ugen et les deux autres chauffeurs s'empressèrent de décharger trois caisses de bois tellement lourdes qu'elles en étaient suspectes. Ils soulevèrent précautionneusement un côté : ils ne furent même pas surpris d'y trouver cinq mitrailleuses soigneusement emballées par caisse.

— On ne peut pas les laisser aller se promener au Bumthang avec ces engins, dit l'un d'eux.

— Vous avez raison, fit Ugen. Mais on ne peut pas non plus tout simplement les enlever. Ils verraient la différence de poids.

— Pourquoi ne pas ôter seulement les culasses ? suggéra le troisième.

— Et s'ils s'en aperçoivent ? objecta Ugen.

— Aussi longtemps que nous sommes avec eux, ils ne peuvent pas ouvrir les caisses.

— Exact. Faisons vite, avant qu'ils ne reviennent ! acquiesça Ugen.

Un petit quart d'heure leur suffit pour désarmer toutes les mitrailleuses, leur laissant juste le temps de les remettre en place. Quand Birandra et ses hommes revinrent quelques minutes plus tard, les trois chauffeurs bhoutanais étaient tranquillement assis devant les véhicules.

— Allons-y ! s'exclama-t-il, satisfait d'être enfin prêt au départ. Une fois tout le monde installé, ils prirent le chemin du col de Dochu-la, sur le *shinglam*, la route nationale n° 1. Ugen, qui conduisait la première voiture aussi lentement que possible, sentait l'impatience de Birandra Das.

— Navré, sir, dit Ugen, mais je ne peux aller plus vite. Nous sommes lourdement chargés. Si ces voitures se mettent à glisser, rien ne pourra plus les retenir. Et voyez la route, elle est terrible ! Je ne veux pas vous offenser, vous autres Indiens, vous avez fait du beau travail quand vous l'avez construite pour nous. Mais notre terrain est complètement dingue : pas de plat sur plus d'un ou deux kilomètres, où que l'on soit. Si nous dérapons sur une route de montagne, c'est la mort : il y a des centaines de mètres jusqu'au fond des ravins. J'espère que vous n'êtes pas nerveux.

Ravi de continuer son bavardage, il réalisa avec satisfaction que, plus il parlait des difficultés de conduite, plus les visages de ses passagers blêmissaient. Cela le stimulait à l'extrême :

— Il faut que je vous raconte l'histoire du chauffeur de camion qui avait tenté d'aller de Wangdichoeling à Tongsa en période de mousson. La route était mauvaise, vous le verrez vous-mêmes. Une goutte de pluie, et la boue devient comme du savon qui recouvre la surface. Impossible d'arrêter un véhicule, c'est moi qui vous le dis ! Bon, en tout cas, ce cinglé avait décidé d'aller à Tongsa en un seul jour. Vous imaginez, avec un camion ! Il le chargea de moutons et de céréales. Il en avait tellement assez de ses compagnons bêlants qu'il voulait s'en défaire au plus vite, si bien qu'il conduisait aussi vite que possible. Ses sacs de grains furent rudement secoués, et finalement, plusieurs crevèrent. Affamés, les animaux dévorèrent le grain. Comme ils n'étaient pas habitués à ce genre de nourriture, ils eurent très vite des problèmes de digestion. Et ils se mirent à chier, vous ne pouvez pas vous imaginez ce que ça faisait ! Le pire, c'est que le camion était vieux et que la séparation entre la cabine et la plateforme était pleine de trous. Et il pleuvait à n'en plus finir, si bien que quand le véhicule entama la descente, il reçut une coulée de cette saloperie dans sa cabine, ah ah ! Il sursauta sur son siège et se tapa la tête contre le plafond de sa cabine. A ce moment, le camion s'engageait dans un virage, et il dérapa. Si vous aviez vu le spectacle !

Heureusement, le précipice n'était pas trop profond, et il ne se fit pas trop mal. Au prix de quelques difficultés, il se débrouilla pour ramper jusqu'à la route et demander de l'aide. Il était couvert de merde et de grains de la tête aux pieds. Les habitants de la première maison furent effrayés quand ils le virent, parce qu'ils crurent que c'était le terrible yéti qui venait leur rendre visite. Depuis lors, le malheureux a été surnommé « le yéti merdeux », ah, ah !

Le visage maussade, pas le moindre signe d'amusement sur ses lèvres pincées, Birandra se tourna vers lui :

— Arrêtez la voiture !

Ugen tira à fond les freins et réussit à immobiliser la jeep en dérapage contrôlé, les autres véhicules manquant les emboutir à l'arrière. Trois des passagers se précipitèrent vers les fourrés sur le bas-côté. Des gargouillis indistincts furent perceptibles un moment.

Le visage de marbre, Ugen sauta de son siège, s'étira et alluma une cigarette. Il s'amusait beaucoup. Regardant vers le nord par-dessus la vallée, il vit une haute chaîne de montagnes blanches, la frontière du Tibet. Quelques nuages se promenaient nonchalamment dans le ciel d'un bleu profond. Le fond de l'air était chaud et embaumait la résine de pin. Des insectes s'affairaient dans les fourrés de rhododendrons rouges et blancs bordant la route.

Ugen n'osait pas regarder les autres chauffeurs, de peur d'éclater de rire en se moquant des Indiens. Quand les hommes de Birandra eurent repris le contrôle de leurs estomacs, ils regagnèrent lentement les véhicules, furieux d'avoir perdu la face devant les Bhoutanais.

— OK, Ugen. Fini, les histoires de yéti et d'autres mangeurs de fumier ! grommela Birandra. Tout le monde à bord !

Son visage transpirait sous le maquillage, mais il était hors de question de l'enlever, car tous les Bhoutanais le connaissaient. La perruque le démangeait. Avec ses longs cheveux, son teint basané et ses habits modestes, nul n'aurait soupçonné le jeune homme conduisant la jeep Mahindra brinquebalante d'être le Druk Gyalpo, le roi du Bhoutan.

Il avait pris avec lui une escorte minimum, tous de l'unité des Tigres. Trois hommes étaient assis dans le véhicule qu'il conduisait lui-même. Cinq soldats suivaient dans une seconde voiture. Ils avaient quitté Thimphu à l'aube. Grâce au bon état de la route, ils avançaient vite. Peu après Wangdiphodrang, le roi aperçut au loin sur la route des véhicules soulevant un nuage de poussière. En se rapprochant, il identifia les trois Land-Cruisers Toyota de l'équipe indienne de montagnards.

Une fois les Indiens rattrapés, un nuage de poussière enveloppa leurs voitures. Cornant sans arrêt, le roi parvint finalement à se faire entendre de la dernière. Paresseusement, la Toyota se rangea sur le côté. Prenant des risques, le Druk Gyalpo poussa son moteur à fond et dépassa le gros véhicule. Des visages surpris les fixèrent. Comment cette vieille plaisanterie de jeep pouvait-elle accomplir pareille manœuvre toute de souplesse et de rapidité ? Il fallut encore un bon kilomètre et quelques risques pour laisser enfin en arrière les deux autres engins.

La conversation languissait dans la jeep du roi, pendant les heures sans fin du long voyage. Un profond respect pour leur souverain empêchait ses hommes de lui adresser la parole sans y être invités. Cela faisait partie d'une étiquette invisible, la terrible barrière imposée entre lui et son entourage par la tradition.

« C'est le prix que doivent payer tous les hommes au pouvoir, songea le roi. Et pourtant, parfois, j'aimerais que cette barrière s'écroule. Au moins pour un moment, de temps à autre ! »

Peu de gens avaient directement accès au Druk Gyalpo. Encore moins nombreux étaient ceux qui pouvaient l'approcher comme ami et non en tant que chef d'Etat. Il aimait ce petit groupe choisi, qui l'aidait à porter le pouvoir qui lui était échu depuis la mort prématurée de son père.

C'était pourtant le décès de quelqu'un d'autre qui ne quittait pas son esprit. Son cœur saignait toujours depuis qu'un tragique accident de voiture avait emporté, une année auparavant, son plus proche conseiller et fidèle ami. Ensemble, ils avaient forgé des plans pour l'avenir de leur pays. C'étaient l'intelligence hors du commun et l'esprit vif de cet homme qui l'avaient aidé à entamer la périlleuse aventure des réformes qu'il avait entreprises au Bhoutan. Une résistance certaine à ses projets de décentralisation venait des hauts fonctionnaires du gouvernement et des grandes familles du pays. L'enthousiasme était grand parmi les jeunes générations qui s'étaient frottées aux idées nouvelles venues de l'extérieur. Cet homme dont le roi regrettait chaque jour la disparition avait eu la clairvoyance nécessaire de proposer juste l'indispensable modernisation, tout en respectant les anciennes traditions. On lui avait fait confiance à l'étranger, non seulement en Inde, mais également en Europe et dans les agences internationales des Nations Unies. Pardessus tout, il avait été l'ami, presque le frère aîné, auprès duquel il était possible de chercher conseil et qui n'avait jamais cherché à exploiter sa position en vue de ses propres intérêts.

Ses mains s'agrippaient si fort au volant que ses phalanges avaient blanchi. Il respira profondément, puis soupira. Lentement, il sortait du désespoir. Il devait songer à l'avenir de son pays et non pleurer le passé, irrévocablement perdu pour l'homme. Durant tout son règne, il avait réussi à s'entourer de personnages de qualité, qui auraient à remplacer, en partie du moins, l'ami disparu.

Le clignotement d'une lumière rouge à l'émetteur radio monté sur le tableau de bord le tira de ses pensées. Saisissant le micro, il se présenta :

— Tigre 1. Qui appelle ? A vous.

— Tigre 1 de la part de Tigre 2. M'entendez-vous ? A vous.

— Je vous entends cinq sur cinq. Allez-y !

— Nous venons juste de découvrir une intrusion chinoise. Un groupe d'une quinzaine d'agents des services tibétains de renseignements se sont infiltrés au Bumthang en se faisant passer pour des gardiens de yacks. Jusqu'ici, ils n'ont rien entrepris. Demandons instructions. A vous.

— Tigre 2, restez à l'écoute, je vais réfléchir. Terminé.

Il poussa le véhicule de côté et l'arrêta.

« Ça, c'est du sérieux, songea-t-il. Je n'aurais jamais cru que les Chinois enverraient une force spéciale au Bhoutan. S'ils sont attrapés, ce sera un camouflet terrible pour eux que de perdre ainsi la face. Je me demande s'ils en savent davantage à propos de l'opération Tigre que nos fuites calculées étaient supposées leur apprendre. Le *panchen-lama* aurait-il lâché quelque chose ? Comme vice-président de l'Assemblée nationale populaire, il vit à Pékin et il est soumis à passablement de pressions de la part des Chinois, mais n'empêche... Il s'agit là d'un secret sacré. »

L'idée que le groupe chinois ait pu progresser jusqu'au Bumthang sans être repéré fit battre plus vite le cœur du roi. Il faudrait les contrôler, peut-être même les éliminer ! Il porta le micro à ses lèvres et dit rapidement :

— Tigre 1 à Tigre 2, êtes-vous là ? A vous.

— Je vous entends. A vous.

— Un détachement militaire spécial a été dépêché de Lunana il y a trois jours vers le nord du Bumthang. Ils ont un radio-émetteur avec eux. Contactez-les sur la fréquence de l'armée. Ordonnez-leur d'être prêts à neutraliser la force chinoise si nécessaire. Et les autres ? Sont-ils en train d'entreprendre quelque chose ? A vous.

— Pas pour le moment. Il semble qu'Ajit Singh attende l'arrivée du groupe indien. Les Français et les jésuites poursuivent leurs recherches. Wiscott est toujours immobilisé, et le Tibétain est toujours à ses basques. A vous.

— Très bien. J'espère arriver au Bumthang ce soir. Soyez prêts pour la phase finale de l'opération. Terminé.

Il raccrocha le micro au tableau de bord et remit le moteur en marche. Avant que les Indiens ne puissent les rattraper, le roi entraînait sa petite équipe vers son destin au Bumthang.

Jean Dupont sortit sur son balcon de l'auberge de Karsumpe. Adèle de Sainte-Fleur et Virgile Machprot, installés dans deux fauteuils confortables, lisaient. Jean martelait nerveusement la balustrade.

— Que se passe-t-il, Jean ? interrogea Machprot en le regardant par-dessus son livre.

— Je ne comprends pas comment vous et Adèle pouvez être aussi calmes ! explosa-t-il.

— Vous serez informé en temps opportun, dit calmement le professeur. Le Rimpoché a promis...

— Le Rimpoché a promis, le Rimpoché a promis... Voilà deux jours que nous répétons cette phrase, s'exclama Jean Dupont. Mais qui vous dit qu'il le fera ?

— *Il* l'a dit, répliqua Adèle.

— Mon Dieu, votre sérénité est exemplaire ! Comment pouvez-vous être juste assis ici, à ne rien faire, tandis que les autres Européens s'affairent à trouver des informations ? Peut-être y sont-ils déjà parvenus ! Nous sommes naïfs de nous en remettre à la seule promesse du Rimpoché.

— Non, Jean, vous faites erreur, dit Machprot en souriant. Je suis trop vieux pour être naïf !

— Alors, dites-moi d'où vous tenez votre sereine conviction ? le pressa Dupont.

Machprot se leva et se mit à arpenter le petit balcon. Comme il n'y avait pas assez de place pour deux hommes pour tourner en rond, Jean s'installa sur la chaise de Virgile et attendit le sermon. Le fixant attentivement, le professeur dit :

— Dès le début de notre recherche, nous avons tous eu l'impression de quelque chose d'étrange. Nous l'avons défini comme la sensation d'enfoncer des portes ouvertes. Etes-vous d'accord là-dessus ?

Quand Adèle et Jean acquiescèrent, Machprot poursuivit :

— Bien, c'est réellement étrange, parce que lors d'une recherche normale, ce sont des portes fermées qu'il faut enfoncer. Le plus drôle, c'est que nous ne savions même pas où étaient les portes ! Nous avons été gentiment menés devant elles, et une force invisible les ouvrait doucement pour nous. Souvenez-vous de ce qui s'est passé à Katmandou, Jean ! L'étonnant comportement de ce moine bhoutanais qui vous a dit que pareil document ne pouvait simplement pas exister ! C'était une attitude destinée à l'évidence à attirer notre attention sur le Bhoutan. Puis l'incident de Paro. Nous avons été invités à aller à la bibliothèque nationale de Thimphu. Une fois qu'on a fait chou blanc, qu'est-ce qui suit ? L'invitation à nous rendre au Bumthang. Nous n'avions rien demandé ! Voyez-vous, Jean, il y a une cohérence dans ce qui nous arrive. Nous sommes conduits vers quelque chose...

— D'accord avec vous, jusqu'ici, concéda Jean. Mais vous devez aussi admettre que, *primo*, votre argument n'est qu'une hypothèse et, *secundo*, que nous ne savons pas vers quoi nous sommes conduits.

— Objection admise, dit le professeur. Mais je n'ai pas encore fini. Essayez de vous rappeler notre discussion avec le jeune Rimpoché. Dès le début, j'ai eu l'impression qu'il savait parfaitement pourquoi nous venions lui rendre visite. Il n'a même pas tenté d'obtenir le moindre renseignement au sujet de nos recherches. Il était surtout intéressé par nos motivations. En fait, il nous mettait à l'épreuve ! Impossible de lui mentir, il voyait à travers nous. Comme vous vous souvenez, j'ai dû lui dire toute la vérité. En sa présence et par ses remarques, j'ai eu le sentiment que quelque chose changeait en nous. C'était comme s'il tentait de nous dire que notre recherche n'avait rien à voir avec une enquête policière. Ce que nous cherchons est important, c'est vrai. Mais la question essentielle est de savoir pourquoi nous cherchons. C'est une quête spirituelle, mon cher Jean !

Dupont se mit debout. Les deux mains agrippées à la balustrade du petit balcon, il prononça avec emphase :

— J'espère que vous avez raison, Virgile ! C'est probablement ça. Mais j'aimerais bien savoir encore une chose.

— Quoi, Jean ? demanda soupçonneusement Adèle.

— Je voudrais savoir ce que font les deux jésuites là-dedans. Ça m'intéresserait de savoir ce dont ils ont parlé avec l'autre Rimpoché de Thimphu.

— De toute façon, dit le professeur, si vous pensez que cela puisse nous aider, allez-y ! Même s'il est question d'une quête spirituelle, je ne voudrais pas qu'ils prennent la clef des champs avec les documents.

— Superbe ! Ravi que vous soyez d'accord ! bougonna Jean. Je vous laisse, à tout à l'heure.

D'un pas déterminé, il sortit de l'auberge pour se diriger vers la ferme. Il scruta avec attention les alentours pour s'assurer que le gros taureau n'était pas à nouveau en cavale. Il n'avait pas envie de terminer sa carrière dans un coin aussi perdu. Tandis qu'il s'approchait de l'hôpital, il chercha un endroit où se cacher pour observer sans être vu. Un des murs était masqué par des saules pleureurs, dont les branches s'inclinaient vers la terre comme un voile épais. Un bref regard autour de lui, et Jean fila vers les arbres pour disparaître derrière leur écran protecteur. Deux voix discutaient avec animation derrière une petite fenêtre ouverte au-dessus de sa tête.

« C'est Fulvio et frère Mac ! » se dit-il en s'appuyant contre un tronc.

— Ce Rimpoché vous a fait forte impression, n'est-ce pas, Fulvio ? (Il reconnut la voix de frère Mac.) Il a réellement ébranlé vos fondements.

— C'est vrai, concéda Fulvio. Admettez qu'il est un personnage hors du commun.

— Pour sûr, sans aucun doute, dit frère Mac. Pourquoi, sinon, auriez-vous abdiqué certains de vos *principia fidei* ?

— Que voulez-vous dire, abdiquer mes articles de foi ? interrogea vivement Fulvio.

— Je n'ai pas dit, tous. Mais quelques-unes de vos certitudes ne semblent plus aussi solides que le roc. N'est-ce pas, padre Fulvio ? insista le prêtre.

— Bien sûr, je ne saurais le nier, agréa Fulvio. Impossible de résister à une épreuve aussi incisive dans votre propre conscience. Le Rimpoché a une puissance psychique irrésistible.

— Je l'ai ressenti aussi. L'effet sur vous est étonnant, nota frère Mac. Et cela ne rend pas les choses plus faciles pour moi !

— Qu'entendez-vous par là ? demanda Fulvio.

— C'est parfois difficile, expliqua frère Mac, de garder une foi ardente dans les enseignements de notre sainte Eglise quand on vit dans ces montagnes, entouré de gens qui croient en une autre chose...

— Mais peut-être aussi vraie que nos enseignements, intervint Fulvio.

— C'est précisément là où je voulais en venir, soupira frère Mac. Cela m'a valu bien des nuits sans sommeil. Notre doctrine n'est pas très ouverte d'esprit dans ce domaine, le salut ne peut venir que de Jésus-Christ.

— Peut-être notre interprétation du Christ comme sauveur unique n'est-elle pas juste, réfléchit Fulvio à haute voix.

— Une idée plutôt hérétique dans la bouche d'un jésuite ordonné, remarqua sobrement frère Mac.

— Elle est hérétique, admit Fulvio, et pourtant, j'y songe souvent. Je sens que je peux vous faire confiance. Nous sommes dans le même bateau, et notre analyse a évolué dans la même direction.

— Merci, Fulvio, releva frère Mac. Votre confession m'honore. C'est vrai, notre manière de voir les choses semble avoir suivi un cours analogue.

Un long silence s'installa entre les deux prêtres. Jean percevait le gazouillis des oiseaux sur le saule, s'entretenant de sujets moins pesamment philosophiques que les deux jésuites. Il changea de position, attentif à ne pas faire de bruit.

— Oublions ces considérations ! reprit frère Mac. Nous avons à discuter de nos problèmes immédiats. Il semble que le Rimpoché soit prêt à nous mener à ces documents.

Jean tendit l'oreille, le cœur battant.

— J'espère qu'il le fera ! dit Fulvio. Ce n'est pas que je mette en doute sa sincérité. Je me fais juste un peu de souci parce qu'il ne nous a pas directement dit où aller et que chercher. Pourquoi ce détour de la célébration au monastère de Tang ?

Jean retint sa respiration. Quelle idée lumineuse que d'être venu espionner les deux prêtres juste à ce moment !

— Peut-être n'avait-il pas lui-même le document, suggéra frère Mac. Peut-être voulait-il faire une cérémonie avant de le remettre. Au Bhoutan, ils aiment bien donner une touche théâtrale aux choses !

— Hum, vous croyez ? Quoi qu'il en soit, il semble déterminé à nous le laisser prendre, observa Fulvio.

Jean en avait entendu assez. Inutile de rester davantage, au risque d'être découvert. Il s'empressa de quitter sa cachette, sans remarquer les deux paysans qui moissonnaient le champ à côté de l'hôpital. Pas plus qu'il ne remarqua leur émetteur radio, un outil plutôt inhabituel pour des paysans bhoutanais !

Dès que le soleil disparaissait derrière la colline, la petite chambre se refroidissait. Le vent âpre n'était pas arrêté par le mur léger plein de fissures. Ajit Singh se sentait frigorifié jusqu'aux os et à l'âme. Il jeta à terre le livre qu'il lisait et se leva du lit. Il mit un épais coupe-vent vert et quitta son logis. Le Border Road Camp au Bumthang était bien tenu et désolé. Coupé de la vie de la population de la vallée, il n'offrait guère d'amusements. Les quelques officiers du génie militaire travaillant dans la région considéraient leur boulot presque comme un séjour au goulag.

Ajit rôda sans but dans le camp. Il avait encore la gueule de bois, après sa beuverie de la veille avec les autres officiers. Ils avaient joué au rummy, et le prix à payer par le perdant était une bouteille de rhum local du Dragon. Il y avait eu trois jeux et trois bouteilles pour cinq joueurs... Les doigts tremblotants, il alluma sa première cigarette de la journée. Elle sentait le cendrier. Toussant à cause de la fumée, il la jeta.

« Fini de boire et de fumer ! Tu m'entends, Ajit ? » se gourmanda-t-il. Enfonçant les mains dans les poches du coupe-vent, il se dirigea vers l'entrée du camp.

« Où sont Birandra et ses hommes ? se demanda-t-il en scrutant la route. Ils devraient déjà être arrivés. J'espère qu'ils n'auront pas eu d'accident sur cette maudite route ! »

Alors qu'il s'apprêtait à rebrousser chemin, il entendit soudain une voiture approcher. Il se faufila rapidement entre les baraquements.

« Mieux vaut faire attention, se dit-il. Si quelqu'un va rapporter aux Bhoutanais que je connais Birandra, ça pourrait éveiller des soupçons. »

De derrière un gros camion, il vit trois jeeps Toyota pénétrer dans le camp. L'homme installé à côté du chauffeur du premier véhicule lui était familier.

« C'est mon ami Birandra », soupira Ajit, soulagé que son attente oisive et solitaire touchât à sa fin.

Ajit attendit l'heure du dîner pour approcher Birandra et son groupe. Quand il entra au mess des officiers, ses compagnons de jeu de la veille étaient déjà installés à une table près de l'unique fenêtre de la cantine. La faible lumière de deux lampes à kérosène suspendues au plafond jetait des ombres grises sur leurs visages fatigués. En comparaison, Birandra et ses hommes paraissaient en bonne santé. Ajit les salua nonchalamment en se dirigeant vers le comptoir où la nourriture était servie.

« Encore du poulet au curry ! grogna-t-il intérieurement. Je me demande si notre cuistot sait qu'il existe autre chose ! »

Une assiette dans la main gauche et un verre de bière dans l'autre, il gagna une table à côté des nouveaux venus. Il s'assit, inclinant courtoisement la tête. A l'exception de quelques remarques polies, il n'engagea pas la conversation avec Birandra et ses hommes. Après dîner, Ajit alla s'installer dans un petit salon jouxtant la salle à manger et alluma une cigarette.

« Terminé, la gueule de bois, fini, les bonnes résolutions », songea-t-il en suivant des yeux les volutes bleues montant au plafond.

Birandra entra sans hâte dans la pièce et prit place à la même petite table.

— Excusez-moi, sir, si je vous dérange, mais je suppose que vous êtes là depuis quelque temps.

— Ce n'est pas tout à fait juste, répondit Ajit. En fait, je suis arrivé ici il y a peu.

Feignant la déception, Birandra reprit :

— Oh, je vois, si bien que vous ne pouvez guère m'être d'un grand secours.

— Cela dépend. Si vos problèmes ne sont pas trop graves, peut-être puis-je vous aider.

— Ce serait très aimable à vous.

— Dites-moi de quoi il retourne, l'invita Ajit.

— Ce qui se passe, c'est que je suis ici en tournée d'information pour l'Indian Mountaineering Association. Nous explorons les différentes possibilités de la région.

— Vous cherchez la difficulté, ou simplement les randonnées ?

— Selon ce qui se présente. Il y a des gens très divers qui cherchent conseil auprès de notre association.

— Hum, d'après ce que je sais, il y a bon nombre d'endroits agréables à visiter dans la contrée.

— Par exemple ?

— On m'a dit que la vallée jusqu'à Kurje et Ura était très belle. Mais comme je vous l'ai dit, il n'y a pas longtemps que je suis ici.

— Pensez-vous aller quelque part ces prochains jours ? demanda innocemment Birandra.

— En fait, j'avais l'intention d'entreprendre très rapidement une enquête sur une petite vallée du nord du Bumthang, répondit Ajit. Nous sommes censés construire une route jusqu'à un lieu dit Ugen Choeling dans la vallée de Tang.

— Je vois, et vous auriez à faire quel genre de recherches ?

— Je suis moi-même officier enquêteur topographe. Ces jours-ci, je vais commencer une exploration préliminaire des conditions de la région, afin que nous puissions établir un projet pour la route. Aimeriez-vous m'accompagner et explorer la région pendant que nous faisons nos recherches ?

— Ce serait une excellente idée ! Quand pensez-vous partir ?

— Je suppose que ce ne sera pas avant après-demain. Mais si je devais partir plus tôt, pourriez-vous être prêts dès demain ?

— Pas de problème, s'exclama Birandra. Nous n'avons même pas encore déchargé. Pour une petite excursion, nous avons tout ce qu'il nous faut !

Se levant, Ajit dit :

— Très bien. Je pense que vous avez juste besoin, le cas échéant, d'un bon équipement. Je garde le contact avec vous. Bonne nuit !

Sans se presser, Rinchen Namgyal quitta l'hôpital de Wangdichoeling pour regagner le bazar. Sa visite, ce matin, au monastère de Kurje ne lui avait apporté aucune information. Il décida de parler au patron de l'échoppe. Il avait besoin de quelqu'un qui puisse discrètement surveiller l'Anglais, car il ne pouvait courir le risque de passer tout son temps à ses trousses.

Il ouvrit la porte de la petite boutique dans l'allée principale du marché. Quelques forestiers plus ou moins sobres chouchoutaient leur bol de *tumba*, la bière d'orge tibétaine délicieusement épicée. Il les salua poliment et s'assit à la table voisine. Il leur avait offert à l'occasion une ou deux tournées et avait discuté avec eux, dans sa tentative de rassembler des renseignements. Mais aujourd'hui, il n'était pas d'humeur à se joindre à eux. Il avait à peine mouillé ses lèvres que l'un d'eux se pencha vers lui pour lui dire à voix basse :

— Eh, Rinchen, que faites-vous ces jours-ci ?

— Rien de très spécial, fit-il, indifférent.

— Je me demandais, continua l'autre, si vous aviez déjà rencontré les Tibétains nouveaux venus ?

Namgyal sentit une boule de glace se former sur son estomac. Quelle nouvelle catastrophe s'annonçait ainsi ? A mi-voix, il répondit :

— Je n'en ai même pas entendu parler. De toute façon, j'aurais du mal à distinguer les nouveaux des anciens.

— C'est vrai. Nous non plus ne les avons pas vus. Ils semblent être plutôt du genre secrets.

— Que voulez-vous dire par là ? s'enquit Rinchen.

— Je ne sais pas. Ce n'est pas moi qui l'ai dit, répondit le forestier. Nos amis travaillant dans la forêt près de Kurje les ont rencontrés une ou deux fois, et ont dit que ces gars n'étaient apparemment pas très causants. Je me demande ce qu'ils font par ici.

— C'est vrai, ajouta un autre. Bizarre, ils n'ont pas de famille par ici et personne ne les connaît. Ils ne sont ni marchands ni n'ont amené de bétail. Plutôt bizarre !

Avec un sentiment de malaise, Rinchen haussa les épaules et fit, mine de rien :

— Peut-être sont-ils des commerçants officieux.

— Que voulez-vous dire ?

— J'ai entendu dire que passablement de statues précieuses et de *thangkas* avaient disparu des monastères, répondit Rinchen.

— Oui, ça c'est vrai, confirma l'un des hommes, et chaque fois, les Tibétains sont parmi les suspects. J'espère seulement que vous avez tort, parce que si ces types sont convaincus d'avoir volé quelque chose, malheur à nous !

— Je ne pense pas que votre supposition soit bonne, renchérit un autre. Il n'y a jamais eu le moindre Tibétain impliqué dans un vol dans cette région. Nous ne sommes pas de cette espèce !

— J'espère que vous avez cette fois encore raison ! Malheureusement, il y a toujours une première fois pour ce genre d'événement désagréable, constata Rinchen.

La conversation se détourna ensuite de ce sujet explosif et, peu à peu, Namgyal se détendit. Il était décidé à mettre les choses au point avec le chef du détachement chinois. Il était en terrain glissant. Certes, il n'était pas facile de ne pas se faire repérer des jours durant dans une région peu peuplée. Mais ils auraient pu au moins préparer une ébauche d'explication plausible afin de justifier leur présence !

Rinchen Namgyal se leva et se dirigea vers sa chambre. Il coinça le patron qu'il engagea à le suivre. Dans la pièce, il ferma aussitôt la porte. D'un ton de conspirateur, il l'interrogea :

— Dis-moi, que sais-tu de la présence de ces Tibétains dans la vallée ?

Surpris, le patron demanda :

— Comment se fait-il que vous ne soyez pas au courant ?

— Que veux-tu dire ? dit vivement Rinchen.

— Vous devriez savoir. Vous avez été vu en leur compagnie.

Usant tout son sang-froid, Rinchen dit calmement :

— Tu veux dire que l'homme que j'ai rencontré en allant à Kurje était l'un d'eux ?

— Bien sûr que c'était l'un d'eux ! Vous ne le saviez pas ?

— Comment diable aurais-je pu le savoir ? Tu oublies que je ne suis qu'un visiteur dans la région !

— Hum, c'est vrai, concéda le patron. Mais cet homme est venu vous voir. Ça, tout le monde le sait. Il semble même que vous ayez discuté longtemps ensemble.

— Exact. Mais cela ne prouve pas que je le connaisse autrement. Il s'est présenté comme un marchand de l'est du Bhoutan. En tant qu'envoyé de Sa Sainteté, je m'intéresse à tous les Tibétains que je rencontre.

— Bon, puisque vous le dites, répliqua l'autre.

— Tu ne me crois pas, dit Rinchen. Qu'est-ce qui ne va pas ?

— Oh, vous savez, les gens sont nerveux, ces jours-ci !

— Nerveux à cause de quoi ? demanda Rinchen.

— A cause des types menant cette enquête topographique. En plus, il y a toute une compagnie de gardes royaux pour faire la chasse à une misérable petite bande d'ours. Nous avons entendu dire que deux compagnies militaires arrivent par le nord. Et maintenant, voilà encore ce drôle de groupe tibétain ! Cela fait bien du monde pour un coin perdu.

— Et que déduire de tout cela ? insista Rinchen.

— Je ne sais pas vraiment. Mais d'aucuns ont des idées un peu folles. Ils disent que ces Tibétains sont en fait des agents chinois en train de préparer une quelconque action de sabotage afin de faciliter l'invasion du Bhoutan par des troupes chinoises.

Soulagé de voir que toute la vérité n'avait pas été mise à nu, Rinchen éclata de rire :

— Ça, c'est réellement une histoire parmi les plus folles que j'aie jamais entendues !

— Qu'est-ce qu'il y a de si drôle là-dedans ? interrogea l'homme. Je vous le dis, moi, il y a quelque chose qui se trame !

— Ecoute-moi. Voyons les choses calmement. Dans l'entourage du dalaï-lama, nous sommes très bien informés de la politique du gouvernement chinois envers les pays voisins. Jusqu'ici, nous n'avons pas reçu la moindre indication que quelque chose comme un acte d'agression se préparait contre le Bhoutan.

— Cela n'écarte pas pour autant une telle possibilité, objecta l'autre.

— C'est juste. On peut concevoir que nos agents au Tibet et à Pékin aient loupé quelque chose. Pareil secret doit être confiné à un tout petit groupe au sommet du gouvernement où ils n'ont pas encore accès, reconnut Rinchen. Mais ça me paraît fort peu probable. Pour deux raisons : d'abord, une expédition de cette envergure ne passerait pas inaperçue. Ensuite, et c'est la raison essentielle qui fait que je ne crois pas cette histoire, il n'existe nul indice pour l'instant d'un changement de politique étrangère à Pékin. N'oublie pas que le Bhoutan est membre des Nations Unies. Comme tel, il a été reconnu par tous les pays membres, y compris la Chine, en tant que nation indépendante. Son intégrité territoriale est garantie par la communauté internationale. En attaquant un membre de l'ONU, l'Etat agresseur se met lui-même en position intenable. Qu'y aurait-il ici, au Bhoutan, pour justifier de perdre ainsi la face ?

Le patron demeura un moment silencieux. Il retournait l'analyse de Rinchen dans sa tête :

— Ce que vous dites paraît plausible. Mais alors...

vous pensez que ces Tibétains pourraient voler quelque chose dans le coin ?

— Je n'en suis pas sûr, répondit Rinchen. Cela expliquerait pourquoi le gouvernement a mobilisé tant de monde.

— Hum, et qu'en est-il des cérémonies religieuses qui doivent bientôt avoir lieu ? demanda l'homme.

— Quelles cérémonies ? s'enquit Rinchen.

— Oh, je croyais que vous étiez au courant de la *puja* !

— Pourquoi le devrais-je ?

— Vous êtes un émissaire du dalaï-lama, vous ne savez pas que le Rimpoché tibétain envisage de célébrer une *puja* spéciale ? dit le patron, plutôt sidéré.

— Quel Rimpoché, quelle *puja* et où ? Au nom du ciel, bonhomme, tu ne peux pas t'exprimer clairement ? s'exclama Rinchen, qui avait du mal à dissimuler son excitation à cette information.

— Tout le monde en parle, dit l'homme, mais personne ne connaît les détails. Au nord du Bumthang, dans une vallée appelée Tang, vit un moine. D'aucuns disent que c'est un Rimpoché du Tibet. Mais qui sait d'où il vient réellement ?... Il est vrai qu'il a l'air tibétain. Il a bâti un monastère il y a quelques années. Depuis lors, sa réputation n'a cessé de croître. Il est très respecté dans la région. Beaucoup de monde va lui demander des avis. Jusqu'ici, il n'a célébré que des *pujas* usuelles. Des fêtes comme les *tsechus* ont eu lieu à intervalles réguliers dans son monastère. Mais je n'ai jamais entendu qu'il ait célébré une *puja* à cette époque de l'année sans explication. Tout le monde est surpris. Plein de gens vont y aller pour voir et savoir.

— C'est curieux, réfléchit Rinchen. Mais je peux t'assurer que je n'ai rien à voir avec tout cela.

— Ah bon, en fait j'avais pensé..., dit l'autre, sans cacher sa déception.

— Comme je l'ai dit, je ne sais pas ce qui se prépare dans ce monastère, répliqua Rinchen. As-tu une idée, c'est pour quand, la *puja* ?

— Rien de précis, mais ce ne saurait être dans l'immédiat.

— Pourquoi ?

— Aucun préparatif n'a encore été fait, la nourriture n'a pas été apportée au monastère. Impossible de faire une *puja* sans cela !

— Tu as peut-être raison, murmura Rinchen. Mais d'autre part, tu dis que c'est un événement exceptionnel. Peut-être que les préparatifs seront exceptionnellement courts. Je te prie de me tenir informé et de préparer quelque nourriture, au cas où nous devrions partir très vite.

Il renvoya le patron sans discuter avec lui de la filature de Wiscott.

« Plus nécessaire, songea-t-il. La réponse sera donnée à Tang. »

L'arrivée du Druk Gyalpo dans la vallée n'éveilla pas la moindre attention. Tard le soir, personne ne sortait de crainte des bêtes sauvages. Les gens s'affairaient auprès du bétail dans les étables, à préparer à manger et à raconter des histoires autour du feu dans les cuisines sombres, seul endroit chaud des maisons modestes.

Le roi conduisit sa jeep à travers les villages silencieux de la vallée du Bumthang et continua vers Kurje. Près du monastère, les deux voitures de son petit convoi furent parquées sous un abri. Il disparut rapidement avec ses hommes dans la forêt. Après une montée escarpée, ils parvinrent au petit camp de l'unité des Tigres. A leur arrivée, Dorji Drukpa sortit de sa tente. Saluant promptement, il eut du mal à garder son sérieux devant le déguisement de son roi. Le roi sourit en s'adressant à son fidèle commandant des Tigres :

— Moi-même, j'ai ri en me voyant dans un miroir à Thimphu, Dorji. Comment vont les choses ici ?

— Votre Majesté, j'ai le sentiment que nous devons agir sans délai. Certains problèmes peuvent échapper à notre contrôle.

— Par exemple ?

— D'abord, le groupe d'intervention chinois. Les habitants de la vallée sont nerveux, et des rumeurs commencent à courir.

— Vraiment ?

— Oui, de plus en plus nombreux sont ceux qui pensent qu'une invasion chinoise du Bhoutan est imminente. Ils soupçonnent que notre présence a quelque chose à y voir. Ils ne croient pas que nous soyons réellement en train de faire des recherches topographiques, car une enquête analogue a été menée il y a un an.

— Nous ne pouvons l'empêcher, répondit le monarque. Quoi d'autre vous fait dire qu'il faudrait accélérer ?

— La plupart des intéressés savent maintenant que l'objet de leurs recherches se trouve dans la vallée de Tang. La nouvelle de la *puja* s'est répandue, et il semble que chacun s'imagine qu'elle a quelque chose à voir avec sa quête.

— Et les faits concrets ?

— Mettons qu'ils ne soient pas aussi solides que le roc, admit Dorji. D'abord, Ajit Singh a pris contact avec l'équipe de montagnards. Il les a invités à l'accompagner pour faire un tour dans la vallée de Tang. L'un des balayeurs indiens l'a rapporté. Il y a ensuite Wiscott qui a convaincu Limonada d'y aller.

— C'est Limonada qui a donné l'information ? A-t-il été contacté ? demanda le roi avec brusquerie.

— Non, pas du tout. Vos ordres étaient très stricts à ce propos. Nous avons eu l'information indirectement, par l'un de ses gardes forestiers. Ensuite, il y a les Français et les deux prêtres. Ils sont prêts à se précipiter là-bas, nous a-t-on dit. Ce qui, bien entendu, poussera les Tibétains à bouger. Rinchen Namgyal doit avoir entendu les rumeurs concernant la *puja*, d'autant qu'il a pris contact avec le groupe chinois hier soir. Ils se dirigent vers le nord, vers Tang.

Le jeune souverain demeura silencieux, s'efforçant d'intégrer ces données à ses plans. Les deux forces d'intervention l'inquiétaient le plus, dans la mesure où leur présence simultanée pouvait compromettre le subtil équilibre des forces qu'il espérait maintenir.

— Je comprends vos préoccupations, dit le roi. Asseyons-nous. Apportez-moi les cartes de la région. Nous allons préciser les tâches de chacun. Il faut prévoir leurs positions et anticiper leurs mouvements, si nous voulons développer une contre-stratégie intelligente. Voyons la carte du Bumthang. Dites-moi où localiser tout ce monde.

Traçant de petits cercles au crayon, Dorji indiquait où se trouvait l'adversaire selon les derniers rapports.

— Imaginons maintenant les stratégies que ces gens pourraient adopter, dit le roi. D'abord, comment ils vont se rapprocher du monastère...

Au bout de deux heures de discussion, et compte tenu des indications de leurs observateurs, ils avaient établi un autre plan. A peine s'interrompirent-ils pour avaler quelque chose. La nourriture était loin d'être royale, ce qu'ils ne remarquèrent guère tant ils étaient à leur affaire. Vers minuit, ils approchaient de la fin.

— OK, Dorji. Je pense que c'est tout ce que nous pouvons prévoir, soupira le roi. Et l'état d'esprit de nos troupes ?

— Excellent, Sire, répondit avec enthousiasme le commandant. Ils brûlent d'agir. Votre présence parmi nous les stimule énormément. Ils ne craignent qu'une chose.

— C'est-à-dire ? interrogea le roi.

— Que vous puissiez être blessé, ou pis encore, tué. Pardonnez-moi, Sire, mais je partage leurs craintes, ajouta Dorji en baissant la tête.

— Vos préoccupations me touchent profondément, Dorji, répondit le roi. L'issue de notre mission est d'une importance capitale. La responsabilité de la mener personnellement à bien m'a été confiée. Je n'ai absolument aucun doute sur vos capacités, mais c'est une décision à laquelle je dois obéir.

Devant l'expression surprise du commandant, il précisa :

— Il y a des choses que je vous expliquerai en temps voulu. Pour le moment, laissons les choses comme elles sont. Quant au danger que je pourrais courir, j'en ai pleinement conscience. Mais je suis aussi profondément convaincu que vous et vos hommes saurez me protéger le cas échéant.

A ces mots, le commandant se redressa.

— La possibilité existe, bien sûr, que durant l'action, je sois tué, poursuivit le roi. En ce cas, il est de la plus haute importance que l'opération Tigre soit menée à bien. A ce propos, j'ai laissé des ordres écrits dans cette enveloppe... Prenez-la ! Vous n'avez pas à l'ouvrir, sauf si je meurs. Si quelque chose vous arrive à vous, ce sera votre adjoint qui en prendra possession pour exécuter les ordres. Si je meurs, j'ai décidé qu'un groupe de trois hommes formera immédiatement un conseil de régence. Je les en ai instruits il y a trois jours, avant de quitter Thimphu. Ils seront amenés ici par mon propre hélicoptère dès que nous aurons tous quitté la vallée. Ils résideront à Jakar Dzong et seront en contact radio permanent avec nous. Tout est clair ?

— Qui sont-ils ? interrogea Dorji Drukpa.

— Vous les connaîtrez sous leur nom de code. Ils s'identifieront en tant que Poisson, Singe et Chat. Si vous deviez les rencontrer, vous sauriez immédiatement que ce ne sont pas des imposteurs.

— Je comprends, Votre Majesté, dit simplement Dorji.

— Peut-être pas, mon cher ami, répondit le roi. J'aurais aimé vous donner leur identité, mais ils m'ont prié de garder le secret, car ils ne veulent pas apparaître comme des successeurs potentiels si quelque chose devait m'arriver maintenant ou au dernier moment.

— Cela les honore, commenta Dorji, une nuance de respect dans la voix.

— Je suis heureux que vous le compreniez ainsi, reconnut le roi. Maintenant, allez-y et donnez les ordres nécessaires pour le déploiement de nos troupes !

— Bien, Sire.

Dorji salua et se retourna pour sortir. Avant qu'il ne quitte la tente, le roi ajouta :

— Faites savoir à tout le monde que la *puja* aura lieu demain soir au monastère de Tang. Donnez les instructions nécessaires à Rimpoché !

Dorji inclina brièvement la tête et s'en alla, le cœur battant. C'était le point de non-retour.

Révélation

Fulvio se réveilla en sursaut à cause du bruit de gens courant dans la cour de l'hôpital. Il se retourna dans son lit et regarda vers la fenêtre : il faisait nuit noire.

— Frère Mac, réveillez-vous ! lança-t-il. Il se passe quelque chose dehors !

— Qu'est-ce que vous dites ? marmonna frère Mac. Pourquoi me réveiller, il fait encore nuit !

— Vous entendez ? dit Fulvio. Tout le monde semble debout. Je vais voir ce qui se passe.

Il s'habilla rapidement, se précipita dehors et héla la première personne rencontrée :

— Eh là, qu'est-ce qui se passe ? Pourquoi tout le monde est-il debout à cette heure-ci ?

— Vous n'avez pas entendu ? On nous a fait savoir que la *puja* à Tang est pour ce soir. Désolé, sir, mais je dois m'en aller.

Fulvio regagna précipitamment sa chambre et secoua frère Mac, qui s'était rendormi.

— Debout ! On doit partir !

— Ça ne vous ferait rien de m'expliquer ce qui se passe ici ? grogna frère Mac ensommeillé.

— La *puja* de Tang est pour ce soir ! cria Fulvio.

Frère Mac sauta de son lit et commença à s'habiller. Padre Fulvio fouilla dans son sac et prit une pochette de cuir sous ses chemises. Les mains tremblantes, il en tira un petit pistolet. Pendant qu'il l'accrochait à sa ceinture en le couvrant de son pullover, frère Mac le fixait intensément.

— J'espère que vous n'aurez pas à vous en servir !

— On m'a dit de ramener ces documents à Rome par tous les moyens, répondit Fulvio, le visage pâle. Un homme à Rome priera pour mon âme immortelle !

Frère Mac haussa les épaules et dit calmement :

— Dieu vous bénisse ! Espérons que ce que nous avons à faire en vaille la peine.

Il finit de s'habiller silencieusement et entassa ses affaires dans un petit sac à dos.

— Et le petit déjeuner ?

— Nous devrons y renoncer si nous voulons être là-bas à temps, dit Fulvio. Nous avons suffisamment de provisions pour deux jours. Allons-y, partons !

En arrivant dans la cour, ils faillirent heurter Wiscott, équipé de chaussures de marche, d'un sac à dos et de béquilles.

— Où allez-vous ? s'étonna Fulvio.

— Probablement au même endroit que vous, sourit Timothy.

— Mais vous pouvez marcher ? interrogea Fulvio.

— Je dois. La douleur est tolérable, répondit bravement Wiscott. Cela vous dérangerait-il de me prendre dans votre jeep jusqu'où il est possible d'aller en voiture ?

— Vous êtes sûr de pouvoir le faire ? insista Fulvio. Le chemin de la route au monastère est long et escarpé.

— Ne vous en faites pas ! Vous n'aurez pas à me porter ni à m'attendre, je vous le promets, plaida Timothy.

Alors que les trois hommes s'approchaient de la Land Rover, une foule convergea vers eux, leur demandant de les prendre. La vieille voiture démarra enfin, avec une quinzaine de personnes agrippées partout où il était possible de se tenir.

— Depuis vingt ans que je suis au Bhoutan, jamais je n'ai vu autant de monde sur la route ! s'exclama frère Mac. Il semble bien que nous allons assister à quelque chose d'assez exceptionnel. Indiquant un point devant, il ajouta : Vous voyez la petite maison là-bas ?

— Oui.

— C'est là que nous quitterons la route principale. Je rangerai la voiture près de la maison. De là, je crains qu'il faille marcher. Comment vous sentez-vous, Timothy ?

— Bien. Ne soyez pas préoccupés, je ramperai, répondit l'Anglais. Sa blessure se ressentait des cahots de la route. Il prit discrètement un antinévralgique.

— Voilà, les gars, c'est la fin de la route, s'écria frère Mac en coupant le moteur. Tout le monde descend !

Padre Fulvio offrit à Timothy de porter ses affaires, mais il refusa stoïquement. Ils avançaient lentement en raison des difficultés de Timothy avec ses béquilles en terrain rustique. A l'exception de trois hommes conduisant des chevaux qui les suivaient à distance, les Bhoutanais qui se pressaient vers le même but remarquaient à peine le groupe d'étrangers.

La présence de l'unité chinoise d'intervention rendait Ajit Singh nerveux. Il ne croyait pas à l'histoire d'une invasion chinoise imminente, mais il craignait que les Tibétains ne soient sur la piste du même trésor que lui. Avec Birandra et son groupe, ils avaient quitté le Bumthang à l'aube. Leurs chauffeurs bhoutanais étaient profondément endormis quand ils avaient quitté le camp. Les barbituriques glissés dans les boissons généreusement offertes par Birandra devaient les empêcher de se réveiller avant midi.

Utilisant la forêt comme protection, Ajit et ses hommes évitaient, chaque fois que faire se pouvait, le petit sentier menant à la vallée de Tang. Il avait scindé ses forces en petits groupes, gardant le contact avec eux par talkie-walkie. S'arrêtant brièvement, il examina les alentours à la jumelle. Il ne repéra aucun mouvement, aucun suspect. Tendant ses jumelles à Birandra, il dit :

— Je n'ai pas encore arrêté de plan d'action. Devrions-nous attaquer le monastère, chercher rapidement les documents et disparaître ? Ou pensez-vous qu'il serait mieux d'attendre et de voir ce qui se passe ?

— Question difficile, répondit Birandra en lui rendant les jumelles. Nous n'avons aucune idée d'une éventuelle présence de soldats bhoutanais au monastère. Et puis, nous ne savons pas réellement où chercher ces documents.

— Nous pouvons toujours forcer les moines à nous les remettre, répliqua Ajit.

— Je crains que ça ne marche pas comme ça.

— Pourquoi pas ?

— Les moines pourraient nous donner n'importe quel

vieux document et nous ne serions même pas capables de voir si c'est bien ceux que nous cherchons, objecta Birandra.

— Hum, vous avez raison, admit Ajit. Il faut jouer autrement. Etre prêts à nous en emparer dès que les documents auront été remis.

Il sortit son talkie-walkie de son coupe-vent et appela les autres groupes indiens.

— Le chef à tous. Arrêtez-vous à un kilomètre et demi du monastère. Pas d'action offensive pour le moment. Observer et s'informer de toute opération suspecte dans les parages de la cible. Terminé.

Pressant le pas, Ajit et Birandra se remirent en marche avec leur petit groupe.

La progression d'Ajit était surveillée pas à pas. L'accès à la vallée de Tang était étroitement contrôlé par les gardes royaux, jouant aux chasseurs d'ours. Il y a quelques jours, plusieurs postes d'observation cachés avaient été mis en place. Le roi était parti pour Tang la veille. Il avait installé un QG temporaire dans une maison solitaire près du col menant au monastère de Tang.

— Votre Majesté, Ajit Singh a envoyé un bref message, annonça la radio.

Le roi se détourna de la fenêtre et traversa la petite cuisine noircie par le foyer. Intimidé par sa présence, le propriétaire de la maison se tassa dans son coin sans oser bouger ni parler. Le roi se pencha sur l'épaule de l'opérateur et demanda :

— Qu'est-ce qu'il a dit ?

— Le message était brouillé, Votre Majesté.

— Je vois. Appelez les gardes royaux et dites-leur de ne pas interférer avec les Indiens.

— Bien, Sire !

Dès que le message fut transmis, le roi prit lui-même le micro.

— Tigre 1 à Tigre 6. Vous m'entendez ? A vous.

— Tigre 6, nous vous entendons parfaitement. A vous.

— Comment ça va du côté des jésuites et de Wiscott ? A vous.

— Ils avancent lentement, Tigre 1. Wiscott n'y arrivera pas. A vous.

— Envoyez un cheval ! A vous.

— Roger, Tigre 1. Terminé.

— Terminé !

Le roi était préoccupé par la lente avance du groupe français. Une fois de plus, ils s'étaient battus comme des coqs gaulois pour savoir quoi prendre avec eux. Adèle de Sainte-Fleur avait refusé d'y aller, feignant une forte migraine à la suite de la discussion. Finalement, l'autorité de Machprot l'avait emporté, et ils étaient partis tard dans la matinée.

— Tigre 1 à Tigre 5. Vous m'entendez ?

— Tigre 5, clair et net. A vous.

— Donnez la position des Français ! A vous.

— Un tiers de la vallée. Ils avancent lentement à cause de la dame et du professeur. A vous.

— Contactez Tigre 6 et débrouillez-vous pour que les deux derniers chevaux prennent la dame et le professeur. Terminé.

Le roi tourna maintenant son attention vers le groupe tibétain. Leur progression lui donnait du fil à retordre, car les agents chinois étaient habiles. Ils utilisaient le fait qu'ils pouvaient se mélanger aisément à la population locale. Dispersés au milieu de la foule bhoutanaise, ils étaient difficiles à surveiller. Pour l'instant, il avait réussi à tous les localiser, mais cela pouvait devenir malaisé s'ils décidaient de s'éparpiller et de choisir une approche à couvert à travers les forêts. Ils ne se servaient pas de leur radio. Leur chef, l'émissaire tibétain du dalaï-lama, marchait à mi-distance entre le premier et le dernier de ses hommes, bavardant avec d'autres chemineaux. Il avait même engagé la conversation avec l'un des Tigres jouant au paysan local. Rien d'important n'avait été dit. L'homme avait simplement tenté d'en savoir davantage sur l'inhabituelle cérémonie. Curiosité normale, après tout !

Tout étant bel et bien engagé, le roi décida d'entamer la phase finale de l'opération Tigre. Il passa sur une autre fréquence et dit au micro :

— Tigre 1 appelle Oiseau. M'entendez-vous ?

Au bout de quelques secondes, une petite voix répondit :

— Ici Oiseau. Allez-y, Tigre 1 !

— Amenez immédiatement Poisson, Singe et Chat à la base du Bumthang ! A vous.

— Nous décollons sur-le-champ, Tigre 1 ! Terminé.

— Terminé.

Changeant encore de fréquence, le roi poursuivit :

— Tigre 1 appelle Tigre 3. M'entendez-vous ?

Pas d'attente cette fois pour la réponse :

— Tigre 3, allez-y Tigre 1 !

— Tout le monde est en route. Commencez la progression vers le but. Terminé.

Le roi se tourna vers Dorji Drukpa, son adjoint qui attendait patiemment les ordres. Le commandant était pleinement conscient de la responsabilité pesant sur les épaules du jeune souverain.

— Dorji, des nouvelles de l'armée ? s'enquit le roi.

— Le dernier rapport date d'il y a environ une heure. Ils sont à une demi-journée à pied du monastère. Jusqu'ici, ils n'ont remarqué aucun mouvement suspect des groupes en chemin. Ils maintiennent une ligne radio ouverte avec nous si vous voulez leur donner d'autres ordres.

— Très bien. Dites-leur de se rapprocher en demi-cercle du monastère, jusqu'à un kilomètre au nord, ils seront encore couverts par la forêt. Qu'ils attendent là sans être vus. Ordre strict de n'allumer ni feu ni cigarette.

— D'autres ordres à attendre pour eux ? interrogea Dorji.

— Nous ne les appellerons qu'en cas d'urgence, c'est-à-dire si nous ne parvenons pas à neutraliser d'avance les forces spéciales indiennes et chinoises.

— Qu'ils tiennent le front nord, convint Dorji. Mais s'il y avait possibilité de fuite au sud ?

— Ordonnez aux gardes royaux de l'équipe topographique de refermer le demi-cercle vers le monastère dès que le dernier groupe sera passé, répondit le roi. Il faut maintenant songer à neutraliser les Indiens et les Tibétains une fois qu'ils arriveront à proximité du monastère de Tang. Voyez-vous, il y a différentes options qui s'offrent à eux. Ils peuvent, soit avancer directement dans les bâtiments et tenter une opération de choc, soit se cantonner à l'extérieur.

— Il est aussi possible, Votre Majesté, suggéra Dorji Drukpa, qu'ils se séparent. Je crains qu'ils ne soient chacun au courant de la présence de l'autre, et qu'ils ne se mettent à se battre. Cela peut déboucher sur un bain de sang, impliquant d'innocents spectateurs ou passants.

— Vous avez raison, concéda le roi. Pour l'instant, nous nous sommes assurés que personne ne puisse quitter le coin. Mais nous avons aussi à garantir la sécurité de la cérémonie et à protéger les participants. Il n'y a pas d'autre choix que de diviser nos propres forces. Dans la mesure où nous ne connaissons pas les intentions précises de chaque groupe, nous allons procéder ainsi : si la majeure partie de la force d'intervention indienne reste cachée dans la forêt, l'armée devra la neutraliser. Envoyez un homme de liaison à la rencontre des soldats, qu'il les conduise sur place. Ils auront à encercler les Indiens sans être vus. Si tout le groupe indien entre dans la cour du monastère, l'armée devra se rapprocher au maximum du mur d'enceinte et occuper la partie nord. Pour ce qui est de la défense au sud, nous avons déjà ordonné aux gardes royaux de s'y porter.

— Et la défense à l'intérieur de la cour ? interrogea Dorji Drukpa.

— Uniquement des Tigres, répondit le roi. Un groupe couvre le Rimpoché et moi-même. Deux autres protègent les Français et les jésuites. Les trois groupes restants de Tigres devront se disperser dans la foule et se posteront à proximité de tout agent chinois ou indien qui pourrait s'approcher.

— Et si les Indiens et les Tibétains viennent en force ? insista le commandant.

— Alors, une vingtaine de gardes royaux postés à l'extérieur du mur méridional seront appelés à la rescousse, expliqua le roi. D'un rapide mouvement enveloppant, l'armée devra encercler l'ensemble du monastère. Nous devrions avoir suffisamment d'hommes sur place pour nous en tirer victorieusement.

— Espérons que tout ira pour le mieux, commenta Dorji.

— Auriez-vous des doutes ? interrogea le roi. Dites-le-moi franchement, même si vous craignez l'offense. Ce n'est pas une situation où un respect mal compris de votre roi puisse vous lier la langue.

— Pas du tout, Votre Majesté ! protesta Dorji. Je n'ai pas le moindre doute, je suis simplement un peu tendu avant une bataille de cette importance. J'estime votre plan parfaitement jouable.

— Bon, très bien, Dorji. Donnez les ordres nécessaires, conclut le jeune souverain.

Rien ne distinguait ce jour particulier des milliers d'autres jours durant lesquels Tobgyal Rimpoché avait patiemment attendu, oubliant presque ce qu'il attendait et craignant que cette attente ne vienne à terme. Les jeunes années avaient imperceptiblement glissé vers l'âge mûr qui, à son tour, avait ouvert les vannes de la sagesse des nombreuses lunes pesant maintenant sur ses larges épaules. Il lui était plus malaisé de les tenir droites, car parfois la lassitude les tirait quelque peu vers le bas. Sa poitrine s'était bridée, ses bras alourdis et ses jambes étaient devenues plus lentes. Heureusement, son esprit et son âme œuvraient toujours mieux de conserve, au fil des ans passés dans le petit monastère qu'il avait construit de ses mains quand son dos était encore vigoureux.

Alors que ses facultés physiques commençaient peu à peu à décliner, il pouvait sentir la puissance des années d'activités spirituelles se multiplier, d'abord lentement, puis plus rapidement à mesure que le temps s'écoulait. Chaque fois qu'il s'asseyait pour méditer face à la statue sereine de son Bouddha, il s'émerveillait de la force pénétrant son âme quand il abordait le royaume d'une conscience toujours plus vaste. Comme nombre d'autres yogis, cette force l'avait préservé de la folie durant les années infinies de sa quête. Il se demandait souvent jusqu'où elle finirait par le mener. A mesure que le temps passait, même cette question perdit graduellement son importance devant sa conscience toujours croissante.

Ce fut une attente solitaire. Personne avec qui partager son secret. Souvent, il avait eu comme la sensation de crier hors du monde. Et pourtant, il savait ce secret trop précieux pour être galvaudé devant des oreilles qui n'entendent pas ou des yeux qui ne savent pas voir. Le moment était capital, de même que la manière de le dévoiler. C'est pourquoi il était resté le Gardien loyal et silencieux du Secret.

Tobgyal Rimpoché était un homme imposant, avec ses presque deux mètres plutôt inhabituels. Sa longue chevelure grise était torsadée au sommet de son crâne, serrée selon la tradition en queue de cheval, avec un cordon en poils de yack, à l'exemple de Thangton Gyalpo, le forgeron miraculeux qui avait bâti les premiers ponts suspendus du Bhoutan il y avait de cela plus de cinq siècles.

Ses yeux foncés se voyaient à peine sous des sourcils fournis. Un nez proéminent dominait les traits grossièrement modelés de son visage volontaire. Ses lèvres charnues étaient bordées d'une moustache grise et d'une longue barbe.

Tobgyal Rimpoché avait battu le rappel de tous les moines de la vallée du monastère de Tang. De la porte à laquelle il s'appuyait, il pouvait voir au loin, jusqu'au fond du vallon. Levant une main ridée pour faire écran à son vieux regard toujours perçant face au soleil levant, il aperçut trois groupes d'hommes vêtus de grenat dans le lointain.

— Ils viennent tous, dit le Rimpoché à l'une de ses jeunes épouses. Les villageois ont-ils apporté la nourriture que j'avais demandée ?

— Presque tout est là, répondirent les femmes, sauf le *chang* qui doit arriver d'un moment à l'autre.

— Inutile de se hâter pour la boisson, ironisa le vieux lama. Sinon tout le monde sera soûl avant le début de la *puja*.

La jeune femme s'esclaffa en s'engouffrant dans la maison. Tobgyal Rimpoché descendit le petit sentier menant au porche, pour saluer le premier groupe de moines.

— Je vous suis reconnaissant de répondre si rapidement à un appel lancé à l'improviste.

Le lama le plus âgé s'inclina en répondant :

— Précieux Maître, vous avez dit avoir besoin de nous d'urgence. C'est normal que nous soyons venus aussi vite que possible.

Tobgyal remercia d'une inclination de tête.

— M'accompagneriez-vous à la rencontre des moines d'Ugen Choeling et de Kurje ? Ils ne sont pas loin de la vallée.

Après les retrouvailles, le groupe d'une quinzaine de moines regagna lentement le monastère. En chemin, le Rimpoché leur expliqua le sens de la cérémonie et le rôle qu'ils devaient y jouer. Aucun des lamas ne montra la moindre surprise. Depuis des années, ils avaient compris que la présence de Tobgyal Rimpoché dans la vallée avait une signification particulière, et tout en ignorant laquelle, ils l'avaient accepté comme un saint homme. Maintenant qu'il leur avait fait cette requête, ils étaient confortés dans leur opinion. La perspective d'une grande *puja* accompagnée de quantité de nourriture et de boisson n'était pas non plus pour leur déplaire, mais savoir que le Druk Gyalpo en personne allait y assister les électrisa encore davantage.

En arrivant au monastère, ils humèrent les délicieuses odeurs s'échappant des fenêtres ouvertes de la cuisine. Nombre de mets avaient été apportés le matin par les villageois. La fidèle gouvernante de Tobgyal Rimpoché supervisait une petite escouade de jeunes filles du village voisin. Elles s'activaient à préparer les plats dans une nuée de joyeux bavardages et de rires dans la vaste cuisine enfumée du monastère, au grand dam de la bonne vieille servante qui n'en pouvait mais. Elle avait tout de même réussi à mettre à l'abri dans un coin les tonneaux de *chang*, le délicieux breuvage à base d'orge. Les jeunes gens de la vallée avaient été attirés au monastère par l'essaim de jeunes filles s'affairant aux fourneaux. Si l'alcool venait s'ajouter à ce mélange déjà fortement explosif, il serait difficile d'éviter le désastre.

Tobgyal Rimpoché mena les lamas à l'oratoire. Deux jeunes moines remplissaient les lampes à huile et époussetaient les trois statues ornant l'autel, d'où pendait jusqu'à terre un lourd brocart rehaussé d'or. Le corps de la plus grande statue, celle du milieu, était recouvert d'or, et une couronne de rubis sertis d'or ornait sa tête. Ses yeux mi-clos semblaient sonder une réalité intérieure par-delà la compréhension humaine. Ses mains tenaient une *khata*, l'écharpe blanche de bienvenue. C'était Tobgyal lui-même qui avait façonné l'effigie du Bouddha durant les cinq premières années qu'il avait passées dans le petit monastère. De lourds *thangkas* richement encadrés de soieries pendaient aux murs et au plafond. Les parois latérales étaient couvertes d'étagères où reposaient des livres anciens emmaillotés dans des écharpes de soie jaune et orange. L'imposant sanctuaire n'avait pas de fenêtre, à l'exception de cloisons mobiles sur le mur faisant face aux statues du Bouddha. Les ouvertures donnaient sur la cour, trois mètres plus bas.

A plusieurs reprises, Tobgyal Rimpoché avait reçu la visite du Druk Gyalpo. L'oratoire avait été méticuleusement inspecté par le roi. Ensemble, ils avaient discuté des modalités de la cérémonie qui devait se dérouler dans la soirée. La sécurité commandait que seuls le roi, Tobgyal Rimpoché et les moines aient accès à la pièce. Un groupe de Tigres devait monter la garde à la porte. Des gardes royaux allaient patrouiller sous les fenêtres.

Tobgyal Rimpoché songea un instant à l'éventualité de violences durant la *puja*. La veille, il avait vérifié que le coffret secret qu'il avait dissimulé dans la grande statue était bien inviolé. Nul œil humain ne pouvait le détecter.

Debout devant le Bouddha, il s'émerveilla de la perfection du mécanisme secret caché dans les joyaux ornant la statue. Il s'émerveilla plus encore du miracle des documents que le temps n'avait en rien affectés. Comment une substance pouvait-elle demeurer inaltérée tant de siècles durant ?

Délaissant ces pensées, il invita les moines à s'asseoir sur deux rangs à angle droit, face à face, devant l'autel. La présence des lamas serait la meilleure garantie qu'aucun visiteur non convié ne puisse se faufiler et se cacher dans la pièce. L'oratoire devait encore être contrôlé par les gardes royaux avant le début de la *puja*. Néanmoins, Tobgyal Rimpoché faisait davantage confiance à la présence humaine qu'aux méthodes policières.

Les instruments musicaux traditionnels furent amenés. Les longues trompes droites d'argent orné d'or furent disposées devant les moines. Battant légèrement leurs tambours d'un crochet recourbé, deux lamas vérifièrent que leurs instruments étaient bien en état de fonctionner. Un jeune moine souffla dans le *dungka*, le coquillage, produisant un son caverneux et déchirant.

S'apercevant que quelques moines n'étaient pas dans la pièce, Tobgyal Rimpoché s'en fut à leur recherche. Il les retrouva en train de deviser gaiement avec les jeunes filles dans les cuisines. La vieille gouvernante n'osait pas vraiment les en chasser, mais elle jetait des regards menaçants aux filles qui ne semblaient guère impressionnées. Tobgyal Rimpoché souriait intérieurement du manque flagrant de pieuse sérénité parmi ses jeunes confrères : cela lui rappelait sa jeunesse, quand son propre engagement spirituel avait perdu maints combats contre son adversaire charnel. Le visage sévère, il cria à travers le brouhaha :

— Silence tout le monde, et mains levées ! J'espère que le Seigneur Bouddha n'a pas les yeux sur vous en cet instant. Cette attitude ne fait pas partie de l'Octuple Sentier. Allez, ouste, sortez de la cuisine et venez avec moi !

Confus mais souriants, les moines quittèrent la cuisine et reprirent le chemin de l'oratoire. Le Rimpoché leur indiqua leurs places.

— Je veux que vous restiez ici aussi longtemps que Mère Nature vous le permettra. Jusqu'au début de la *puja*, vous prierez pour la purification de ces lieux et de vos âmes. Elles en ont besoin !

Tobgyal Rimpoché sortit dans la cour. Le soleil était haut et réchauffait agréablement l'air calme du champ clos. Les premiers visiteurs arrivaient des villages voisins. Ils s'installaient par terre et déballaient leurs provisions. Il n'y avait aucune hâte, seule une joyeuse curiosité dans l'attente de l'événement inusité promis pour la soirée. Les villageois saluèrent respectueusement le vieux lama.

« Quelle sera ma vie après ce soir ? songea-t-il. Ma relation avec ces gens ne sera plus jamais la même. »

Soudain, il perçut un petit grésillement juste dans son oreille droite. Cela lui rappela l'étrange appareil qu'il portait dans sa chevelure. Portant la main à l'oreille gauche, il appuya sur un petit bouton, sans que personne ne s'en aperçoive. Ayant ainsi accusé réception du signal radio, il s'éloigna du groupe le plus proche, s'apprêtant à prendre connaissance du message.

— Au Gardien de la part de Tigre 1. Nous quittons maintenant le col et nous rapprochons de vous. Vous me reconnaîtrez au couvre-chef jaune que je porte. Nous irons tout droit à l'oratoire, où nous établirons notre QG. Si tout est clair pour l'instant, ayez l'amabilité de presser deux fois le bouton.

Le Rimpoché fit ce qui lui était demandé. Après un bref silence, il entendit derechef le roi :

— D'autres instructions suivront quand nous arriverons. C'est tout pour le moment, restez, je vous prie, à l'écoute.

Tobgyal Rimpoché se sentit comme un écolier jouant aux gendarmes et aux voleurs. L'affaire était cependant plus sérieuse, se rappela-t-il à lui-même en se dirigeant vers le bâtiment. Il avait vu juste à propos de la discipline des lamas. La moitié d'entre eux étaient de retour dans les cuisines où ils négociaient vivement la défloration des tonneaux de *chang*. Adossée à la porte de la réserve, la vieille fille les défendait bravement. L'apparition du vieux Rimpoché ramena la foule pas si sainte que ça à une certaine réalité.

— Hors d'ici ! Allez, filez au travail ! Vous en profiterez assez, une fois vos devoirs accomplis !

— Vos chaussures suisses de montagne semblent apprécier l'excursion, observa Jean Dupont tandis qu'ils traversaient une forêt de pins.

Quelque peu essoufflée, Adèle de Sainte-Fleur grogna :

— Que voulez-vous dire, jeune homme ? Vos derniers commentaires à propos de mes chaussures, c'était pour vous moquer...

— Mais non, madame ! protesta Jean. Je vous en faisais simplement compliment. Je pourrais même ajouter que je vous envie, car je ne suis pas très sûr que mes chaussures soient vraiment adaptées.

— Peut-être ne vous garantissent-elles pas contre vos habituels faux pas, mais au moins, elles devraient vous permettre de monter aussi haut qu'il est nécessaire, si votre condition physique vous y autorise, naturellement, répliqua-t-elle d'un ton pointu.

— Ça y est, ça recommence, maugréa le professeur Machprot. Vous devriez garder votre énergie pour grimper, plutôt que de la gaspiller à des accrochages dénués de sens. Nous sommes déjà en retard et, si possible, nous devrions accélérer un peu.

— Je crains que mes chaussures suisses ne puissent me porter plus vite, protesta Adèle.

— Eh, regardez qui va là ! s'exclama soudain Jean. Que je sois damné si ce n'est pas Timothy ! Il est cinglé d'entreprendre pareil voyage avec sa jambe blessée !

— Peut-être a-t-il une motivation très forte pour le faire ! commenta Machprot. On dirait qu'il est en compagnie des deux jésuites.

— Il semble que nous allons assister à des retrouvailles tout à fait charmantes à Tang, dit Adèle. J'espère seulement que nul événement fâcheux n'en résultera.

— Que voulez-vous dire ? s'enquit Machprot.

— Oh, vous savez, Virgile, nous sommes tous d'avis qu'ils sont sur la même piste que nous. Ils peuvent estimer l'affaire suffisamment importante pour employer la force afin de s'approprier ou de garder le document. En un mot, j'ai peur !

— Chère Adèle, dit Machprot pour l'apaiser, je ne puis sérieusement imaginer deux prêtres catholiques essayant de nous faire physiquement du mal. Ils n'ont pas des têtes de tueurs !

— Ce sont des jésuites !

— Oh là là ! Qu'est-ce que c'est que cette ânerie ! Nous ne sommes plus au Moyen Age ! s'exclama Virgile.

— Et Timothy, alors ? insista-t-elle.

— Sans orgueil mal placé, ma chère, je ne crois pas qu'il soit de taille à nous affronter tous les trois.

— Pas vraiment, je crois plutôt que ce serait à nous de prendre soin de lui, admit Jean. Mais il y a encore le personnage mystérieux qui a inspecté notre voiture à Tongsa. Sera-t-il ou non de la partie ?

— De toute façon, nous n'avons pas la moindre indication à son propos, releva Machprot. Quelles prévisions faire dans ces conditions ?

— Probablement aucune, reconnut Adèle. Mais nous devrions tout de même avoir au moins une ébauche de plan.

— J'y ai songé, fit le professeur. Mais quoi qu'il en soit et d'où que l'on examine la chose, j'en arrive toujours à la même conclusion : nous ne savons pas ce qui va se passer, pas plus que comment cela va se passer. Par conséquent, le seul plan possible, c'est d'ouvrir tout grand les yeux et les oreilles.

— En effet, je suppose que c'est bien le seul plan que nous puissions établir, agréa Jean. Je pense aussi que nous devrions rester ensemble.

— Moi aussi, ajouta Adèle.

— Très bien, dit Machprot. Restons calmes. Les jésuites et Wiscott ne sont pas très loin. Je me demande s'ils arriveront à temps. Il est déjà trois heures.

Deux cents mètres plus loin, le groupe français rejoignit Wiscott et les jésuites. L'Anglais souffrait visiblement, son visage était en sueur. Les deux prêtres l'aidaient du mieux qu'ils pouvaient.

— Mon pauvre garçon ! s'exclama Adèle. Quelle tête vous avez ! Votre jambe doit vous faire très mal. Vous ne devriez pas vous promener de la sorte...

— Merci, madame, de votre compassion, répondit Timothy avec un sourire forcé. C'est vrai que c'est un peu tôt pour une physiothérapie lourde. Mais le programme paraissait si fascinant que j'ai pris le risque de tenter le coup.

— Hum, vous suez à grosses gouttes, observa le professeur. L'air est très sec par ici. Buvez-vous assez ?

— Peut-être pas. Nous pensions trouver facilement des ruisseaux, répondit padre Fulvio.

— Tenez, prenez au moins une gorgée, offrit Jean. C'est du thé fort, sucré.

Alors qu'ils avaient fait halte en se demandant comment Timothy pourrait poursuivre, un groupe de jeunes Bhoutanais les rattrapa, menant trois solides chevaux Haflinger. Ils leur firent signe et s'arrêtèrent. L'un d'entre eux s'approcha et s'adressa à eux en anglais :

— Hello, je m'appelle Phuntso. Vous allez à la fête ?

— Oui, répondit le professeur. Vous aussi, par hasard ?

— Oui, c'est bien notre destination.

Un vague espoir germa chez Timothy. Il s'adressa à Phuntso :

— Serait-il éventuellement possible d'utiliser vos chevaux ?

— Oh, vous aimeriez utiliser nos chevaux ?

Apparemment surpris, Phuntso se tourna vers ses compagnons et leur dit quelque chose en bhoutanais. Ils hochèrent la tête, et il se retourna vers Timothy :

— Vous en voulez combien ?

— J'en aurais besoin d'un. A cause de ma jambe blessée par un méchant taureau, j'ai assez mal et je ne peux pas marcher vite. Et votre groupe, professeur ?

Réellement soulagé par cette solution miracle de leur problème, Machprot répondit :

— Peut-être les deux autres pour Adèle et pour moi. Nous ne sommes plus très jeunes. Qu'en pensez-vous, chère amie ?

— Bon, si vous insistez tellement, Virgile..., concéda-t-elle.

— Pourrions-nous utiliser les trois, Phuntso ? demanda Machprot. Bien sûr, nous payerons pour cela.

— Pas de problème, monsieur. Nous en discuterons après, firent les Bhoutanais. Venez, montez. Nous allons les tenir, vous verrez, ce sont des bêtes merveilleuses, au pied très sûr. Nous les conduirons.

Le groupe repartit, cette fois d'un pas bien plus rapide.

L'arrivée du roi passa inaperçue. Il était entré au monastère au milieu d'un groupe de paysans : sous son déguisement, ils ne l'avaient pas reconnu. Il s'était empressé d'aller dans l'oratoire, où il avait passé presque tout l'après-midi.

A travers une fente des volets surplombant la cour, le souverain regardait la foule bruyante se rassembler. Les paysans des alentours convergeaient vers l'enceinte. Pour une fête religieuse, la tradition voulait qu'ils mettent leurs plus beaux vêtements : les *kiras* des femmes rivalisaient de couleurs et de finesse, le traditionnel *bakoo* du Bumthang habilement tissé en damiers rouges, verts et bleus donnait aux hommes fière allure. Des voix déploraient que l'accès au sanctuaire fût interdit par un groupe de jeunes gens, mais aucune protestation des villageois ne parvenait à briser leur barrière de politesse.

Le Druk Gyalpo s'éloigna de la fenêtre et se dirigea vers une porte dissimulée derrière les statues du Bouddha. Elle donnait dans une petite chambre où un puissant poste de radio était posé sur une table de bois rugueuse. Son antenne télescopique pouvait être montée haut sur le toit. Il s'installa à la table, et s'apprêtait à transmettre quand la porte s'ouvrit derrière lui. Un garde entra et salua :

— Votre Majesté, le Rimpoché sollicite l'honneur de vous parler.

Comme toujours, l'imposante présence physique du vieux lama impressionna le jeune souverain. Silencieusement, il fixa les yeux sans fond du prêtre. Leur couleur changeait sans cesse, passant du gris sombre au noir. Le moine portait l'habit cérémoniel de soie rouge foncé et jaune, un rubis ornait la chaîne de turquoises qu'il avait au cou. Le vieil homme commença à s'incliner, mais le roi l'arrêta aussitôt :

— Non, non, pas vous ! Vous n'avez pas à vous incliner devant le roi du Bhoutan, Vénérable Gardien !

— Merci, Seigneur. Il y a bien longtemps que vous êtes venu pour la première fois ici avec votre père.

— C'est vrai, je me souviens du jour où il m'a montré ce que seuls le roi et son successeur sont autorisés à voir.

— Un homme merveilleux, votre père, murmura le Rimpoché. Un souverain parfait proche de son peuple. Comme tout cela est loin !

— Cela fait bien longtemps que vous attendez, releva le roi.

— Trente ans durant, j'ai veillé sur le précieux secret. J'ai du mal à croire qu'aujourd'hui, le moment que j'attendais durant tout ce temps est arrivé.

Le roi invita le Rimpoché à s'asseoir à la table. Une nuance de résignation dans la voix, le vieux lama poursuivit :

— Ce fut une vie paisible, riche de réalisations spirituelles. Cela ne sera plus pareil après. Je pense que pour vous aussi, cette attente aura été longue et difficile à endurer.

— C'est vrai, admit le roi. Je me sens assez soulagé à l'idée que ce ne sera plus de notre responsabilité.

— Pas entièrement soulagé ? interrogea le vieil homme.

— Non, pas complètement, dit le Druk Gyalpo. J'espère que tout ira bien, ce soir et demain. Mais nous ne savons pas comment notre message sera reçu par le monde.

— C'est vrai que nous ne le savons pas, dit le moine. Mais Sa Sainteté a décidé que les temps étaient mûrs. Nous devons obéir, j'ai pleinement confiance en lui.

— Je prie afin que notre foi ne soit pas déçue, répondit le roi. L'état des affaires de ce monde est tel que, souvent, je me demande quel bien peut découler de notre action.

— La roue a été mise en branle, nous devons maintenant suivre le mouvement, dit calmement le vieil homme.

— Vous avez raison, vénérable ami, reconnut le souverain. Le temps n'est plus à deviser, nous avons à accomplir l'action qui nous a été confiée. Pour ce soir, nous commencerons la cérémonie au crépuscule. Les moines, vous et moi resterons ici, dans l'oratoire. Les volets resteront clos au début. Les moines joueront d'abord un peu de musique, puis les volets coulisseront pour donner aux gens dans la cour une bonne vision de ce qui se passe ici. Ensuite, ce sera à vous de parler, puis à moi pour m'adresser aux étrangers en anglais et révéler le secret. Mais auparavant, nous devons nous assurer que toutes les forces en présence sont neutralisées, afin que nul ne puisse tirer profit de la situation. Nous procéderons ainsi.

Les deux hommes se penchèrent sur une carte détaillée du monastère et du village. Le roi expliqua son plan, puis conclut :

— Comme vous le voyez, il y a des événements que nous ne pouvons pas prévoir pour l'instant. Il faudra réagir en fonction de l'évolution de la situation.

— Votre plan m'agrée, constata le Rimpoché. Avec vos hommes bien entraînés, vous réussirez. Il faut maintenant que je vous quitte pour aller voir si tout est prêt.

Une fois le vieil homme parti, le roi retourna à la radio qu'il alluma, puis saisit le micro :

— Tigre 1 à Tigre 2. M'entendez-vous ?

— Tigre 1, allez-y !

— Qu'en est-il des Européens ? A vous.

— Ils avancent gentiment, maintenant. Ils viennent juste d'arriver au col, ils seront au monastère dans environ trente minutes. A vous.

— Et les Chinois, Tigre 2 ?

— Ils sont tous dans la cour, sauf trois hommes et Norbu. Ils sont tous les quatre postés à un demi-kilomètre au nord du monastère. A vous.

— Neutralisez-les immédiatement ! Après, envoyez deux de nos hommes pour chaque Chinois. Qu'ils restent près d'eux, mais dites-leur de changer souvent la garde. A vous.

— Bien, Sire. Et les Indiens ?

— Cinq hommes et Ajit viennent vers le monastère. Les autres restent cachés dans la forêt. Vous laisserez les six hommes entrer dans la cour et vous les ferez surveiller chacun par deux de vos hommes. A vous.

— Et les autres Indiens ? A vous.

— Ce sera l'affaire de l'armée. Néanmoins, s'ils avancent, nous avons encore les gardes royaux hors les murs du monastère, et votre groupe. J'espère que ça suffira. A vous.

— Très bien, Tigre 1. Je m'en occupe.

— *Roger*, Tigre 2. Bonne chance.

Le roi passa la demi-heure suivante à contacter les autres forces. Il changea finalement de fréquence et appela le *dzong* du Bumthang.

— Tigre 1 appelle Conseil. M'entendez-vous ?

— Poisson à Tigre 1. Nous vous entendons cinq sur cinq. A vous.

— Tout est prêt, Poisson ? A vous.

— Le Conseil est au complet. Pas de problème durant le vol. A vous.

— Les hélicoptères sont-ils opérationnels ? A vous.

— Affirmatif, Tigre 1. Les cinq sont là, prêts à décoller quand vous le désirez. A vous.

— Très bien. Restez désormais à l'écoute, s'il vous plaît. La cérémonie va débuter très bientôt. A vous.

— *Roger*. Restons à l'écoute. Bonne chance.

— Merci. Terminé.

Dehors, la foule s'animait. Certains se mirent à crier. Dans un coin, deux hommes légèrement pris de boisson étaient sur le point de s'empoigner. Il y avait de l'électricité dans l'air.

Les derniers rapports de ses hommes n'étaient pas tous aussi bons. Il n'y avait pas eu de problème pour neutraliser le groupe tibétain demeuré à l'extérieur. Leur surprise d'avoir été découverts les empêcha d'opposer une vraie résistance. Pour la force d'intervention indienne, ce fut différent. Ils étaient sur leurs gardes, ayant remarqué que leurs mitrailleuses avaient été désarmées. Tous portaient des pistolets et d'autres armes légères. Il n'avait pas été possible de les encercler sans être vu ni entendu. Maintenant, Ajit et ses cinq hommes étaient dans la cour, en train de bavarder poliment avec les deux jésuites. A la tombée de la nuit, les autres Indiens avaient quitté la forêt et s'étaient rapprochés, sans toutefois entrer au village. Ils se terraient dans une étable abandonnée, solitaire au milieu d'un champ. Ils étaient seuls pour l'instant, ce qui les préoccupait beaucoup, car leur chef Birandra était un homme capable et énergique.

La tension croissante ne permettait plus d'attendre, aussi le roi décida-t-il de commencer immédiatement la cérémonie.

Avec un soupir, il se détourna des volets coulissants et fit face à l'autel. Les moines le suivaient d'un regard anxieux, et même le vieux Rimpoché semblait ému. Totalement maître de lui en apparence, le jeune souverain les invita calmement à s'asseoir et à préparer leurs instruments. Il ordonna à deux jeunes moines d'allumer les centaines de petites lampes à beurre placées dans toute la pièce. A mesure que la lumière gagnait en force, elle commença à filtrer à travers les fentes des volets. Les gens dans la cour la remarquèrent, et le murmure de la foule gonfla comme le ressac sur une plage sauvage.

Quand la dernière lampe fut allumée, le roi ordonna à quatre moines de tirer les volets d'un coup. Une vague de lumière déferla sur la cour et pétrifia la foule en un silence respectueusement impressionné. La plainte longue et poignante des trompes résonna, ponctuée par le battement sourd des tambours et du gong. Les moines jouaient avec une ferveur particulière, qui n'échappa pas aux Bhoutanais. Même les Européens et les Indiens étaient profondément touchés par l'intensité émanant de cette musique.

La foule demeura figée quand le vieux Rimpoché se leva et s'approcha du cœur de l'oratoire. Sur un signe de sa main, le son des instruments s'estompa lentement. Un dernier coup du grand gong vint clore la musique. Le Rimpoché se redressa de toute sa taille et, levant les deux mains en signe de bienvenue, il s'adressa à la foule :

— Gloire au Seigneur Bouddha ! Nous sommes ici ce soir pour une occasion tout à fait inhabituelle. Jamais pareille chose ne s'était produite, et nous avons tous la chance d'être les témoins privilégiés de cet événement.

Il marqua une pause pour laisser ses propos être bien assimilés. Le professeur Machprot et padre Fulvio traduisirent les paroles du vieux lama à ceux qui ne comprenaient pas sa langue. Quand le Rimpoché reprit son discours, pas un bruit n'était perceptible dans la cour.

— Vous vous êtes tous demandé, ces deux derniers jours, pourquoi j'avais annoncé cette cérémonie. Maintenant, vous êtes surpris parce que je m'adresse à vous de cette manière, comme jamais auparavant. Laissez-moi vous expliquer.

Un frisson nerveux parcourut la foule, tandis qu'un murmure gonflait comme une houle. Le vieux lama poursuivit :

— Je suis venu dans cette vallée il y a bien des années pour une seule raison. Nous autres Tibétains avons dû quitter notre pays quand il a été envahi par les Chinois. Nous avons dû fuir en raison de menaces qui pesaient sur nos personnes, mais aussi parce que des choses d'une valeur infiniment supérieure devaient être mises en sécurité ailleurs, car elles ne devaient en aucun cas tomber aux mains des usurpateurs. Et quel meilleur endroit pour les dissimuler le temps nécessaire, que ce pays paisible ? C'est ce qui a été fait, et le privilège m'est échu d'être toutes ces années durant le Gardien de cet inestimable Secret. Cela a été possible grâce à l'accueil chaleureux que vous m'avez accordé. Soyez-en remerciés. C'est pourquoi vous avez été conviés à venir ici en tant que spectateurs honorés de quelque chose qui pourrait changer le cours de l'histoire de l'humanité.

Il s'arrêta un bref instant. A ce moment, Ajit perçut la vibration de son radio-émetteur. Il tira discrètement un écouteur de sa poche, qu'il porta à son oreille droite, dissimulant son mouvement en faisant mine de se gratter. La voix agitée de Birandra explosa dans sa tête :

— … tout le groupe du village a été emmené par des Bhoutanais. Un seul a réussi à s'échapper et est venu m'avertir. Que dois-je faire ?

L'incident n'avait pas été perdu pour les deux gardes royaux qui filaient Ajit. Ils se rapprochèrent de lui à quelques centimètres à peine, prêts à intervenir. Ils l'entendirent chuchoter dans son mini-micro caché dans la paume de sa main :

— Lâchez tout ! Il se passe quelque chose d'incroyable ici. Ne bougez pas tant que je ne vous en aurai pas donné l'ordre. Terminé.

Les deux gardes royaux se détendirent. L'un d'eux se glissa de côté et jeta quelques mots rapides dans son émetteur, informant le roi de l'incident. L'attention des autres était captivée par le Rimpoché qui continuait son explication :

— Il y a plusieurs siècles, le Tibet a été visité par des êtres très étranges, voyageant par des moyens tout à fait inusités. Ils vinrent dans des véhicules suspendus dans l'air.

La foule murmura, vite calmée par la voix du vieux lama :

— Je sais que cela paraît irréel. Et pourtant, les textes anciens sont très clairs à ce propos. Ils nous disent même à quoi ces êtres ressemblaient. Ils n'avaient pas d'yeux, et ils pouvaient voir. Ils pouvaient voir non seulement les choses, mais ils pouvaient aussi lire dans nos esprits. Ils parlèrent et expliquèrent nombre de choses qui ne pouvaient être comprises en ce temps-là. Ils dirent que leur terre n'était pas dans ce monde, mais au-delà du ciel.

A ces mots, un tumulte explosa parmi les Bhoutanais. Certains étaient abasourdis, d'autres se moquaient, et d'aucuns interpellaient hargneusement le Rimpoché, le qualifiant de conteur à dormir debout. Padre Fulvio en fut choqué, comme les autres étrangers. Ils attendaient fébrilement que le Rimpoché poursuive. Finalement, le vieux lama parvint à restaurer le calme en élevant sa voix puissante :

— Ecoutez-moi jusqu'au bout ! Vous savez tous que durant les années que j'ai vécues ici, je ne vous ai jamais menti. Je ne le ferai pas non plus ce soir. A la fin, vous comprendrez et vous émerveillerez de la beauté de cette révélation : non seulement les messagers des étoiles ont parlé à nos ancêtres, mais ils ont couché par écrit leur message. Les documents laissés sur Terre après leur départ expliquaient la réalité d'une manière demeurée mystérieuse pendant des siècles. Ce n'est que maintenant que la science d'Occident est sur le point de dévoiler ces mystères de la Nature. Pas tous encore, et pourtant, dans ces documents, ils sont tous expliqués. Les temps sont mûrs pour l'humanité de comprendre ces écrits. Ils laissèrent ce message à l'humanité à la garde de la lignée ininterrompue des dalaï-lamas. Sa Sainteté le quatorzième dalaï-lama, le Seigneur du Lotus Blanc, m'a instruit de vous dire ce qui suit, afin que le monde entier sache :

« Un secret nous a été révélé par des documents de manière fort étrange, il y a des siècles. Quand j'ai dû quitter mon pays, j'ai trouvé un allié fidèle en la personne de feu le roi du Bhoutan, qui a accepté de les dissimuler dans son royaume. Plus tard, son fils a pris sur lui ce lourd fardeau. C'est grâce à son initiative qu'aujourd'hui, tous les gouvernements seront en possession de ces précieux documents. Tel est le message à moi transmis par mes prédécesseurs :

« Dans la constellation de l'Amas d'Etoiles, appelée le Grand Nuage de Magellan par vos astronomes, il existe plusieurs soleils beaucoup plus vieux que le nôtre. Ces soleils sont accompagnés de planètes où la vie est née bien plus tôt que sur Terre. L'évolution de ces formes de vie a été heureuse, puisqu'elle a finalement débouché sur l'apparition d'êtres sensibles capables de développer le voyage à travers l'espace. Ils commencèrent alors à chercher dans l'univers d'autres formes de vie et d'intelligence. Ils traversèrent le fossé entre leur Amas d'Etoiles et notre galaxie, puis entreprirent d'explorer notre Voie lactée. Durant leur exploration, ils entrèrent dans notre système solaire et découvrirent la Terre. Une preuve convaincante de ces allégations sera remise à tous les gouvernements.

« Dans ces documents, rédigés il y a des siècles, la théorie de la physique nucléaire est expliquée. La théorie des quanta et celle de son unification avec la relativité générale, ainsi qu'une description complète de la création de l'univers physique, sont quelques exemples parmi d'autres de la connaissance consignée dans ces parchemins. Ces révélations seront confirmées par les scientifiques. Nul d'origine terrienne n'aurait pu inventer pareille description il y a des siècles.

« Les êtres du Grand Nuage de Magellan ont visité notre planète et établi des contacts avec les habitants du Tibet, il y a des centaines d'années. Après avoir examiné les civilisations existant à cette époque sur notre globe, ils firent à mes prédécesseurs la promesse solennelle de revenir sur Terre et de rétablir le contact avec nous sous certaines conditions. Simplement résumées, les voici :

L'humanité doit être plus avancée dans son développement technologique, scientifique et spirituel. Elle doit avoir mis un terme à la violence.

« Pourquoi ces conditions pour rétablir le contact entre eux et nous ? Une raison essentielle nous a été donnée :

« Dans notre univers, les formes de vie ont évolué jusqu'à un niveau d'intelligence nettement supérieur à nos accomplissements. Les races sensibles qui ont développé les voyages interspatiaux ont fondé une Fédération dans notre galaxie. L'accumulation de connaissances spirituelles et scientifiques entre elles a entraîné une extension de leur puissance, que nous avons du mal à saisir avec nos esprits.

« Le sens profond de l'univers leur a été révélé grâce à leur incessante quête spirituelle. Leur évolution technologique leur a permis d'exploiter la puissance des fluctuations gravitationnelles lourdes dans leurs systèmes stellaires. Ils utilisent l'énergie des trous noirs. Encore plus incroyable, ils sont capables d'utiliser l'énergie quantique du vide, contenu dans chaque point du continuum espace-temps. Cette source est presque illimitée dans ses quantités d'énergie. L'un des grands physiciens modernes, Richard Feynaman, disait qu'une rapide évaluation de cette énergie quantique indique que chaque centimètre cube du vide quantique contient suffisamment d'énergie pour amener les océans de notre monde au point d'ébullition.

« Cette connaissance donna aux êtres sensibles de la Fédération un pouvoir créateur incommensurable, mais également le pouvoir de détruire. C'est pour cette raison que le Conseil de la Fédération a décidé, il y a des milliers d'années, que seules les formes de vie ayant atteint une évolution spirituelle avancée pourraient avoir accès à ces connaissances.

« Ce niveau d'évolution spirituelle n'est pas encore atteint sur Terre. Nombreux sont ceux qui y tendent, mais ils sont aussi nombreux à avoir le cœur fermé. Il convient d'analyser pourquoi il en est ainsi.

« Nous comprenons la violence dans la race humaine en relation avec son processus d'évolution. Il est aujourd'hui évident que la sélection des espèces sur cette planète a été une histoire cruelle. Seules ont survécu les créatures qui ont pu battre les autres dans la course au peu de nourriture disponible. Les hominidés ont pris l'avantage grâce à l'évolution de leurs structures cérébrales. Des stratégies de survie plus efficaces ont été employées aux dépens des autres espèces, de façon très agressive. La compétition au sein du groupe hominidé a été tout aussi féroce. Seuls les mieux adaptés ont survécu aux premiers jours de l'existence de l'homme.

« En cours d'évolution, nous avons acquis un nouvel instrument merveilleux que les scientifiques appellent le néocortex. Cela nous rend fondamentalement différents des autres formes de vie sur Terre, dans la mesure où il nous donne des connaissances sur nous-mêmes, sur notre passé et sur nos espérances pour l'avenir. Cette capacité mentale, un outil brut au début, s'est lentement mais sûrement transformée en un instrument très sensible et finement accordé.

« La capacité d'être le véhicule de la conscience nous donne cette chance unique parmi toutes les formes d'existence sur cette planète : nous sommes la seule espèce ayant le pouvoir de dépasser les limites étroites que nous impose le processus aveugle de la sélection naturelle. C'est en vertu de cette merveilleuse qualité de l'humanité que je place mon espoir qu'un jour, nous serons capables de vaincre la pulsion profonde de l'agressivité et de la violence.

« Nous possédons maintenant les instruments scientifiques nécessaires pour comprendre les implications psychologiques profondes et les causes qui nous font nous comporter parfois comme des bêtes sauvages. L'étude du comportement et de l'esprit humains a enregistré des progrès énormes au cours de ce siècle, grâce à la contribution de pionniers comme Krishnamurti, Freud, Jung et bien d'autres. Cette sagesse récemment redécouverte était contenue dans maints écrits religieux anciens d'Orient et d'Occident. Mais dans notre siècle de science triomphante, il était important d'élaborer son fondement scientifique. Cette connaissance intime de nous-mêmes est l'un des instruments qui pourraient nous libérer des chaînes de la violence.

« L'humanité a été confrontée à une formidable perte de spiritualité depuis deux siècles. La quête d'explications des phénomènes naturels par la recherche empirique nous a écartés des nombreuses explications mystiques que les Eglises traditionnelles gardaient pour ceux qui posaient autrefois des questions. A mesure que se déployait la science, ce mysticisme a acquis mauvaise réputation. L'élimination de l'obscurantisme sous les oripeaux de croyances mystiques doit être saluée. Malheureusement, la distinction subtile entre les deux n'a pas toujours été faite, et dans le processus d'explication scientifique, bon nombre de connaissances spirituelles fondamentales ont également été mises au rancart.

« En même temps, et c'en est probablement une conséquence, l'humanité a commencé à attacher une importance prédominante aux biens matériels et aux froides explications scientifiques. Cela vaut non seulement pour des nations dans leur ensemble, mais aussi pour chaque individu, de plus en plus affecté par cette tendance.

« Ces facteurs ont eu un effet dissolvant sur les structures de la société, que ce soit en Orient ou en Occident, au nord comme au sud. L'envie, la corruption, l'égoïsme, le crime institutionnalisé et la guerre, pour n'en citer que quelques-uns, sont autant de virus qui tendent à affaiblir le système de défense de la société, et nous rejettent en arrière dans le processus évolutif.

« L'absence de projet spirituel représente pour beaucoup de gens sur cette planète le plus grand défi à affronter aujourd'hui. Nous aurons à lutter durement si nous voulons donner à l'humanité un espoir en son avenir.

« Nous devrions être capables de reconnaître les limites de chacune de nos religions et idéologies. Nous devrions développer la curiosité à l'égard de nos voisins, de nos amis et même de nos ennemis pour apprendre ce qu'ils pensent et ce qu'ils ressentent. Nous devrions leur dire nos espoirs et nos craintes. Peut-être alors progresserions-nous sur le chemin d'une compréhension globale de notre condition collective.

« Cherchons plutôt les signes de convergence entre des systèmes apparemment opposés ! La physique nucléaire nous indique des parallèles frappants avec l'antique sagesse d'origine religieuse. Les leaders politiques devraient se concentrer davantage sur les aspirations convergentes de leurs populations respectives que sur les idéologies divergentes qui les séparent. Les chefs religieux devraient se souvenir qu'il existe une force unique au cœur de cet univers.

« Si nous parvenons à créer cet élan unificateur sur la planète, nous serons capables de libérer des forces créatrices innombrables pour œuvrer en vue de l'objectif que nous ont proposé les visiteurs de l'espace. La lumière des étoiles du Nuage de Magellan a donné aux astronomes le premier étalon de mesure pour sonder l'univers. Utilisons maintenant la lumière de la sagesse de ces gens pour sonder nos âmes et découvrir ainsi la force d'apprendre les mystères de cet univers merveilleux ! »

Le silence abasourdi qui avait suivi la stupéfiante révélation du dalaï-lama fut interrompu par des cris de surprise, à mesure que la foule dans la cour reconnaissait son roi sortant de l'ombre pour se diriger vers le centre de l'oratoire. Tout le monde se prosterna.

— Mon Dieu ! C'est le roi en personne, s'exclama frère Mac. Pas le moindre doute, c'est lui !

— Vous en êtes sûr ? le pressa padre Fulvio.

— Oui, oui, nul doute, répondit frère Mac. Il a visité mon école il y a trois mois à peine. Je lui ai personnellement parlé. J'en suis absolument sûr.

Le professeur Machprot sentit un frisson glacé courir dans son dos. Il saisit nerveusement la main d'Adèle.

— C'est merveilleux ! Vous vous imaginez ! Nous assistons à la réalisation du rêve le plus fabuleux !

— Oui, Virgile, murmura-t-elle, prête à défaillir.

Paralysés par la tournure des événements, Ajit Singh et Rinchen Namgyal entendirent la voix du monarque dans le profond silence retombé sur la cour :

— Je vous souhaite la bienvenue, madame de Sainte-Fleur, professeur Machprot, monsieur Dupont, père Fulvio, frère Mac, monsieur Singh, monsieur Namgyal et monsieur Wiscott. Vous êtes venus de très loin et d'horizons politiques et religieux fort éloignés. Votre quête visait le même dessein. Au début, vous ne vous connaissiez pas les uns les autres. Maintenant que vous touchez au but, vous réalisez que point n'est besoin de vous battre pour y atteindre. Vous avez tous obtenu ce à quoi vous aspiriez. Laissez-moi vous demander, devant l'importance de ce Secret, de renoncer à toute intention hostile, et de remettre toutes vos armes à ceux qui, près de vous, portent le béret rouge des gardes royaux.

Les spectateurs étaient pétrifiés, percevant une menace de violence potentielle dans l'air. Hésitant, Ajit Singh chercha sous sa veste. A côté de lui, le garde royal suivait attentivement chacun de ses mouvements. Tenant son revolver entre le pouce et l'index, Ajit le sortit lentement et le tendit au soldat, bien conscient que la pression qu'il sentait dans son dos était due au canon d'un pistolet braqué sur lui par l'autre garde royal. Rinchen Namgyal, padre Fulvio et Jean Dupont, aux prises avec le même dilemme, choisirent de se soumettre à l'ordre du roi. Les agents chinois et indiens présents dans la cour suivirent l'exemple de leurs chefs.

— Je vous remercie de votre collaboration, reprit le roi. Chers amis, le temps est venu pour l'humanité de prendre en considération sa survie et l'avenir de notre Terre. C'est pourquoi la décision a été prise de révéler le Secret contenu dans ces documents à toutes les nations de la planète. Vous êtes venus de très loin, guidés par des signaux masqués que nous vous avions envoyés. Vous serez les ambassadeurs, auprès de vos gouvernements, de cette connaissance qui, c'est notre espoir, aidera l'humanité à accomplir un pas important vers la paix et le bonheur.

En tant que Gardien séculier du Secret, je suis ici pour témoigner de la vérité de ce que vous avez entendu de la bouche du vénérable Rimpoché. Du temps du règne de mon père, feu le roi du Bhoutan, ma famille s'est vu confier la garde de ces documents. Des années durant, nous avons attendu ce jour, luttant pour préparer les conditions les meilleures pour les présenter à la face du monde. Nous sommes maintenant devant vous, et nous vous invitons à ouvrir vos cœurs à ce que nous avons à dire.

Le roi interrompit brièvement son discours pour que sa signification soit bien entendue, puis reprit :

— Je vais continuer mes explications en bhoutanais. Pendant ce temps, je vous prie de venir dans l'oratoire où je remettrai à chaque groupe un exemplaire original des documents.

Une planche s'abaissa en guise de pont-levis de la fenêtre de l'oratoire vers la cour. La foule se scinda respectueusement en deux pour laisser les étrangers, devenus invités du roi, gagner le sanctuaire. Les gardes royaux les aidèrent à monter et les invitèrent à se tenir près des moines. Alors que le roi achevait son adresse aux villageois, un murmure de surprise et de reconnaissance salua la conclusion de ses propos. Peu à peu, des cris de respect et de vénération montèrent de la petite cour :

— *Tashi delek*, longue vie au Druk Gyalpo !

Un silence respectueux accueillit le roi quand il revint devant le groupe des étrangers. D'une voix solennelle où perçait une trace d'émotion, il les salua :

— D'abord, je tiens à vous remercier d'être ici. Soyez également remerciés de votre attitude tout à l'heure. Je puis vous assurer que tous vos hommes, monsieur Ajit et monsieur Rinchen, sont en bonne santé. Nous sommes heureux de n'avoir à déplorer aucun malheur. Il va sans dire que vous quitterez cette vallée demain matin en hommes libres. Nulle mention ne sera faite d'une agression contre mon pays.

Les fixant intensément, le roi fit deux pas en arrière pour se rapprocher du Bouddha au milieu de l'autel. Il leva la main gauche et effleura le rubis de son collier. Sans un bruit, la lourde statue s'ouvrit, découvrant une cache secrète. Une lumière intense s'en dégagea. Le roi tendit la main et en retira cinq boîtes plates. Levant les coffrets étincelants à hauteur des yeux afin que tout le monde les voie, il déclara :

— C'est le don des Voyageurs de l'Espace à ce monde. Vous aurez la responsabilité de le remettre entre les mains des grands de cette planète. De l'étude de ces documents, gardés dans ces cassettes depuis des siècles, il vous apparaîtra en toute clarté pourquoi nous avons attaché une importance aussi capitale au succès de notre entreprise, que nous avons baptisée « opération Tigre ». Vous pourrez vous-mêmes apprécier le savoir d'une intelligence étrangère en matière de physique et d'autres sciences. Il a été apporté sur Terre il y a des siècles, quand nul sur notre planète n'était encore parvenu à ce degré de compréhension. L'étude du matériau sur lequel sont inscrites les formules permettra aux scientifiques de vos pays de déterminer avec précision son ancienneté. D'ores et déjà, je puis vous dire qu'il date de l'époque du grand saint poète Milarepa.

Les chefs des cinq groupes s'avancèrent et s'inclinèrent avec respect. Le Druk Gyalpo offrit solennellement un coffret à chacun d'eux, puis reprit :

— Il y a encore davantage dans l'opération Tigre que ce don inestimable. Les documents ont été confiés à la dynastie des dalaïs-lamas. Leur lignage a été le Gardien du Secret des siècles durant. Sa Sainteté le dalaï-lama m'a prié de vous transmettre le message suivant pour vos gouvernements respectifs :

« Le temps s'épuise si l'on veut éviter une catastrophe globale à toutes les formes de vie sur cette planète. Nous devons combattre la violence et le manque de spiritualité par l'éradication de ses causes en créant des conditions propices au développement spirituel. La famine, les mauvaises conditions sociales, les guerres, le terrorisme, la dégradation de l'environnement et la violence latente sont autant de raisons qui poussent les hommes à se battre entre eux. Les attitudes religieuses ou idéologiques sectaires créent la division et la haine entre nous.

« Nous devons étudier ces phénomènes jusque dans leurs plus infimes détails. Des recherches sur ce thème et sur des sujets analogues doivent être entreprises dans les plus brefs délais. Les peuples et les dirigeants de toutes les nations doivent remplacer la suspicion par la confiance. Ce n'est pas facile, car notre propre violence nous fait craindre celle de nos voisins. Le changement doit se faire graduellement. La tâche semble immense, et le coût, prohibitif. Et pourtant, nous avons les moyens pratiques de réaliser cet espoir.

« L'humanité dépense chaque année plus d'un millier de milliards de dollars pour les armes. C'est plus d'un million de dollars à chaque minute, créant ainsi peur et misère. Nous demandons donc aux gouvernements de cette planète de s'accorder sur l'idée de réduire les dépenses d'armement et d'activités annexes d'une valeur correspondant à une heure par jour. Autrement dit, de réduire leur budget militaire de quatre pour cent par an.

« Cinquante milliards de dollars seront ainsi épargnés chaque année, et la main-d'œuvre nécessaire à la réalisation du projet d'un monde de paix pour nos enfants peut être recrutée parmi les travailleurs de l'industrie d'armement. En l'an 2 000, nous ne dépenserons plus que la moitié de ce que nous jetons aujourd'hui par la fenêtre pour les armes.

« Nous vous demandons maintenant de regagner vos pays respectifs et de prier vos gouvernements de convoquer une assemblée générale des Nations Unies pour discuter de la Révélation et de nos propositions.

« Dites-leur aussi que ce dont vous avez été témoins ici sera porté à la connaissance du monde par des centaines de sources indépendantes éparpillées sur toute la planète et disposant pour preuves de documents originaux analogues. »

Comme le roi achevait son allocution, une clameur de joie et d'espoir monta de la cour vers le ciel immense et froid.

Par vagues, le cri roula et se répercuta jusque dans les profondeurs de l'espace. Les étoiles étaient à l'écoute dans l'infini pour en percevoir l'écho.

Achevé d'imprimer en mai 2009
sur les presses du Groupe Horizon
200 avenue de Coulin
13420 Gémenos-F

N° d'impression : 0905-064

Dépôt légal : octobre 1995
Imprimé en France